한눈에 들어오는 서양철학사

타케다 세이지 저/홍성태 역

한눈에 들어오는 서양철학사

초 판 1쇄 발행 2000년 1월 25일
초 판 3쇄 발행 2014년 5월 25일

저 자 타케다 세이지
역 자 홍 성 태
발행인 황 세 연
디자인 EG 디자인
C T P 진흥프로세스
인 쇄 새한문화사
제 본 대명문화사
발행처 도서출판 **중원문화**
주 소 서울특별시 마포구 서강로 11-24
(서울시 마포구 창전동 2-33)
주문처 02-325-5534 FAX 02-324-6799

한눈에 들어오는

서양철학사

타케다 세이지 저/홍성태 역

도서출판 중원문화

차 례

제 2 부 중세 철학

제 3 부 근대 철학

제 4 부 현대 철학

일러두기

● 이 책은 무엇인가

이 책은 철학사를 처음 공부하는 독자들을 위한 입문서이다. 철학자들은 무엇을 묻고, 어떻게 답할까, 그리고 그 물음과 답을 낳았던 시대 배경은 무엇일까라는 사고가 생겨난 필연성을 살핀 것이다. 사고 방식의 원리를 파악하고, 독자 자신의 생각하는 방법을 찾아내보도록 하자.

● 이 책의 구성

이 책은 제1부에서 제4부, 전체 10장으로 구성되어 있다. 각 부의 앞에 본문에 등장하는 철학자의 계보 그림이 실려 있다. 각 부의 앞부분에는 철학자를 낳은 시대 배경과 각각의 철학자의 사고 방식이 묘사되고 있다. 여기에서 미리 각각의 철학자의 위치를 염두에 두고서 각 장을 읽으면 이해하기 쉬울 것이다.

● 각각의 장의 구성

'본문' 앞에 '서문'으로서, 철학자의 일러스트와 각각의 장의 내용을 간략히 정리한 요약이 있다. 본문을 읽기 전에 먼저 각 장에서 무엇을 다루고 있는가, 즉 전체상을 염두에 두라는 것이다.

● 색인

기본적인 용어를 쉽게 검색할 수 있도록, 간결한 용어 색인과 인명 색인을 끝부분에 달아 놓았다. 색인을 사용하여 같은 용어가 나오는 곳 전부를 살펴봐라. 이해의 폭이 넓어질 것이다.

집필자 소개

이 책이 나오기까지

다케다 세이지

이 책은 맨처음 나에게 집필 의뢰가 왔었다. 그런데 잠시 생각하다가 나와 니시 켄이 10년째 주관하고 있는 현상학 연구회 멤버들에게 상의하게 되었다. 많은 멤버가 끊이지 않는 열의를 보여서 여기까지 왔다.

많은 저자가 쓴 철학사는 여러 가지 측면에서 대단히 어렵다. 그것을 뛰어 넘으려고 여러 차례 토론을 한다든지, 의도의 통일을 꾀하려고 노력했다. 상당히 많은 노력을 했음에도 불구하고, 결과적으로 좋은 책이 나왔는가 장담할 수는 없다. 결단코 알기 쉽고, 더욱이 이제까지의 철학사와는 완전히 다른 컨셉으로 씌여졌다. 편자로서는 이 점에 다소라도 자신감을 가지고 있다. 젊은 독자들이 아무쪼록 많이 읽기를 바란다. 철학이란 누구나 반드시 구사하는 사고의 기본적인 기술이다. 철학을 아무쪼록 꼭 확실히 익혀두기 바란다.

● 아미 타쿠오(阿見拓南)

(제1장 1절, 제5장 2절)

1962년 생. 小山西 고등학교 교사.

주요 저서 :『소비자 교육 사전』(분담 집필, 有斐閣, 1988) 외.

메시지 : 철학을 전공했지만, 교육 현장에서는 여유가 없어 철학 책과도 거리를 두게 되었다. 차별 문제를 계속 생각하던 중에 편자들과 만나서 철학과도 재회. 우리들의 공동 작업으로 만들어낸 이 책으로 독자들이 '철학과의 교감'의 찬스를 가질 수 있다면 좋겠다고 생각한다.

● 이자이 쿠유타카(居細工豊)

(제1장 3절, 제9장 5절)

1953년 생. 淸風 고등학교 교사.

주요 저서 :『척척 대학 입시 소논문』(공편저, 駸駸堂出版, 1995년) 외.

메시지 : 말에는 불가사의한 힘이 있다. 상처를 입는다든지, 속인다든지,

격려한다든지, 꿈을 꾼다든지 한다. 우리들 모두가 말의 숲에 살고 있다. 말의 숲의 모험에 달려 갈 때, 반드시 이 책은 당신에게 길잡이가 될 것이다.

- **이시카와 노부테루(石川伸晃)**

(제6장 1절)

1971년 생. 明治學院 대학 국제학 연구과 박사 전기 과정 수료.
주요 저서 : 「근대 관념론의 역사적 고찰과 그 의미 탐구」(석사 논문) 외.
메시지 : 집필자 중에서 내가 최연소. 그런 나는 철학하는 것은 세대를 뛰어 넘어 개방되어 있다고 생각하고 있다. 세대마다 감각의 차이가 있는 만큼, 그 차이를 서로 납득할 수 있는 말로 다듬어 가는, 그런 말의 힘을 믿는 바에 철학의 재미가 있다고 생각한다…….

- **칸노 히토시(菅野 仁)**

(제7장 1절, 제8장 3절)

1960년 생. 宮城 교육 대학 교육학부 조교수.
주요 저서 : 『행위와 시대 인식의 사회학』(공저, 創風社, 19950, 『'근대'와 사회의 이론』(공저, 有信堂高文社, 1996), 『현대 사회학과 맑스』(공저, アカデミア出判會, 1997) 외.
메시지 : 나에게 있어서 철학이란 '절대적 진리'에 매달리지 않고, 동시에 '완벽한' 상대주의에 빠지지 않으면서 자신의 삶의 방식의 기본 자세를 고쳐 나가기 위한 것이다. 이 책도 그런 느낌으로 읽어주면 좋겠다.

- **김태명(金泰明)**

(제4장 4절, 제6장 2절)

1952년 생. 明治學院 대학 국제학 연구과 박사 후기 과정 재적.
주요 저서 : 「'새로운 인간'을 노래한다 — 서승 씨의 석방에 부쳐」(『世界』, 1990・5, 岩波書店), 「인권의 보편성의 원리적 고찰 — 가치적 인권 원리와 규범적 인권 원리를 둘러싸고」(석사 논문) 외.
메시지 : 내 전공은 인권 사상. 다른 사람에 대한 억압도, 썰렁한 원칙도 없는 '인권'을 계속 생각하고 싶다. 인권 원리의 삶에 친숙함 — 근대 철학자는 모두 자신을 중시하는 것에서부터 출발하고 있다. 자신을 중심으로 세계나 삶의 의미를 묻는 것에 철학의 재미가 있다.

- **타케다 세이지(竹田青嗣)**

(서론, 제1부 개설, 제2장 2절, 제6장 3절, 제7장 2절, 제4부 개설, 제9장 2절)

1947년 생. 明治學院 대학 국제학부 교수.
주요 저서 : 『자신을 알기 위한 철학 입문』(ちくまライブラリ, 1990), 『현

상학 입문』(海鳥社, 1993), 『니체 입문』(ちくま新書, 1994), 『하이데거 입문』(講談社メチエ, 1995), 『에로스의 세계상』(講談社學術文庫, 1998) 외.
메시지 : 모두가 고생해서 처음 예상을 훨씬 뛰어 넘은 작품이 나왔다고 생각한다. 쉽게 씌여져도 다음 세대의 철학사의 새로운 스탠다드가 될 것이다. 그렇게 독자가 판단했으면 좋겠다.

- 나카모리 야수유키(中森康之)

(제3장 1절, 제4장 1절)

1965년 생. 秋田經濟法科 대학 단기 대학부 전임 강사.
주요 저서 : 『현상학적 발상의 문장』(『兩輪』 10호, 1993), 『인간 관계를 만드는 자기 표현』(『論叢』 60호, 1997년), 『자신을 여는 문장 표현』(『論叢』 61호, 1998년) 외.
메시지 : 철학하는 것은 나로서도 부끄럽다. 그런데 옛날에는 그 이상으로, 누구에게 자신의 의견을 말하는 게 두려웠다. 처음부터 끝까지 스스로 확실하게 생각하는 것. 스스로가 무엇을 느끼고, 생각하고 있는가를 확실하게 하는 것. 그것이 가능하게 되면 좋겠다.

- 니시 켄(西 研)

(제3부 개설, 제5장 1절, 제8장 1절, 제9장 1·4절, 제10장 3절, 맺음말)

1957년 생. 和光 대학 시간 강사.
주요 저서 : 『존재로부터의 모험』(ちくま學藝文庫, 1995), 『철학의 척도』(日本放送出版協會, 1996), 『철학의 연습 문제』(日本放送出版協會, 1998), 『사고하기 위한 소논문』(공저, ちくま新書, 1997) 외.
메시지 : 철학은 재미있을까? 잘 알 수 없지만, 다케다 세이지와 니시겐의 홈페이지가 있다. 저작 리스트나 철학 강좌가 실려 있다.

- 노자키 지로우(野崎次郎)

(제9장 3절, 제10장 2절)

1950년 생. 神戶女學院 대학 시간 강사.
주요 저서 : 「궁전과 내셔널리즘」(『立命館言語文化硏究』 제8권 2호, 1996), 르케르, D., 『포퍼와 비트겐슈타인 — 비인 학파·논리 실증주의 재고』(번역, 國文社, 1992년) 외.
메시지 : 철학이란 사는 힘을 주는 것이라고 믿고 있다. 그러나 죽을 힘도 주는 것일지도 모른다는 것을 최근에야 알았다. 삶과 죽음의 변증법이 진부하다고 말할 수는 없다. 하지만 철학이란 '힘(에의) 의지'라는 것 만큼은 확실한 것이다.

● 하시구치 타케시(橋口丈志)

(제1장 2절, 제2장 1절)

1956년 생. 淸風 고등하교 교사.

주요 저서 : 『척척 대학 입시 소논문』(공편저, 駸駸堂出版, 1995년) 외.

메시지 : 내가 좋아하는 작가는 무라카마 하루키(村上春樹), 유미리, 무라카미 류(村上龍) 등이다. 특히 하루키에 빠져 있다. 그가 지어낸 이야기 세계의 저변에 깔려 있는 자폐적인 삶의 감각이 너무나도 탁월하다. 그런데 그 감각의 의미를 해명해보고 싶은 사람에게 이 책이 꼭 기여할 거라고 생각한다.

● 테라다 쥰(寺田 駿)

(제2장 3절, 제2부 개설, 제4장 2 · 3절, 제8장 2절, 제10장 1절)

1949년 생. 번역가.

메시지 : 중세 철학에는 근대를 준비하는 모든 것이 있다. 중세라는 거대한 사상의 인력(引力) 범위에서부터 발버둥치면서 나타난 근대의 인간상이야말로 현재를 읽고 해석하는 열쇠이다. 무심(無心)에 들어 가보고 싶다. "막 태어나려고 하는 새는 자신을 둘러싸고 있는 하나의 세계를 파괴해야만 한다."(헷세)

● 야마우치 요우(山內 洋)

(제3장 2 · 3장)

1980년 생. 요코하마 고등학교 교사.

주요 저서 : 「安岡章太郎」(『昭和文學硏究』(제10집, 1995 · 2) 외.

메시지 : 아주 똑같은 소리가 들린다 — 이 '나'라는 놈을 떠맡으려 한다. 자신이 좋아하는 것도, 소용없는 것도 '반품'할 수 없는 자기 자신의 것이라는 것을 인식해서 더 깊이 받아들이려 한다. 그런 각오가 있다면, 사람은 '무엇인가가' 되지 않아도 좋다.

서 론

철학을 배우기 위하여

철학이란 무엇인가? 일상 생활에서는 볼 수 없는 삶의 불가사의한 측면에 대해 언제나 질문을 던지는 것이 철학이라거나, 언어가 만들어내는 기괴한 파라독스를 꿋꿋하게 견뎌내 보이는 것이 철학이라는 설이 있다. 또한 명쾌한 답을 거부하는 듯한 존재 그 자체의 수수께끼에 관해 늘 생각하는 것이야말로 철학의 참뜻이라고 하는 설도 있다.

그러나 철학의 핵심을 정확히 파악하고 있다면, 이런 답을 내놓을 리가 없다고 나는 생각한다. 이런 식의 설명은 철학에 대해 될 수 있으면 의미 심장하고 심원한 이미지를 부여하려는 동기에서 비롯된다. 하지만 철학을 계속 공부해보면, 훌륭한 철학자들이 근본적으로 무엇을 문제로 삼았던가를 조금씩 볼 수 있게 된다. 그것은 사실 간단하다. 마치 문학을 많이 읽으면, 문학이 어떤 것인가에 관한 핵심을 알게 되는 것과 같다. 나는 그 핵심을 가능한 한 간결하게 서술해보고자 한다.

철학은 무엇을 묻는가?

철학은 어떠한 질문을 던지는가? 한 마디로 말해서, 그것은 사람이 살아 있는 한 부딪히게 마련인 '삶 그 자체에 관한 질문'이다.

예컨대 "죽음이란 어떤 것인가", "어떻게 해서 이 세계는 존재하는가", "사람이 살면서 괴로워하는 이유는 무엇인가", "왜 자신은 자신인 것인가" 등등.

이러한 질문들의 기본 성격은 금방 이해할 수 있다. 말하자면 "능숙하게 사냥감을 잡으려면 어떻게 해야 하는가" 혹은 "윗사람에게 어떻게 접근해야 좋은가"와 같은 생활상의 비결에 관한 질문이라면, 언제라도 다른 사람에게서 배우거나 상담 받을 수 있다. 하지만 '삶 그 자체'에 관한 질문은 크건 작건 누구나 품고 살아가는 질문이므로 일상의 인간 관계에서는 생각대로 말로 표현하기 어렵다. 철학은 이러한 '삶 그 자체'에 관한 질문을 핵심으로 한다. 이것은 철학의 전신(前身)인 '종교'의 질문을 생각하면 잘 이해할 수 있을 것이다.

어떤 종교나 '신화'에 근거하고 있다. 종교의 신화는 종교와 정치적 권위에 정통성을 부여하게 마련이지만, 그 공동체의 역사 이야기 형태(특히 기원 이야기)를 취하는 것이 많다. 한 가지 예를 들어보겠다.

예컨대 유대교의 신화는 태초에 신이 6일 동안 천지를 창조했다고 말한다. 흙으로 아담을, 이어서 그의 갈비에서 이브를 만들고, 두 사람을 에덴 동산에서 살게 하였다. 그렇지만 이브는 금단의 열매를 보고서 아담에게 먹게 하였다. 이렇게 해서 최초의 남녀는 타락하여 낙원에서 추방되고, 그 죄로서 인간은 죽어야 하는 존재가 되며, 여자는 출산의 고통을 겪게 되고, 남자는 매일 노동을 하는 존재가 된다…….

이 '이야기'에는, 요컨대 세계는 왜 존재하는가, 인간은 왜 죽는가, 왜 살아서 많은 고통을 견뎌야 하는가, 삶의 이유가 무엇인가 등의 질문에 관한 대답이 포함되어 있음을 알 수 있을 것이다. 신화는 이처럼 독창적인 방식으로 삶 자체에 관한 근본적인 의문에 어떤 명확한 답을 제공한다. 즉 신화는 사람들에게 '세계의 의미'를 부여하는 것이다.

이것은 태고부터 인간이 '삶 그 자체'에 관해 여러 가지 의문을 품고, 그 해답을 찾았다는 것을 분명히 보여주며, 또한 그러한 것들이 인간에게 우연한 질문이 아니라 본질적인 질문이라는 것도 잘 보여준다.

그런데 왜 인간은 '삶 그 자체'에 관한 질문을 하는 존재일까?

그것은 다음과 같은 이유 때문이다. 인간이라는 존재는 다음 두 가지 점에서 다른 동물들과 다르다. 하나는 '자아'를 가진다는 점. 다른 하나는 그렇기 때문에 반드시 무엇인가 환상적인(허구로서의) '의미'와 '목적'을 설정하고 살아가는 존재라는 것.

"세계란 무엇인가", "왜 인간은 살며 괴로워하는가" 등등……. 이러한 질문들은 인간이 자아와 그 불안을 지니고, 그 때문에 늘 삶의 '의미'나 '목적'을 필요로 하고, 또한 그것들을 문제시하며 살아가는 존재이기 때문에 필연적으로 나타났던 것이다. '삶 그 자체'에 관한 질문이 인간에게 본질적인 질문이라는 것은 이런 의미이다.

이것은 중요한 사실이다. 인간이 '삶 자체'에 관한 여러 가지 의문을 품는 것은 인간 존재의 본질에서 유래한다. 그것이 '세계 그 자체'에 관한 질문을 낳고, 종교나 철학이라는 형태를 취했던 것이다. 철학이 만들어내는 여러 가지 난문들이 이러한 근거를 지니고 있다는 것을 잊는다면, 철학의 질문은 반드시 수사학적인 것(단순히 형식적인 난문)으로 변모하여, 마치 이 난문을 해결하고자 궁리하는 것이야말로 철학이라는 식의 기묘한 생각을 낳게 된다. 그렇게 되면 철학은 타락한다.

'필로소피'의 유래 : 그리스 철학의 기원

그런데 철학이란 무엇인가를 간단하게 이미지화 한다면 우선 이렇게 생각하면 좋다. 삶과 세계를 근본적으로 설명하는 것에는 크게 세 가지 방법, 즉 종교와 철학과 과학이 있다. 이 중에서 과학은 철학에서 분화해 나온 방법이기 때문에, 크게 보자면 종교와 철학으로 생각할 수 있다.

저 '삶 그 자체'에 관한 질문에 대해 대답할 수 있는 것으로서, 이 세상의 어떤 문화에서도, 우선 종교가 그 역할을 맡고 이어서 철학적 방법이 나타났다. 그런데 그리스만이 아니라 중국과 인도에도 철학이 존재하여 여러 가지 독자적인 특색을 지니고 있지만, 크게 말하자면 그리스에서 철학의 철학다운 요소가 가장 분명한 형태로 나타났다. 그러므로 여기에서는 그리스에서 시작된 세계 설명의 방법을 특별히 '철학'(philosophy, 지혜를 사랑함)이라고 부르도록 하겠다.

이미 살펴보았듯이, 종교는 신화(이야기)의 형태로 세계를 설명한다. 예컨대 이집트에는 곡물의 신 오시리스와 그 부인 이시스를 둘러싼 신화, 페르시아에는 빛의 신과 어둠의 신이 대립하는 조로아스터교의 신화가 있다. 또한 인도에는 브라만과 아트만의 원리, 유대에는 뒤에 기독교로 변한 여호와 신, 그리스에는 제우스를 주신으로 하는 신화가 있다.

신화는 사람들에게 '세계의 의미'를 가르쳐주는데, 그 효용은 아직도 있다. 신화는, 그것이 일정한 종교적 권위를 지니게 되면, 누구나 믿는다. 즉 사람들 사이에서 "세계가 무엇인가"에 관한 커다란 '공통 이해'를 형성시키는 것이다. 세상에서 무엇이 가장 성스러운 것인가, 무엇이 가장 중요한 것인가, 무엇이 가장 선하고 나쁜 것인가 등에 관한 커다란 공통 이해야말로 공동체 성립의 기초이다. 고대 사회에서 종교가 공동체를 형성하는 가장 커다란 힘이 되는 것은 바로 그 때문이다.

그렇지만 신화에는 큰 약점이 있다. 신화는 그 공동체의 영역을 일단 벗어나면 세계 설명으로 통용되지 않는다는 것이다. 유대의 신화는 그리스의 신화와 완전히 다른 전제에서 만들어진다. 또한 '이야기'의 세계 설명은 그것이 과연 '정말인가'를 누구도 검증할 수 없다. 다만 믿는가, 믿지 않는가 밖에 없다. 그러므로 세계 설명으로서 그것은 닫혀 있으며, 교환 불가능하다.

거기에서 '철학'이라는 방법의 존재 이유가 생겨난다.

그리스 철학, 즉 '필로소피'의 방법상 특질로 세 가지를 들 수 있다.

① '이야기'가 아니라 추상 개념을 구사하여 세계 설명을 한다.

② 세계 설명을 '원리'(arkhe), 즉 세계를 만들어내는 '근본 원리' 또는 '근본 이유'를 밝혀내는 방법으로 행한다.

③ 앞의 설명을 답습하지 않으며, 반드시 처음부터 지금까지의 생각을 다시 검토한다.

철학은, "태초에 신이 천지를 6일 동안 만들었다"고 말하는 대신에, "만물의 원리는 물이다"(탈레스)고 말한다. 이때 '만물', '원리' 등은 추상 개념이다. 나아가 존재, 무, 유한, 무한, 일(一), 다(多), 동(同), 타(他), 완전, 불완전 등의 추상 개념이 철학에서는 일반적으로 사용된다. 신화의 '이야기'는 다른 민족이나 문화에서는 통용되지 않지만, 이러한 추상 개념은 어떤 문화에서나 존재한다. 즉 이것에 의해 철학의 세계 설명은 문화의 틀을 넘어서 누구라도 참가할 수 있는 것이 된다.

종교=신화의 세계 설명은 하나의 공동체 안에서는 대단히 유효하게 기능하지만, 자신의 틀을 넘어서기는 어렵다. 철학은 '추상 개념'을 구사하여, 말하자면 누구라도 참가할 수 있는 '보편적인' 언어 게임이 된다. 즉 그것은 세계 설명에 관한 문화나 민족의 틀을 넘어설 수 있는 열린 새로운 언어 게임으로 등장했던 것이다.

또 한 가지 중요한 점이 '철학'은 언제나 처음부터 다시 시작한다는 점이다.

예컨대 인도의 우파니샤드 철학과 불교 사상에서도 고도의 추상 개념을 구사하는 철학적 사고는 아주 발달했다. 그렇지만 양자 모두 '윤회', '업', '해탈'이라는 대전제가 움직일 수 없는 사실로 미리 존재한다. 거기에서의 엄청난 논의는 어디까지나 종교적 교의가 철학적 사고에 선행한다는 것이다.

중국의 노장 사상에도 근본 원리(=道)를 상정한다는 점에서 '철학적'인 논의가 있다. 그러나 공자를 시조로 하는 유교도, 노장의 도교도, 불교만큼은 아니지만, 우선 시조의 말에 커다란 권위를 부여하고 후세 사람들은 그것에 해석을 덧붙여 가는 형태를 취한다. 즉 앞선 사람과 시조가 세운 세계상(象)의 대전제와 권위를 절대시하지 않는다는 것, 이것이 그리스 철학의 커다란 특질이다. 예컨대 '철학의 시조'로 불리는 탈레스의 제자 아낙시만드로스는 "만물의 원리는 <무한한 것>이다"고 말해서 스승의 가르침을 정면으로 부정했다. 플라톤과 아리스토텔레스의 관계도 또한 마찬가지이다.

말하자면 제자들은 선생이 세운 세계 설명의 건물에서 한번 살아보고서, 그 뒤에 그것을 모조리 허물어 일단 다시 평지로 만들고는, 다시 한번 자신의 재료와 자신의 설계로 완전히 새로운 건물을 세운다. 그것이 '철학'의 전통적인 방법이다.

종교 사상에는 종교 사상의 장점이 있다. 그러나 감히 말하자면, 그리스에서 나타난 '철학'이라는 방법의 뛰어난 특질은 방금 서술한 점에 있다. 그것은 '이야기'가 아니라 추상 개념을 사용하여 철학을 열린(=보편적인) 언어 게임으로 만들었다. 이어서 그것은 시조의 권위나 전제를 인정하지 않고, 언제라도 처음부터 다시 생각한다. 이것은 철학이 언제라도 자명한 세계상을 근본부터 의심하고 검증하는 방법 원리를 그 출발점부터 가지고 있었다는 뜻이기도 하다.

'원리'를 파악하는 '규칙'

또 한 가지 그리스 철학에서 중요한 것은, 그것이 말하자면 추상 개념을 사용해서 세계의 '원리'를 파악할 수 있는 규칙(rule)이 되었다는 것이다. 종교적 신화는 '이야기'를 고안하여 세계를 설명했지만, 철학이라는 언어 게임의 최대의 고안은 '원리'(아르케)라는 사고 방식이라고 말할 수 있다. 그렇다면 이 원리란 대체 무엇을 의미하는 것일까?

탈레스는 '물'이 만물의 원리라고 말했다. 피타고라스는 '수'이며, 플라톤은 '이데아'이다. 이것만 보면, '원리'라고 해도 상당히 자의적인 것이라고 생각할 수 있을 것이다. '물'이 원리라는 것은 물리적인 '원소'의 의미에 가깝고, '수'는 추상 개념의 가장 기본형이며, '이데아'는 만물의 근본적인 존재 근거라는 의미로 사용되기 때문이다.

그러나 그리스 철학에서 '원리'라는 사고 방식의 근본은, 말하자면 "세계란 무엇인가를 근본적으로 생각하기 위해, 무엇에서 시작하면 넓은 공통 이해를 이룰 수 있을 것인가에 관해, 여러 가지 이미지를 제시해본다"는 것이다. 즉 탈레스는 자연물의 '원소'와 같은 것에서 시작하는 것이 좋다고 주장하고, 플라톤은 '존재의 근거'라는 것에서 생각하는 것이 적절하다고 제안했던 것이다.

사실 세계 설명에 관한 전적으로 올바른 '기원'이나 '원리' 같은 것이 존재할 리는 없다. 무엇을 '원리'로 생각할 것인가는 관점에 따라 변하기 때문이다. 그러나 거기에서도 '원리'의 사고 방식은 전혀 임의의 '이야기'를 전제로 하지 않으며, 무엇인가를 '원리'(시발점)로 삼은 이유도 설명한다는 의미에서, 사고 방식의 순서에 관한 발상을 열어두고 있는 것이다. 그러므로 신화는 한 가지의 공통 이해를 요구하는 것이지만, 철학은 어떤 공통 이해가 가능한가를 시험하는 방법이라고 말할 수 있다. 그리고 바로 이것이 철학이라는 방법의 '원리'이다.

이것은 그 뒤의 뛰어난 철학자들이 한 일을 주의해서 살펴보면 아주 분명하게 드러난다.

철학자들의 투쟁 : 세계상을 재편하는 일

철학의 학설사는 표면상 세계 인식의 새로운 '진리'에 관한 역사라는 모습을 보인다. 그러나 뛰어난 철학자들이 우리에게 가르쳐주는 것은 상당히 다르다.

앞에서 살펴본 바와 같이, 그들은 예외 없이 그때까지의 사고 방식을 철저히 의심하고 '새로운 원리'를 찾아내려고 했다. 그것의 의미는, 그들이 그때마다 '새로운 진리'를 발견했다는 것은 아니다. 한 마디로 말하자면, 그것은 언제나 시대의 필요에 부합하게 세계상을 재편하는 행위를 의미한다.

예를 들어 플라톤은 '이데아'라는 새로운 원리를 제시했다. 이것은 통속적으로는 만물의 존재 근거의 '원리'로서 '이데아'를 말했다고 이해되고 있다. 그러나 그러한 이해는 너무 소박하다. 플라톤의 '이데아'라는 생각에는 하나의 근본적인 관점의 변경이 있다. 그때까지의 철학은 "세계를 만들어내는 원소와 동인이 무엇인가"를 물었다. 그는 사람들로 하여금 그런 질문을 던지도록 하는 동기가 무엇인가를 묻고, 이 '세계 설명'이 추구하는 근저에는 "무엇이 참된 것이며, 무엇이 선한 것인가"라는 질문이 있다고 생각했다. 사실은 "무엇이 참이며, 무엇이 선인가"라는 가치의 문제 자체가 "세계란 무엇인가"라는 질문의 진정한 원천이다. 이것이 플라톤에 의한 '원리'라는 사고 방식의 재건이었다.

철학은 중세에 들어오면 기본적으로 기독교의 철학이 된다. 개별 철학자에게는 여러 가지 흥미로운 개성도 엿볼 수 있으며, 개별적인 주제로서는 근대 철학의 기초를 이루는 중요한 고찰도 있다. 그러나 원리의 탐구로서의 철학이라는 관점에서는 신학을 토대로 한 중세 철학에는 결국 커다란 결점이 있다.

기독교를 기본으로 하는 중세 철학은 그 성격상 '신의 존재'라는 가설에서 생겨나는 다양한 논리적 모순을 어떻게 설명하는가에 어쨌든 역점이 놓이게 된다. 결국 그리스 철학의 교설과 '신의 존재'를 어떻게 결합시킬 것인가가 문제가 된다. 나아가 신의 존재라는 고도의 추상성과 그 인격성을 어떻게 결합시킬 것인가가 중요한 난제가 되었다. 아우구스티누스, 토마스 아퀴나스와 같은 위대한 인물들에게도 문제의 커다란 틀은 기독교의 '설화성'과 철학적 사고의 원리성(논리성)을 어떻게 조정할 것인가 하는 점으로 귀착된다.

원래 연결되지 않는 성격의 것들을 결합시키기 위해, 이른바 고도로 논리적인 말 맞추기가 행해지게 된다. 중세의 스콜라 철학이 스콜라 논의(=실제로는 성립하지 않는, 논리만의 세밀한 논의)로 불리게 된 것은 이러한 이유에서이다.

하지만 한 가지 지적한다면, 중세 철학에 보편 논쟁이라 불리는 중요한 주제가 있다. 예를 들어 그것은 진정으로 실재하는 것은 구체적인 개별 물체인가, 그렇지 않으면 보편적인 개념인가라는 문제의 형태를 띤다. 이것은 언어나 논리라는 것의 본질적 성격을 깊이 이해하지 않는 한 잘 이해하기 어려운 문제이다. 오늘날에도 이 문제에 관한 이해가 충분히 이루어졌다고 말하기는 어려우며, 여기저기에서 스콜라적인 논의가 이어지고 있는 것을 볼 수도 있다. 중세 철학은 형식 논리를 고도로 발전시켰기 때문에, 말하자면 그 속에서 언어나 논리에 관한 본질적인 문제를 살펴볼 수 있었다. 물론 스콜라 철학의 내부에서 문제가 충분히 해결되었다고 말할 수는 없지만.

어쨌든 중세 철학은 신학을 전제로 하기 때문에 원리의 탐구로서는 결국 약점이 있다. 그것은 전제로 깔려 있는 '이야기'를 걷어치우지 않기 때문에 이런저런 논리적 모순을 불러들이게 된다. 그때까지 중세 철학은 이 난문을 개념적인 사고로 철저히 생각하려 했다. 그 점에서 오히려 그것은, 철학적 사고가 전제를 깊이 재고한다는 모티프를 잊어버리고 해결할 수 없는 논리의 황야가 되어버리고 마는 것을, 우리에게 잘 가르쳐준다고 할 수 있다.

그래서 근대 철학은 데카르트와 로크나 흄의 영국 경험론에서 출발한다. "모든 것이 의심스럽지만, 생각하는 나(코기토)만은 확실하다"거나, '타불라 라사'(tabula rasa), 즉 인간의 관념은 모두 경험에서 유래한다는 발상은 언뜻 보면 극단적인 관념론 같이 생각된다. 실제로 칸트나 헤겔을 포함하여 근대 철학 전체가 관념론에 기울어 있다는 비판도 있다. 그러나 근대 철학이 그러한 경향을 지닌 것에는 깊은 이유가 있다.

인간은 어떤 시대에나 반드시 자신들의 세계에 관한 일반상(세계상)을 가지고 있다. 예를 들어 유럽 중세의 일반적인 세계상은 이런 것이었다. 세계는 절대 신에 의해 만들어졌으며, 이 신이 왕에게 권위를 부여하고, 인간은 교회가 말하는 것을 지키고, '착한 일'을 하고 산다면 머지 않아 심판을 받고 영원한 생명을 얻게 된다…….

절대 신의 교의, 정통적 교회(로마 카톨릭)와, 그것으로부터 권위를 부여받은 왕권, 이것이 유럽 중세 사회의 기본 구도인데, 유럽 근대는 이 구도를 경제적으로도 정치적으로도 크게 변화시켰다. 새로운 경제 계급의 성장, 사회 구조의 변화, 오래 이어진 고정적인 신분 제도의 모순, 절대적인 신앙의 동요. 이런 것들이 서로 어우러져서 사람들은 새로운 세계상을 절실히 필요로 하게 되었다.

관념론의 특징은 모든 세계상을 일단 관념으로 환원하는 점에 있다. 세계는 신이 만들었다거나, 왕권은 신의 권위에 의해 부여받은 것이라는 당시의 강력한 관념을 일단 모두 부인할 필요가 있었다. 데카르트, 로크, 칸트, 흄 등의 언뜻 극단적으로 보이는 관념론적 발상은 그때까지의 권위였던 신학적 세계상을 철저하게 다시 의심하기 위해 꼭 필요한 새로운 방법이었다.

근대 철학의 '조건'

근대 철학은 오늘날에는 침략적인 근대 국가를 만든 기반으로서 상당히 비판적으로 보이는 것도 많다. 그렇지만 내가 보기에, 마치 근대 문학이 압도적으로 뛰어난 작품을 산출했던 것처럼, 근대 철학도 또한 원리적 사고라는 점에서 아주 중요한 성과를 내고 있다. 그것을 잘 생각해보는 것은 쓸데없는 일이 아니다.

근대 철학자들은 스콜라 신학의 거대한 세계관에 저항하면서 완전히 새로운 세계상을 세웠다. 그것을 정리하면 다음과 같다.

① 사회란 자립한 개인끼리 만드는 규칙의 그물망이라는 것. 따라서 사회는 필요한 경우에는 사람들 사이의 합의를 통해 변화시킬 수 있다.

② 인간은 피조물이 아니라, 그 자체로 자유로운 존재라는 것.

③ 인간의 윤리는 인간들 사이의 관계적 원리로부터만 도출되어야 한다는 것.

④ 인간의 외부에 무엇인가 절대적이고 초월적인 존재자는 없다는 것.

이러한 새로운 세계상(사회상과 인간관)이 어느 정도 획기적인 것이었는가는 지금으로서는 쉽게 상상하기 어렵다. 그것은 '이야기'를 거부하고, 새로운 '원리'를 세우고, 어떤 권위도 인정하지 않으며, 자유롭게 앞선 사람들이 세운 '원리'를 서로 비판하며 앞으로 나아간다. 그럼으로써 근대 철학은 앞에서 말한 인간과 사회에 관한 깊은 원리들을 끄집어낸다.

덧붙여 말하자면, 이것은 특히 유럽의 사고가 위대하다는 뜻은 아니다. 근대 철학이 처한 조건이 좋았던 것이다. 이것은 조금 생각해봐야 할 부분이다.

철학적 사고는 원리의 사고이다. 인간이나 사회의 문제에 관한 '원리'가 심화되기 위한 일반적인 조건이 있다. 즉 여러 가지 다른 사고 방식들이 서로 교통하는 것, 그 속의 특정한 사고 방식이 권위와 권력에 연결되어 옹호되지 않는 것, 앞선 사람의 사고 방식의 권위를 자유롭게 비판해도 좋을 것, 그리고 이제까지의 자명한 세계상을 고쳐 써야 하는 이유와 동기가 시대적으로 존재할 것…….

사실 언설(담론)에 관한 이러한 사회적 조건이 주어지는 것은 상당히 드물다. 실제로 서양 철학이 그러한 행운의 조건을 가진 것은 그리스 시대와 근대 철학 두 차례뿐이라고 할 수도 있다. 그럴 때 철학의 사고는 깊고 강인한 것이 될 조건을 가진다. 즉 간혹 서양에서 그런 조건이 존재했다는 것이며, 유럽이기 때문에 뛰어나다는 것이 아니라, 역으로 동양적 사고 방식이 서양적 사고 방식보다 뛰어나다고 생각할 필요도 없다. 그런 생각은 '신화적'인 것이다. 어쨌든 이렇게 보면 철학에 관해 하나의 이미지가 떠오를 것이다.

철학이 일상과 동떨어진 존재 그 자체에 관한 고상하고 심오한 난제를 계속 생각하기 위한 것이라는 식의 말은, 뛰어난 철학자들이 달성한 업적의 핵심을 명료히 이해하면, 어리석은 것이라는 사실이 잘 드러난다.

즉 철학자들은, 시대가 변해서 사람들이 새로운 세계상을 필요로 할 때, 언제나 그것을 근본적으로 다시 생각하려고 해 왔던 것이다. 최초의 한 걸음부터 어떤 권위에도 구애받지 않고 인간 관계와 사회 관계의 '원리'를 파악하는 방식으로. 그것은 인간과 사회에서 생겨나는 여러 가지 문제를 강하고 깊고 보편적인 방식으로 생각하기 위해 단련된 지혜이다. 철학 책은 언뜻 보기에 그런 모습을 우리에게 그대로 보여주지 않을지도 모르지만, 그들의 사상의 핵심을 정확히 파악하면 그것은 명료하게 드러난다.

철학의 '원리'란?

나는 철학적 '원리'에 관해 어떤 책에 다음과 같이 쓴 적이 있다.

사람이 헤엄치기를 배우면, 신체의 구조(운동 능력의 구조)가 변해서 이제 물에 빠지지 않게 된다. 우리가 어떤 원리를 깊이 이해하면, 관념의 구조가 변해서 틀리게 생각할 수 없게 된다. 이것이 '원리'에 관한 제1명제이다.

이어서 헤엄치기를 배운 뒤에 자전거를 타게 되었다. 이 경우에 신체의 구조가 변해서 헤엄치기를 잊어버리는 것은 아니다. 하나의 능력이 새롭게 '덧붙여질' 뿐이다. 우리가 어떤 원리를 이해한 뒤에 또 다른 원리를 익힌다고 하자. 뒤의 원리가 처음의 원리를 부정한다면, 처음의 것은 '원리'가 아니었다. 그것이 '원리'라면 덧붙여질 뿐이다. 이것이 제2명제이다…….

그런데 철학에서 어려운 것은 이 '원리'라는 말을 깊이 이해할 수 있는가 그렇지 않은가에 있다. 몇 가지 예를 들어보자.

<이성의 본성은 불완전한 것에서 완전한 것을 상상하는 능력에 있다.> 이것은 칸트의 말이다. <진리란, 어떤 절대적인 사태 그 자체도 아니고, 그것을 정확하게 짐작해 맞추는 것도 아니고, 여러 가지 관점에서 보편성을 끌어내는 사고의 운동의 존재 방식이다.> 이것은 헤겔의 말이다. <현실이란 해석되는 것이며, 해석을 가능하게 하는 것은 생명의 '힘'이다.> 이것은 니체의 말이다. <사회란 규칙의 그물망이다. 원래 자연적인 것이라고 생각되고 있는 가족조차 그러한 것이므로.> 이것은 루소의 말이다.

이 말들은 어느 것이나 강고한 상식에 저항하여 이루어진 뛰어난 통찰에 의해 비로소 도출된 '원리'들이며, 문득 떠오른 생각만으로는 결코 나올 수 없는 것이다. 말하자면 이러한 통찰들은 가장 깊은 곳을 강하게 때리는 것이다. 그 표현을 다른 식으로 바꿀 수는 있지만, 이 사항에 관해서는 누구라도 그렇게 생각할 수밖에 없는 통찰이다.

문학은 말을 정확하게 사용하는 것을 목표로 하지 않고, 아름답고 교묘하게 사용한다. 그 노력에 문학의 생명이 있다. 철학도 말을 단지 정확하게 사용하는 것은 아니다. 그것은 오히려 과학이나 수학의 길이다. 철학은 이 사항에 관해서는 누구나 이렇게 생각할 수밖에 없는 한계선상의 길을 택해 나아가려고 한다. 이러한 의미에서 '원리'를 끌어내려고 하는 노력이 철학의 본질이다.

철학적 고찰의 기본 대상은 무엇일까? 이것도 복잡하게 생각해서는 안된다. 끝까지 파고들면 두 가지이다. 우선 인간이 살아가는 방식에 관한 문제. 다음에 사회의 문제. 어떻게 생각하면, 사람이 가능한 한 즐겁고 풍요롭게 살아갈 수 있을까? 또한 어떻게 생각하면, 사회가 만들어내는 여러 가지 모순을 적절하게 해결하고 극복할 수 있을까?

언제라도 이것이 철학의 근본 문제이며, 언뜻 보기에 난해하고 고상한 문제를 다루는 듯이 보이는 까닭은 언어나 논리라는 것의 불가사의한 성질이 수사학적 난문을 만들어내기 때문일 뿐이다. 이것을 알아차리지 못하면, 철학은 타락한다. 즉 그것은 단지 '학'이나 '지'의 권위에 봉사할 뿐이다.

인간은 여러 가지 (암묵적인) 규칙으로 서로를 묶고 있다. '자아' 자체도, 말하자면 자신에 대한 규칙으로 성립한다. 규칙이란 본래 잘 살기 위해 고안된 것이다. 그러므로 불필요한 규칙을 버리고 좋은 규칙을 만듦으로써 인간은 자신을 잘 살게 할 수 있다. 그것이 원리이며, 그것은 사회의 문제에 관해서도 완전히 마찬가지이다. 뛰어난 철학은 언제나 그러한 문제에 관해 원리를 끌어내는 노력을 해 왔다. 그렇지만 철학의 본질적인 노력이 그러한 것이었다는 것조차 오늘날 충분히 받아들여지고 있다고 말하기 어렵다. 오히려 진정으로 잊혀지고 있다고 말해도 좋을지 모른다.

어쨌든 철학의 기본을 그렇게 다시 생각해보면, 그 상은 틀림없이 종래와는 상당히 달라질 것이다.

'직관 보강형 사고'

그런데 우리는 현대 사회에서 생각해야만 할 여러 가지 주제를 가지고 있다. 자원과 환경의 문제, 부의 남북 격차의 문제, 또한 차별, 소녀 매춘, 뇌사와 같은 새로운 윤리 문제 등등……. 그렇다면 우리는 이 문제들을 어떤 식으로 생각하고 있는 것일까? 누구나 짐작하겠지만, 우선 문제들에 관해 여러 가지 의견이나 주장이 있다는 것을 안다. 그리고 대개 그 중에서 자신의 감각에 들어맞는 생각을 무심코 선택한다. 물론 우리는 누구나 스스로 생각하려고 한다. 그렇지만 사실 그것은 자신의 감각에 들어맞는 의견이나 생각을, 여러 가지 지식과 견해에 의해 보강하는 듯한 식으로 생각하는 것이다.

어떤 문제에 관해 많은 책을 읽거나, 자료를 조사할 수 있다. 그 커다란 노력을 사람들은 '자신의 사고'라고 생각한다. 그러나 그것이 달성하고 있는 것은 사실 자신의 최초의 직관을 '보강하는' 것일 뿐이다. 나는 그러한 사고를 '직관 보강형 사고'라고 부른다. 그러나 이것은 실은 보통 사람이 생각한다고 하는 경우의 대단히 일반적인 방법이다.

어느 때, 철학적 사고의 원리가 이해되는 듯이 느껴지기 시작했을 때, 나는 그것이 이제까지 자신의 속에는 정말 없었던 아주 독특한 사고법인 것으로 짐작했다. 즉 그것은 '직관 보강형 사고'에 저항하여 생각하는 듯한 사고, 다시 말해서 자신의 직관을 보강하는 사고가 아니라, 자신이 왜 그러한 직관을 가지는가를 검증하고 재확인하려는 사고, '직관 검증형 사고'이다.

조금 표현을 바꿔보자. 현대 사회에서 원리적 사고가 쇠퇴하고 있다고 한다면, 그 이유는 현대의 사상의 존재 방식이 이데올로기적이 되었기 때문이다.

우리는 사회의 여러 가지 모순을 눈으로 보고 있다. 그리고 그것에 눌려서 문제들에 관해 생각하려고 한다. 물론 누구라도 자신의 직관을 출발점으로 삼는다는 것은 말할 것도 없다. 그러나 자신의 직관이 올바르다는 보장은 어디에도 없다. 세상에는 대립하는 학설들이 넘치고 있다. 그런 경우에 필요한 것은 자신의 직관을 보강하는 사고가 아니라, 그것을 검증하는 사고라는 것은 명백하다. 그렇지만 우리가 생각하려고 하면, 대체로 이데올로기적인 사고로 말려 들어가 버린다.

이데올로기적 사고란 무엇이 선이고 무엇이 악인가를 미리 이념형으로 설정한 다음에, 여러 가지 구체적인 사태에 관해 이것은 선이고 이것은 악이라고 판정하는 사고의 형태이다. 이 사고가 유효성을 가지는 시대도 없었던 것은 아니다.

그렇지만 현대는 확실히 "무엇이 선이고 무엇이 악인가"에 관한 기존의 자명성이 상실된 시대이다. 그리고 그러한 시대야말로 여러 가지 문제에 관해 처음부터 다시 생각하려고 하는 '원리'의 사고가 필요한 것이다. 그리고 철학이란 확실히 그러한 사고의 원리에 관한 방법이다.

예컨대 사회라는 구조의 기본 원리는 어떻게 생각해야 할 것인가? 인간 관계의 근본 원리를 어떻게 생각하면 좋을까? '의미'나 '가치' 문제의 원리를 어떻게 이해해야 할까? 사실 철학은 이미 이러한 문제를 생각해내기 위한 본질적인 고찰을 상당히 확실하게 쌓아 왔다. 다만 아직 그것이 충분히 자각되지 않았을 뿐이다.

이것은 '최초의 철학사'이다

철학은 현재 우리 사회 속에서 어떤 것으로 간주되고 있을까? 그것은 일상 생활을 벗어난 난해하고 고상한 주제를 영원히 생각하는 행위일까? 혹은 진리, 보편, 이념, 인간의 존엄 등의 주제에 관해 고도로 복잡한 고찰을 하는, 과학 중의 한 학문 분야일까?

내 생각을 말하자면, 그것은 '사고 방식의 원리'에 관한 사고여야만 한다. 예컨대 헤겔 철학은, '선'의 본질은 철저한 이타성에 있는 것이 아니라, 반드시 각자의 자기 중심성을 사회적인 것과 조정하고 변화시켜 가는 노력에 있다는 식으로 생각한다. 또한 현상학은 세상에 여러 견해가 대립하고 있는데, 그럴 경우에 강하고 깊고 보편적으로 생각하기 위한 원리를 어떻게 생각하면 좋을까라는 식으로 생각한다.

철학은 각각의 구체적인 문제에 관해 직접 그 처방전을 제시하는 것은 아니다. 그러나 뛰어난 사고 방식의 원리를 추구하고, 각각의 문제를 각자가 어떻게 생각하면 좋을까에 관해 깊은 지침을 제시한다.

철학이 그러한 뛰어난 사고 방식을 축적해 왔다는 것. 그것이 오늘날 여러 가지 이유에서 제대로 자각되지 않은 채로 있다는 것 (이것에 관해서는 맺음말 '철학을 살려내기 위하여'에서 더 자세히 다룰 것이다). 철학이 지금도 원리의 학(學)으로서 유효할 뿐만 아니라, 새로운 21세기의 인간과 사회를 위해서 반드시 필요한 사고라는 것. 이것들에 관해 나는 여기에서 독자의 주의를 환기시키고 싶다.

철학을 배우려고 할 때, 누가 어떤 학설을 제창했는가를 단순히 지식으로 아는 것은 아무런 의미가 없다는 것은 말할 것도 없다.

예를 들어 루소는 『사회 계약론』에서 이렇게 말한다. 인간은 자유로운 존재로 태어났으나 도처에 주인과 노예가 있다. 어떻게 해서 이러한 변화가 일어났는가? 무엇이 그것을 정당화하고 있는가? 이것은 어렵지만, 그러나 자신은 그것을 해결할 수 있는 문제라고 믿는다고 말하고 있다.

루소가 이렇게 말하고 나서 200년이 넘는 세월이 흘렀다. 루소가 탄식한 사회의 상태에 관해 말하자면, 어떤 측면에서는 혁명적으로 많은 것들이 개선되었지만, 다른 측면에서 이상 사회는 아직도 멀었다. 그러나 루소가 이 문제를 해결하기 위한 '원리'의 원형을 사상적으로 익히고 있다는 것, 이것은 우리에게 언제나 큰 의의를 지니는 것이다.

다시 말하지만, 철학은 현대 사회와 현대의 인간에게 관련된 많은 문제에 관해 우리가 크게 이용할 수 있는 귀중한 원리들을 많이 쌓아 왔다. 그렇지만 그것은 여러 가지 이유에서 아직 충분히 이해되지 않고 있다. 철학은 20세기에 들어와서 잠시 가사 상태에 빠졌다고 말하지 않을 수 없다. 우리는 다시 한번 그것이 거두어 온 것의 의미를 잘 받아들여서 재고할 필요가 있다. 그리고 그로부터 강하고 깊고 보편적으로 생각하기 위한 방법을 다시 한번 구상할 수 있을 것이다.

철학은 이제 이해되고 고쳐져야 한다. 또한 그것으로 다시 새롭고 뛰어난 원리가 만들어져야 한다.

이 철학사는 뜻을 가진 젊은 독자들에게 그러한 철학의 새로운 이미지를 전하고자 쓰여졌다.

타케다 세이지(竹田青嗣)

제1부

그리스 철학

소아시아계

이오니아 자연학 / **밀레토스 학파**

탈레스 <물>
(기원전 624 경~546 경)
↓
아낙시만드로스
<무한한 것>
(기원전 610 경~540 경)
↓
아낙시메네스 <공기>
(기원전 546 경 활약)
↓
헤라클레이토 <만물 유전>
(기원전 500 경)

↔

이탈리아계

피타고라스 <수>
(기원전 570 경~?)
↓
↓
↓
파르메니데스 <존재의 동일성>
(기원전 515 경~450 경)
↓
제논 <파라독스>
(기원전 450 경 활동)

엘레아 학파

→ <원인의 통일> ←

그리스

소피스트들 <궤변론>
프로타고라스 ·고르기아스
(기원전 500~430)(기원전 483~376)
↓
소크라테스 <문답법>
(기원전 470/469~399)
↓
플라톤 <이데아>
(기원전 428/427~348/347)
↓
아리스토텔레스 <4대 인자>
(기원전 384~322)
↓
↓
스토아파 / **에피쿠로스파**　　**회의주의** / **견유파**

엠페도클레스 〈사랑과 미움〉
(기원전 492 경~432 경)

아낙사고라스 〈누스〉
(기원전 500 경~428 경)

데모크리토스 〈원자〉
(기원전 420 경)

그리스 철학 개설

'원리' 탐구의 언어 게임

철학이 어떤 이유에서, 또한 어떤 물음에서 생겨났는가에 관해서는 앞의 서론에서 자세히 다루었다. 여기에서는 우선 그리스 철학의 출발 경위에서 시작하겠다.

서양 철학은 소아시아의 이오니아 지방이 출발점이다. 밀레토스의 탈레스가 "만물의 원리는 물이다"고 제창하여 철학의 시조로 불리게 되었지만, 우선 주의할 것은 그 지리 관계이다.

이미 살펴보았듯이, 철학은 신화적 '이야기'가 지닌 지역적 한계를 뛰어 넘어서 보편적이려고 하는 방법을 지닌다. 소아시아는 서쪽에 그리스와 이탈리아, 남쪽에 이집트, 동쪽에 페르시아 제국이 자리잡고 있어서 당시 지중해 문화의 거의 중앙에 위치한다. 즉 여기는 여러 문화의 교역의 중심지이며, 문화들 자체가 교통하고 만나는 장소였다. 그러한 장소에서 종교적 신화가 아니라 추상 개념을 사용해서 세계를 설명하는 철학(필로소피)이라는 방법이 나타났다는 것은 대단히 상징적이다. 아마도 이러한 장소에서는 여러 인종이나 민족이 만나고 섞이기 위해서 신화적인 세계 설명은 유용하지 않았을 것이다.

그런데 왜 탈레스의 "만물의 원리는 물이다"는 표현이 철학의 시작이 되었던 것일까? ……세계의 삼라 만상은 아주 복잡한 다양성을 가지고 있다, 그렇지만 그 첫번째 근본(기본, 기초, 기원)은 "물이라는 물질"이다. 이러한 표현이, "태초에 신이 6일 동안 세계를 만들었다"거나 "빛의 신과 어둠의 신이 있어서 줄곧 싸우고 있다"는 설명과 성격을 달리하고 있음은 분명할 것이다. 철학의 방법의 근본 성격을 다시 한번 확인해보자.

① '이야기'를 사용하지 않으며, 추상 개념을 사용하여 세계를 설명한다는 것.

② 그 세계 설명은 '원리'의 탐구라는 주제를 가지고 있다는 것.

③ 이전의 설명을 답습하지 않고, 언제나 처음 한 걸음부터 다시 생각한다는 것.

탈레스의 테제에서 '원리'라는 단어는 추상 개념이며, '물'도 어떤 의미에서는 구체적인 물질로서의 물이라기보다는 하나의 추상 개념으로 사용되고 있다. 이것만이 아니다. 탈레스의 표현은 잠재적으로 '원리'(=세계의 근본)를 어떻게 말하면 좋을 것인가라는 물음을 담고 있다. 다시 말해서 그것은 '세계의 원리'를 어떻게 설정해야 할 것인가라는 하나의 '언어 게임'을 개시하는 표현이 되었던 것이다.

신화적 이야기는 그 자체로 완결되고 무모순적이지만, 그 때문에 그것은 그 밖의 이야기를 허용하지 않는다. 그렇지만 탈레스의 표현은, 자신은 '물'이 원리라고 생각하지만 당신은 어떻게 생각하느냐는 형태로 되어 있다. 그래서 실제로 탈레스의 제자인 아낙시만드로스는, 아닙니다, 만물의 원리는 '무한한 것'(apeiron)입니다라고 말했으며, 또 그 제자인 아낙시메네스는, 아닙니다, '기식'(氣息, 공기)이라고 생각하는 편이 좋습니다라고 설명했다. 이 밀레토스 학파 세 사람의 설명의 추이는 대단히 상징적이며, 여기서 중요한 것은, <'세계의 원리'를 무엇이라고 말하면 많은 사람이

납득할 만한 표현이 될까를 생각한다>는 것을 기본 규칙으로 하는 언어 게임이 시작되었다는 점이다.

이러한 철학의 방법의 특징을 짚어 가면서 그리스 철학의 커다란 흐름을 더듬어보자.

학설들은 대립한다

그런데 탈레스에서 시작된 '원리'의 학설은 아낙시만드로스 - 아낙시메네스로 이어져서 이오니아 자연학을 형성한다. 여기에서는 아무튼 '세계'는 자연을 의미하고, 이 자연을 만드는 근본으로서 '원리'가 생각되었기 때문이다.

조금 뒤에 소아시아의 자연 철학에 대해 이탈리아에서는 피타고라스가 추상적 사고를 개시한다.

피타고라스는 만물의 원리는 '수'라고 가르쳤다. 이것은 세상만물을 셀 수 있다는 것 이상의 의미를 가지고 있다. 아마도 세상의 모든 것은 그 자체의 질서와 조화를 이루고 있다는 것이 그의 사상의 핵심일 것이다. 이 세계의 질서와 조화의 근본적인 근거야말로 '원리'라고 불리기에 적당한 것이다. 그러므로 수와 비례야말로 세계의 '원리'라고 말할 수 있다.

탈레스파와 피타고라스의 '원리'에서 보이는 사고 방식의 차이는 대단히 흥미롭다. 즉 탈레스파는 세계를 만들어내는 기본 단위를 '원리'로 생각하지만, 피타고라스는 세계의 구성 원리를 '원리'로 생각하는 것이 좋다고 말하는 것이다.

여기에서 어느 쪽이 올바른가를 따지는 것은 좋은 생각이라고 할 수 없다. 처음 표현에 자극을 받아 또 다른 새로운 관점이 나온다는 식으로 생각하는 것이 좋다. 되풀이하지만 철학은 전체로서 그런 언어 게임이며, 그렇기 때문에 계속해서 다른 학설이 나타나고 대립한다. 그러므로 한편으로는 결론이 나지 않을 쓸모 없는 말이 쌓여 가는 것처럼 보이는 경우도 있지만, 그러나 또한 그것을 통해 사고 방식이 단련되어 간다는 좋은 측면도 있다.

예컨대 이어서 나타나는 헤라클레이토스와 파르메니데스의 대립도 흥미롭다. 탈레스파와 피타고라스의 대립축은 '원리'를 단위로서의 근거로 생각할 것인가, 질서의 근거로 생각할 것인가에 있다고 할 수 있다. 그렇지만 헤라클레이토스와 파르메니데스의 경우에는 "세계는 변화한다"와 "세계는 변화하지 않으며 똑같다"는 학설이 대립한다.

헤라클레이토스는 "같은 개울물에 두 번 들어갈 수 없다"는 말로 잘 알려져 있으며, 모든 것은 끊임없이 변해 가기 때문에 고정적이고 절대적인 존재는 결코 있을 수 없다고 가르쳤다. 그의 '만물 유전설'은 말하자면 제행 무상(諸行無常)설의 그리스 판이다. 헤라클레이토스는 밀레토스파의 물질적 원소 이상으로 변화의 원인(=동인)이 마음에 걸렸던 것이다.

이에 대해 엘레아의 파르메니데스는 독자적인 추상 사고를 세웠다. 과연 세계는 생성 변화를 되풀이하고, 언뜻 보기에 변하지 않는 것이란 하나도 없는 것처럼 보인다. 그러나 다음의 말은 논리적으로 누구나 인정하지 않을 수 없을 것이다. "존재하는 것은 아무리 작아지더라도 사라지지는 않는다." 또한 "완전한 무에서는 존재하는 것이 생겨나지 않는다." 그렇다면 결론은 다음과 같다. 만물의 변화란 물질의 조합이 변한 것일 뿐이며, '세계 그 자체'는 결코 변하지 않는 '하나의 것'(같은 것)이다.

이 두 사람의 학설의 대립은 "눈으로 볼 수 있는 것이 실제적인 것인가, 그렇지 않으면 현상의 배후에서 현상을 지탱하고 있는 것이 실제적인 것인가"라는 대립을 의미하고 있다. 감각이 현실적인가, 감각을 초월한 것이 현실적인가라는 말도 같은 말이다. 덧붙여서 "세상에 절대적인 것이 있는가 없는가"라거나, "보편적인 것이 우선인가, 구체적인 것이 우선인가"라는 대립항은 그리스뿐만 아니라 중국이나 인도 사상에서도 보편적으로 볼 수 있는 것인데, 이것은 이 '감각적/초감각적'이라는 대립의 변형이다.

그런데 엠페도클레스와 아낙사고라스는 헤라클레이토스의 '동인'(動因)의 모티프를 강하게 받아들인다. 엠페도클레스는 '사랑과 미움'을, 아낙사고라스는 '누스'(nous)를 세계 전체를 움직이는 '동인'으로서의 근본 '원리'로 생각했다.

데모크리토스는 이러한 사고 방식에 대해 조금 냉정한 태도를 취했다. 그는 근대 과학의 선구인 듯한 '원자'(atom)설로 유명하지만, 동인에 관한 추상적 사고가 철학의 본질과는 무관하지는 않은가라는 의문을 처음 던진 뛰어난 철학자이다. 동인이나 질서의 원리, 그런 것은 사실 "신만이 안다"는 정도로 생각해 두는 것이 좋고, 더욱 중요한 것은 인간의 혼이나 선악의 문제라고 그는 말했다. 데모크리토스의 이러한 태도는 소크라테스에게서 더욱 명료한 형태로 계승되어 나타난다.

언어 사용의 파라독스

파르메니데스의 제자인 제논은 "아킬레스는 결코 거북을 따라잡을 수 없다"는 기괴한 파라독스를 만든 것으로 잘 알려져 있다. 상세한 설명은 제1장으로 미루지만, 이러한 파라독스의 존재는 철학에서 중요한 의미를 가지고 있다.

이미 살펴본 것처럼, 철학은 이야기를 피하기 위해 '추상 개념'

과 '추상 이론'을 사용한다. 그렇지만 '하나', '다른', '같은', '무한' 등의 추상 개념을 사용하는 데에는 커다란 문제가 있다. 그것들은 실제로는 어떤 관점에서 채택된 관념일 뿐인데도, 사용하고 있는 동안에 그 자체가 무엇인가 내실을 지닌 하나의 실체인 것처럼 다루어지기 때문이다.

철학은 추상 개념을 사용하는 점에서 커다란 장점이 있지만, 그 대가로 추상 언어의 사용에 따라붙는 파라독스를 만들어낸다. 그리고 이것을 어떻게 정리할 것인가라는 문제에 줄곧 매달리게 되었던 것이다. 이것을 잘 처리하기가 상당히 어렵기 때문에 철학에서는 현실의 인간의 문제에 무엇 하나 관여하지 않은 채, 길게 토론만 되풀이하는 일도 일어난다. 그것은 여러 차례 일어났으며, 지금도 일어나고 있다. 이것은 추상 이론을 사용하는 철학의 고유한 약점이라고 할 수 있다.

이 상징적인 예가 아테네 전성기에 등장하여 사람들에게 여러 지식과 변론술을 가르친 전문 지식인인 소피스트들이다.

소피스트는, 프로타고라스의 "인간은 만물의 척도다"는 말이 잘 알려져 있지만, 그들의 사고 방식의 요점을 한 마디로 말하자면, "말을 엄밀히 사용해서 세계를 정확하게 이해하려는 것은 처음부터 무리이다. 왜냐하면 말이란 무엇으로라도 사용할 수 있기 때문이다"는 것이다. 어떤 의미에서 소피스트들은 그때까지의 철학이 추상적 사변에 빠져 있던 것을 발견하고, 말의 실제적인 용법을 사람들에게 가르쳤다고 할 수 있다. 거기에는 좋은 점도 있지만, 그러나 그러한 관점은 언어의 보편성을 결국에는 부인하는 것이 되고 만다.

소크라테스는 그러한 상황에서 등장해서 소피스트들의 상대주의적 언어관에 강력하게 반대한 인물이다.

그는 언어의 보편성의 근거를 본격적으로 탐구하려고 한 최초의 철학자였다. 뿐만 아니라 철학의 본질적인 주제는 세계의 존재 원리가 아니라, 인간의 삶의 방식의 원리라고 처음 가르친 인물이기도 하다. 이러한 소크라테스의 모티프는 플라톤에게 깊이 계승된다.

플라톤의 등장 : '관점 변경'

플라톤은 그리스 최대의 철학자이다. 그리스 철학을 읽어 가다가 플라톤에 이르면, 꼭 구약 성서를 읽고 신약으로 들어갈 때와 같은 독특한 느낌을 받게 된다. 즉 문장의 배후에서, 생활하면서 생각하는 인간의 피가 통하는 인상을 얻을 수 있는 것이다.

플라톤의 철학은 '이데아'설로 잘 알려져 있다. 현상으로서 세계의 배후에 본체로서의 이데아 세계가 있다는 이 학설은 오늘날의 상식적 사고로 보면 피안에 이념의 실재를 상정하는 기묘한 이원론으로 보일 것이다. 그러나 여기에는 인간의 삶의 욕망에 관한 대단히 본질적인 통찰이 담겨 있기 때문에, 읽을수록 깊은 매력을 느낄 수 있다.

그 상세한 설명은 본론에서 다루기로 하고, 플라톤의 최대의 공적은 그때까지의 그리스 철학이 던진 물음의 관점을 근본적으로 변경시킨 점에 있다. 소크라테스=플라톤은 '진·선·미' 문제야말로 철학의 본질적인 주제라고 주장했는데, 이 생각은 실은 왜 인간이 세계의 '원리'를 물어 왔던 것인가라는 모티프 자체에 대한 물음에서 나타나는 것이다. 이 관점 변경 속에는 언제나 그 시대 속에서 모든 것을 처음 한 걸음부터 다시 물으려고 하는 '필로소피'의 방법의 원형이 있다고 말할 수 있다.

체계가 아리스토텔레스

플라톤의 제자인 아리스토텔레스는 아주 박식한 철학자이며, 그때까지의 그리스 철학의 문제 모두를 종합하고 철저하게 재정리하여 이후 서양 철학의 체계적 기초를 만들어낸 사람이다. 우선 중요한 것은 '원리'라는 사고 방식을 정리한 점이다. 형상, 질료, 동인, 목적인이라는 유명한 4대 인자 개념이 그것이다. 여기에서 그는 궁극적인 '제1원인'으로서 '신'의 존재를 연역한다. 또 하나의 중요한 업적은 제논과 소피스트들에 의해 드러나게 되었던 논리적 파라독스를 이해하기 위해 노력한 점이다.

결국 그는 철학으로서는 플라톤의 통찰을 넘어설 수 없었지만 형이상학, 논리학, 자연 철학, 실천 철학(윤리학, 정치학)과 같은 후세의 철학 체계의 커다란 기초를 세우는데 성공했다.

스토아파와 에피쿠로스파

플라톤, 아리스토텔레스에 이어서 스토아파와 에피쿠로스파가 나타나는데, 양자는 금욕주의와 쾌락주의의 대조성으로 알려져 있다. 그러나 이 대립항은 그만큼 중요하다고 말할 수는 없다. 양자의 철학의 주제는 개인이 자신의 삶을 어떻게 긍정할 수 있는가의 문제이지만, 생활상의 문제를 깊이 통찰해서 그 원리를 포착해 간다기보다는 인생론적인 것에 가깝다.

그 뒤 로마 시대에 들어와서 플로티노스 등과 같은 새로운 플라톤주의로 불리는 철학이 나타난다. 이것은 '이데아' 개념을 '절대적 존재자'로 변경시킨 것으로, 그리스 철학과 기독교 철학을 교묘하게 접합하는 역할을 수행했지만, 이미 플라톤 사상의 풍부함은 사라져 버린 상태였다.

종합

이제까지 살펴보았듯이, 그리스 철학의 흐름을 크게 종합하면 다음과 같이 정리할 수 있다.

그리스 철학은 이야기를 배제하고 추상 개념을 사용하며, 세계 설명에 관한 보편적이고 열린 언어 게임을 처음 창시했다. 그리스 철학은 때마침 그것에 필요한 시대, 풍토, 사회적 조건의 혜택을 받았다.

그리스 철학의 최초의 규칙은 추상 개념을 사용해서 '원리'를 짐작하는 것이었다. 자연 세계를 만드는 물질적 '원리', 세계의 조화와 질서의 '원리'. 또한 세계의 끊임없는 변화의 '원리'(=동인), 세계의 존재의 근본 원리(=신) 등등의 '원리' 개념이 제출되고 서서히 단련되어 갔다.

특히 소크라테스 - 플라톤은 그때까지의 언어 게임의 동기를 다시 한번 깊이 물어서, 규칙 설정을 변경시키려고 했다는 점에서 중요하다. 여기에는 언제나 더 깊은 전제로 되돌아가려는 철학적 사고의 뛰어난 예가 있다.

또한 아리스토텔레스는 그리스 철학의 '원리'적인 사고를 정리·재구성하여, 이후 유럽 철학의 학적 체계의 기초를 닦았다. 그는 플라톤 철학의 모티프를 충분히 받아들였다고는 할 수 없는 아쉬움이 있지만, 그럼에도 불구하고 '원리' 탐구의 학으로서 철학의 의의를 높였다고 할 수 있다.

이렇게 그리스 철학은 열린 언어 게임으로서의 성과를 꽤 냈지만, 한편으로는 추상 개념을 사용하는 데에서 오는 파라독스의 발생이라는 문제에 끝까지 붙잡히게 되었다. 이것은 언어 게임이 불모적인 논의로 일관하지 않기 위해 잘 처리해 둘 필요가 있는 것인데, 이 문제에 대해 이해하지 못하면 이 문제를 해결하는 것이야말로 철학이라는 착각을 계속 만들어내게 된다.

그래서 그런 이유로 그리스 철학에는 철학의 본질적인 장점과 난점의 기본형 모두가 대단히 압축적인 형태로 담겨 있다고 할 수 있다. 이것을 어떻게 읽을 것인가는 독자의 새로운 시력에 달려 있다.

제 1 장

철학의 개시

"만물의 원리는 물이다." 철학의 시조로 불리는 탈레스의 이 간단한 표현에서 종교와 신화를 대신하는 새로운 세계 설명으로서 철학(필로소피)이 시작되었다. 이야기를 사용하지 않고 개념을 사용하여 세계의 근본 원리를 말하려고 하는 것, 이것이 철학이라는 언어 게임의 새로운 규칙이었다. 이것으로 철학의 사고는 민족, 문화, 언어의 벽을 뛰어 넘어서 누구나 거기에 참가할 수 있는 보편적이고 열린 언어 게임을 묶어낸 것이다. "도대체 무엇을 근본 원리로 생각해야 좋을까?' '물', '불', '수', '원자'? 그렇지 않으면 '누스'? 초기 그리스 철학은 이러한 중심 문제 속을 천천히 걸어가기 시작했다.

1. 철학의 개시

탈레스, 피타고라스

신화에서 철학으로

철학이 등장할 때까지 세계가 어떻게 만들어져 있는가를 설명하는 역할은 주로 신화·전설이 맡았다. 벼락과 같은 자연 현상의 설명에서 우주나 국가의 성립에 이르기까지 다양한 문화(공동체)는 각자의 생각대로 다채로운 신화·전설을 자아냈던 것이다. 신화·전설은 세계가 어떻게 이루어져 있는가를 설명하는 이야기인데, 무엇이 성스러운 것이고 무엇이 올바른 것인가에 관해서도 공통의 이해를 부여하는 역할을 했기 때문에 공동체를 묶어주는 강력한 고삐이기도 했다.

그렇지만 곧 이러한 신화적 이야기에 의한 설명을 받아들이지 않고 관찰과 사색에 의해 세계를 읽고 이해하려는 사람들이 나타난다.

기원전 6세기 경 이오니아 지방의 밀레토스는 그리스의 식민시(植民市)였는데, 유럽에서 최초의 철학자가 여기에서 등장한다.

밀레토스는 발전한 상업 도시이며 각지에서 여러 상품이 모여서 자유롭게 교환되고, 개방적인 분위기 아래서 문화 교류도 활발히 이루어지고 있었다. 거기에서는 다양한 문화의 사람들이 만난다. 어떤 사람이 가진 '세계 설명'이 다른 사람에게 통용되지 않는 경우가 나타난다. 그렇게 해서 서로의 신화·전설을 저울에 달고 재보게 된 결과, <정말로 세계는 어떻게 이루어져 있는 것일까>라는 새로운 물음이 생겨난 것도 이상한 일은 아니다.

신화적 이야기를 무조건 받아들이는 세계상에 만족할 수 없는 사람들이 스스로 물음을 던지고 생각하기 시작했다. 여기에서 철학이 시작되었다.

탈레스

"만물의 근본은 물" : 탈레스의 등장

밀레토스에서 등장한 탈레스(기원전 624 경~546 경)는 자연철학자로 불리어진다. 그는 "만물의 근본은 물이다"고 말했다. 이것이 철학의 시초라고 하는데, 이 표현의 어디가 철학적인 것일까?

다음과 같이 바꿔서 읽어보면 어떠할까? <세상의 모든 것을 설명하고 싶다. 그것도 단 하나의 근본에서부터 설명하고 싶다. 원래 복잡한 세계도 뿔뿔이 흩어져 존재하는 것이 아니라, 세계에는 모든 것에 공통된 뿌리 같은 것, 즉 아르케(원리)가 있는 것 같다. 그리고 그것은 '물'이어야만 한다.>

확실히 세계의 곳곳에 '물'은 존재하고 있다. 첫째, 물이 없다면 생명체는 말라 버린다. 이러한 경험에서 탈레스에게는 물이 근본에 있다는 직관이 작용했다고 생각된다. 세계 자체가 자신의 성립 근거, 즉 원리를 가진다. 그러한 것으로서 세계가 처음 보이게 되었던 것이다. 즉 세계는 '자연'으로서 파악된 것을 의미한다. 현상의 배후에 초자연적인 신을 상정하지 않고, 언뜻 보기에 신비적인 자연 그 자체에서 합리적인 질서를 본 것에 탈레스의 독창성, 즉 철학의 참신함이 있다.

세계의 다종 다양한 현상을 잘 살펴서 거기에서 공통 본질을 끌어낸다. 그것은 세계를 통째로 상대하고, 그런 위에 <또 이 이상 생각하는 것은 무리>라는 지점까지 거슬러 올라가는 것을 의미한다. 철학이란 언제나 첫번째 뿌리(원리)까지 거슬러 올라가며, 새롭게 생각하려고 하는 방식이다.

비판자들

신화는 완결된 이야기이기 때문에 신화 비판이 성립하기는 어렵다. 이야기는 처음부터 조리에 맞게 만들어져 있기 때문이다. 신화와는 대조적으로, 철학은 스스로 하나부터 다시 생각하기 때문에 오히려 끊임없는 비판을 본질로 삼는다. 탈레스의 제자인 아낙시만드로스(기원전 610~540 경)도 철학의 사고법을 물려받고서 스승을 비판한다.

그는 물이 아르케('원리')로는 어울리지 않는다고 생각했다. 왜냐하면 '물'이야말로 '원리'라고 말하는 순간, 그렇다면 '불'이나 '흙'은 그렇지 않는가라는 의문이 들게 된다. '물'은 감각 가능한 것으로서 '불'과 '흙'과 같은 것이기 때문에, '물'만이 세계의 본질(=원리)이라는 특권을 가지는 이유를 찾기는 어렵다.

그렇다면 오히려 그 경우에 물이나 불이나 흙 등으로 한정되지 않는 것, '무한정한 것'(아페이론)이야말로 '원리'라고 말하는 것이 좋다. 아낙시만드로스는 그렇게 생각했던 것이다.

계속해서 아낙시메네스(기원전 546 경 활약)가 두 사람의 선배를 비판한다. 그는 '공기'(=호흡)야말로 아르케에 걸맞다고 말했다. 우선 아르케가 무한정한 것인가는 누구도 확인할 수 없으므로 논외로 한다.

그렇다고 해서 '물'을 아르케라고 생각하는 것은 세계의 다양한 변화 양태를 잘 설명할 수 없다. 물은 분명히 기체나 고체로 변화한다. 그러나 그렇다고 해서 물 자체에 변화의 원인이 있다고 생각하기는 어렵다. 오히려 물을 포함한 대기의 온도 변화가 물의 변화의 근본 원인이라고 보는 편이 자연스럽다.

모든 것을 포함하는 대기를 원리라고 생각하면, 물 이외의 물질의 변화도 같은 식으로 설명할 수 있다. 무엇보다도 공기로 형태를 한정하지 않고 농도에 따라 고체가 되기도 하고 기체가 되기도 한다고 생각했기 때문에, 변화를 설명하는 데에는 잘 들어맞았다. 그러므로 만물의 변화의 근본 원리는 '공기'(=호흡)라고 생각하는 것이 좋다. 호흡을 멈추는 것이 죽음이라면, 호흡은 생물에 혼을 불어넣는 원인이라고 할 수 있다. 아낙시메네스에게서 '공기' 이외의 것은 아르케로 생각할 수 없게 된다.

그런데 이 세 사람의 철학자들에게는 서로의 학설의 차이를 넘어서 공통점이 있다. 세 사람 모두 이야기라는 수법을 사용하지 않고, 세계의 근본을 추상적인 언어로 대담하게 설명했다. '물'이나 '공기'는 단순한 것이 아니라, 세계의 공통적인 성질을 끌어내서(추상하여) 언어로 설명한 개념이다.

바로 그러한 원리적 설명이기 때문에, 그들의 언어를 꼼꼼히 따져보면 어느 것이 무리 없이 세계를 설명하고 있는가를 누구나 비판할 수 있다.

철학이란 철저하게 '이치'로 승부하는, 누구에게나 열려 있는 말의 행위다. 철학은 권위적으로 닫혀 있는 신화를 대신하여, 세계를 설명하는 사고에서 상호 비판의 지평을 열었다고 해도 좋다.

세계는 수로 만들어진다 : 피타고라스

밀레토스의 사람들과는 별개로, 이탈리아에서는 계보가 다른 철학이 탄생한다. 그 주인공인 피타고라스(기원전 570 경~?)는 혼의 정화를 목표로 종교 단체를 결성하고 정치적 영향력도 지니고 있었다고 한다.

만물의 원리는 수(數)라는 것이 그의 철학이다. 변화를 거듭하는 눈앞의 세계보다, 오히려 추상적인 <수> 쪽이 언제 어디에서나 확실한 불변(보편)의 것이라고 생각했다는 점에 특색이 있다.

예컨대 다양한 신화와 달리, 수의 계산에서는 누가 해도 같은 결과를 얻는다. 문화가 달라도 엄밀한 공통 이해가 가능하다면, 그런 수의 불가사의가 하나의 철학 모델이 될 자격은 충분하다.

또한 우리는 아름다운 화음을 들으면 기분이 좋아지는 것을 느낀다. 혼의 카타르시스를 불러일으키는 화음, 그것을 연주하는 현의 길이에는 간단한 정수비가 있다는 불가사의. 음정을 측정하는 도구, 음의 카논(khanon, 기준점)을 발견한 것도 피타고라스이다.

가깝게는 소리에서 멀리는 천체 운행의 조화(harmonia)까지, 그는 세계를 수와 연결된 코스모스(cosmos, 질서체)로 생각했다. 그리고 밀레토스의 사람들처럼 세계가 "무엇으로 만들어졌는가"라고 생각하지 않고, 무엇이 세계를 질서지우고 있는가라는 물음을 중시했다. 세계의 질서를 만드는 원리, 그것을 구체적인 것이나 현상을 이용하여 설명하는 것은 힘든 일이다. 감각을 넘어선 수라는 공통 본질이라면, 언제 어디에서나 질서를 표현할 수 있을 것이다. 피타고라스는 그렇게 생각했다.

먼저 어떤 물체가 존재하는 것은 우리가 거기에서 하나의 물체, 즉 '1'을 인식하고 있는 것이다. 그에 따르면, 세계의 변화도 수의 분열·대립과 통일로 설명할 수 있다고 한다. 물질적 세계는 눈에 보이지 않는 수, 즉 관념적인 것을 원리로 하고 있다.

탈레스와는 별개로, 뒤에 플라톤에게 계승되는 철학의 기원이 있었다는 것만은 기억해두는 것이 좋다. 그리스어로 '철학'이라는 말을 처음 사용한 것도 피타고라스이다.

피타고라스

2. 최초로 '운동의 원리', '존재의 원리'를 생각한 사람들

헤라클레이토스, 파르메니데스, 제논

만물은 유전한다고 말한 헤라클레이토스

헤라클레이토스(기원전 500 경)는 이오니아의 후기 자연학파의 철학자이다. 에페소스의 왕족 출신으로 자존심이 강하고 고독을 즐기고 거만한 사람이었기 때문에 누구의 제자도 되지 않은 '어둠의 사람'이라고 불렸다.

그는 밀레토스파와 마찬가지로 세계의 원리(아르케)를 찾아서, 그것을 '불'이라고 말하고 있다("만물은 불의 교환물이다"). 그러나 그의 질문 방식은 밀레토스파와 조금 다르다. "세계는 무엇으로 만들어졌는가"가 아니라, <무엇이 세계를 움직이고 있는가>에 강조점을 두기 때문이다.

그때까지는 '물'(탈레스)과 '무한정한 것'(아낙시만드로스) 등이 세계를 구성하고 있는 궁극적인 기체(基體)로 생각하고 있었다. 그래도 헤라클레이토스는 그런 식의 답으로는 자연이 끊임없이 변하는 이유가 해명되지 않는다고 느꼈던 것이다.

그런데 세계를 움직이는 궁극적인 기체를 그는 '불'이라고 말했다. 이 불의 이미지는 그의 주장을 아주 잘 전해준다. 즉 불은 무엇인가가 타고 있는 상태이며, 타기 위해서는 산소가 필요하다. 물체는 타면 재가 되고 연기가 된다. 타고 있는 불은 계속 움직이기 때문에 하나의 물질처럼 보이기도 한다.

그의 유명한 말에 "같은 개울물에 그대는 두 번 발을 담글 수 없다"는 것이 있다. 만물이 영원히 변하고 있다는 느낌과 불이 타고 있는 모양이 꼭 들어맞는다. 그는 "우리는 같은 물에 들어가면서 들어가지 않는다. 우리는 존재하면서 존재하지 않는다"고도 말한다.

이것뿐이라면 그래서 어쨌다는 거냐고 생각하겠지만, 불의 이미지를 떠올리고 읽으면 그가 말하려고 하는 것이 잘 이해된다. 개울물에 인간은 몇 번이라도 들어갈 수 있지만(불의 동일성), 개울물은 끊임없이 흐르므로 절대 같은 물에는 들어갈 수 없다(불의 변화). 이와 마찬가지로 인간도, 어제와 오늘의 자신은 같은 자신이라고 말하지만, 기분은 다르다는 형태로 읽으면 좋을 것이다.

그런데 그의 원리의 또 한 가지 요점은 "선과 악은 하나다"이고, 그가 말할 때의 '하나'의 의미에 있다. 생각해보면 만물은 여러 가지 대립하는 현상으로서 우리에게 나타난다. 예컨대 '낮과 밤', '전쟁과 평화' 등 예를 들자면 끝이 없다. 당시에는 이 대립하는 것을 어떻게 생각할 것인가가 어려운 문제였다.

예컨대 대립하는 것의 싸움을 '부정'(不正)하다고 보거나, '빛'과 '어둠'을 각각 선과 악의 드러남이라고 이해하였다. 이러한 발상을 그는 부인하면서, 낮이란 밤이라는 식으로, 모든 대립은 분리될 수 없다, 근본은 같은 것이라고 잘라 말했다. 대립 긴장 상태 그 자체가 올바른 조화라고 그는 생각했던 것이다.

그의 학설 전체를 요약하면, 세계는 언제나 상대적인 원리로 움직이는 불의 운동이며, 정량만 타버리고 정량만 소모되는 무한히 계속되는 진폭 운동이라는 것이다. 그리고 이 정량을 유지하는 일을 '로고스'(logos)라고 그는 불렀다.

'있다'는 것은 무엇인가에 관해 생각한 최초의 인물 파르메니데스

파르메니데스(기원전 515 경~450 경)는 헤라클레이토스와 같은 시대의 인물이다. 남부 이탈리아, 엘레아의 저명한 시민이자 법률의 작성자로 국정에 참여했다. 그는 자신의 학설을 처음에 시로 표현했던 철학자이며 엘레아 학파의 시조이다.

그의 근본 명제는 "있는 것은 있고, 있지 않는 것은 있지 않다"는 것이다. 그 때문에 철학사에서 "존재란 무엇인가"를 문제삼은 최초의 인물로 이야기된다. 그러나 그는 왜 그것을 문제로 삼았던 것일까? 한 마디로 말해서 그가 종래의 세계 설명 방식에서 사고의 혼란, 논리의 모순을 보았기 때문이다.

예컨대 만물의 원리는 물이라는 감각적 직관이 아무리 움직이기 어렵다고 해도, 불과 공기는 왜 그렇지 않은가라는 물음이 쉽게 나올 수 있다고 그는 생각했다. 왜냐하면 감각은 사람에 따라 다르며 여러 가지 표현 방식(원리)을 피하지 않으면 안되기 때문이다. 그러므로 그는 감각에 의존하는 사고법은 억견(臆見, 굳게 믿는 것)이라고 해서 부정하였다.

거기에서 파르메니데스는 감각에 의존하지 않는 길, 즉 누가 생각해도 절대 이렇다고 말할 수 있는 방법은 없는가를 생각하고서, 그것을 논리적인 사고라고 말했다. 바꾸어 말하자면 이성으로써 논리적으로 사고하는 길의 정당성을 처음 시사했던 것이다. 그 근본 명제가 "있는 것은 있고, 없는 것은 없다"는 것이었다. 즉 '존재하는 것'과 '존재하지 않는 것'을 구분하고, 무의 존재를 인정하지 않는다는 것이다. 간단히 말해서, 만물은 우선 지금 이야기되는 것과 같은 객관적인 존재로서 있는 그대로 있다고 생각해야만 한다고 했던 것이다.

그러나 존재의 문제를 생각한다는 것은 말의 사용 방식을 정확하게 정리하는 것이기도 했다. 예컨대 "공허가 있다"는 말은 "없는 것이 있다"고 말하는 것이므로 이상하다거나, '변화'는 감각으로 포착되는 것이므로 "변화가 있다"고 말할 수는 없다는 식으로. 그리고 '운동', '많다', '공허' 등의 관념을 부정하고 참으로 존재하는 것이란 생성・소멸하지 않는 완전 무결한 것이라고 했다. 그러므로 그가 말하는 '있는 것'은 이제는 물질적인 것이 아니라 수학적인 추상 개념으로서 '1'과 같은 것이 된다.

즉 그는 존재 그 자체를 깊이 고찰했지만, 결과적으로 그때까지 사용되던 여러 가지 추상 개념의 사용 방식을 정리하고 말의 논리적 사용 방식을 쇄신했던 것이다. 여기에 파르메니데스의 커다란 공적이 있다(존재에 관한 파르메니데스의 이러한 발견은 플라톤과 아리스토텔레스에게 전해져서 서양 철학의 연역적 추론의 전통이 되었다).

변증술의 발명가 엘레아의 제논

파르메니데스의 제자인 제논(기원전 450 경 활약)은 파르메니데스의 사상("존재만이 있으며, 운동은 없다"는 동일성 원리)을 논증하는 데에만 힘을 쏟았던 사람이다. 그의 논증 방식은 논적의 근본 명제를 받아들이고서, 거기에서 생겨나는 논리적 모순으로 적을 공격하는 뛰어난 방법이었다.

예컨대 "아킬레스는 거북을 따라잡을 수 없다"거나, "날아가는 화살은 정지해 있다"는 유명한 파라독스를 만들어낸 사람이다. 간단히 말하자면 무한한 점을 유한한 시간 속에서는 통과시킬 수 없다, 그러므로 운동의 존재는 불가능하다고 논증했다.

제 논

그는 피카고라스파의 '수' 개념을 쫓아서 연구하던중에 시·공간이 무한히 분할될 수 있다고 느꼈다. 그리고 그로부터 논리의 파라독스를 만들어내 보인 것이다. 그것은 추상 개념을 엄밀히, 그리고 논리적으로 사용한 결과였다. 이렇게 말에서 엄밀히 논리적으로 생각한다는 길을 열어젖힌 점에 제논의 공적이 있다.

그러나 다른 측면에서 이것은 논리의 모순을 해결하는 것 자체가 세계의 본질을 해명하는 것이 된다고 하는 나쁜 논리주의의 선구가 되고 있다. 논리는 어디까지나 원리 그 자체가 될 수 없으며, 원리의 설명 방법이라는 것을 잊어 버려서는 안될 것이다.

그것은 일단 제쳐두고, 자연이나 세계의 원리가 참으로 보편적이기 위해서는 추상 개념이 필요하다. 그러므로 제논이 만들어낸 파라독스는 철학사에서 피하기 어려운 문제였으며, 철학자는 모두 이 문제와 대결해야만 했다.

3. 세계의 실태를 여러 관점에서 구명한 사람들

엠페도클레스, 아낙사고라스, 데모크리토스

헤라클레이토스의 주장은 '만물 유전'(萬物流轉)이다. 세계의 모습은 감각에 의해 무한히 변화하는 것이며, 세계에는 확실히 존재하는 것이 하나도 없다는 것이다. 이에 대해 파르메니데스는 감각적인 사실에 기반을 둔 세계 이해는 억견(착각)이며, 따라서 세계의 존재 원리는 논리적인 사고에 의해서만 포착될 수 있다고 생각했다.

감각적으로 포착되는 현상에서부터 세계의 근본적인 실재를 상정하는 (예컨대 세계의 근본을 '물'이라고 하는) 것은 '없는 것'을 '있다'고 믿는 것, 즉 억견을 진리로 믿는 것이다.

파르메니데스에 의하면, 세계의 근본 원리는 변화도 생성도 소멸도 아니며, 불변의 '하나인 존재'(on)로 되어 있다. 세계는 다양하게 변화하는 것처럼 보인다. 그러나 그것은 인간에게 보이는 세계이며, 현상이 어떻게 변해도 세계 그 자체는 있는 그대로 '하나인 것'으로서 존재할 뿐이다. 파르메니데스의 존재 원리는 그러한 신중한 사변에 의해 떠받혀지고 있다. 이 일원론적 사고 방식은 당시에 감각적으로 포착되는 '세계의 생성 변화'를 자명한 것으로 여기는 철학자들을 질리게 만들었다.

그런데 거기에서 세계의 다양한 변화에 관한 헤라클레이토스의 사고 방식과 파르메니데스의 일원론적 존재 원리의 사고 방식을 통일시키려고 하는 시도가 나타났다. 엠페도클레스, 아낙사고라스, 데모크리토스가 그들이다. 약간의 차이는 있지만, 이 세 사람은 파르메니데스와 같은 '일원론'으로는 세계의 생성 변화를 충분히 설명하기 어렵다고 생각했으며, '이원론'·'다원론'이라면 정합적으로 표현할 수 있다는 점에 주목하였다.

4가지 물감으로 모든 색을

엠페도클레스(기원전 492 경~432 경)는 시칠리아섬의 아크라가스 사람으로 시, 변론, 정치, 의술 등 다방면에 걸쳐 활약했다. 그는 파르메니데스의 "참으로 존재하는 것(온)은 변화하지도 소멸하지도 않는다"는 학설을 받아들였지만, 그 수를 파르메니데스처럼 하나가 아니라 네 개로 보았다.

즉 '만물의 뿌리'라고 일컬어지는 '땅·물·불·바람' 4가지가 근본 원리이다. 이 4가지가 결합하거나 분리하여 물체가 생성되고 소멸된다. 그러나 이 4가지 원리 자체는 생성되거나 소멸되지 않는 '참으로 존재하는 것(온)'이라고 생각하면 좋다.

세계를 구성하고 있는 '변화하지 않는 존재'는 4개의 원리로 생각할 수 있다. 그리고 세계는 왜 운동·변화하는가에 대해서는 '사랑'과 '미움'이라는 결합과 분리의 원리를 답으로 제시하였다. 즉 마치 4가지 물감으로 모든 색을 만들 수 있는 것과 마찬가지로, 세계는 '4개의 뿌리'로 구성되어 있다. 그리고 세계의 끊임없는 생성·변화는 '사랑'과 '미움'이라는 원리에 의해 '4개의 뿌리'가 결합되고 분리됨으로써 나타나는 것이다.

이렇게 엠페도클레스는 '사랑'과 '미움'이 '4개의 뿌리'를 조종하여 '우주 순환' 과정을 영원히 되풀이한다고 설명했다.

하나의 세포에 전체의 정보가

아낙사고라스(기원전 500 경~428 경)는 크라조메나이 사람으로 아테네에 거주한 최초의 철학자이다. 유명한 저 그리스 민주정치의 영웅 페리클레스의 스승이자 친구였다.

그는 참으로 있는 것을 스페르마타(spermata, 종자)라고 불렀다. 그는 이것을, 질적 차별은 있지만 수는 무한하다고 하고 있다. 즉 세계에 존재하는 모든 것에는 일체의 종류와 수의 스페르마타가 포함되어 있다. 이것은 하나의 세포에 전체의 정보가 들어 있는 것처럼 "전체 속에는 전체의 부분이 있다"는 것이다.

엠페도클레스가 4원소설을 제시했다면, 그는 원래 존재 자체가 무한한 다양성을 가지고 있다고 생각했다.

그런데 아낙사고라스에 의하면, 세계는 처음에 모든 스페르마타가 뒤섞인 혼돈 상태였지만, 거기에 '누스'가 작용하여 선회 운동을 하게 되어 세계가 만들어졌다. '누스'는 보통 '마음, 정신, 이성' 등으로 번역되지만, 엠페도클레스의 '사랑'과 '미움'의 원리와 마찬가지로 소재로서 '무한히 존재하는 스페르마타'에 운동과 생명을 부여하는 원리로 상정되고 있다. '누스'는 세계의 운동·변화의 근본 원인이다.

아낙사고라스는 다음과 같이 말하고 있다. "누스는 무한하며 자율적이며 무엇과도 섞이지 않고, 혼을 가진 모든 것의 주인이다. 또한 존재하려고 했던 것, 존재했지만 현재는 존재하지 않는 것, 현재 존재하는 것, 장래 존재할 것 일체를 질서지운다. 나아가 별, 해, 달 등 지금 회전하고 있는 운동도."

이 '누스'의 사고 방식은 만물을 질서지우는 원리가 '세계'가 아니라 '인간' 쪽에 있다는 직관을 가지고 있던 소크라테스를 강하게 끌어당겨 플라톤이 '이데아론'을 착상하게 한 먼 요인이 되었다. 나아가 아리스토텔레스에게서도 "형상의 형상, 운동의 궁극적·목적적 원인, 자신은 움직이지 않으며 모든 것을 움직이게 하는 것"으로 이어져 갔다.

세계는 모래로 그린 만다라

트라키아의 아브데라 출신인 데모크리토스(기원전 420 경)는 원자론의 창시자로 알려져 있지만, 이것에는 앞선 사람이 있다. 그의 스승인 레우키포스(기원전 418~?)이다. 데모크리토스는 스승의 원자론을 이어받아 다듬었다.

그는, 참으로 존재하는 것은 파르메니데스의 '하나인 존재(온)'와 같이 불생 불멸의 '원자'(아톰=더 이상 나눌 수 없는 것)라고 말했다. 다만 그것은 '하나'가 아니라 무수히 많으며, 게다가 운동을 한다고 생각했다. 그리고 그 무수히 많은 아톰은 아낙사고라스의 스페르마타처럼 질적 차별이 없다.

이 불생 불멸하며 수 없이 많으며 운동하는 극미 물질인 아톰을 한 알갱이의 모래라고 한다면, 세계의 이미지는 정확히 모래로 그린 만다라와 같은 것이 된다.

데모크리토스는 세계의 구성 원리를 아톰이라고 한 뒤에 아톰이 존재하고 운동하기 위한 장소, 케논(공허)의 실재를 주창하고 그것을 운동 원리로 삼았다. 케논의 상정은 그의 "존재하지 않는 것은 존재하는 것 못지 않게 존재한다"는 사고 방식에서 도출된 것이다. 당구를 칠 때, 당구공이 있는 것만으로는 소용이 없고 당구공을 굴릴 당구대가 필요한 것처럼, 원자의 운동에 대해서도 이것과 마찬가지로 케논이 필요하다고 생각했던 것이다.

케논은 말하자면 물체와 물체 사이의 빈틈이다. 원자를 연결시키거나 분리시키는 운동의 원리이다. 그러나 이 케논의 작용은 아톰을 기계적으로 분리·결합시키는 것뿐만이 아니라, 아톰의 동인(動因)이 아톰 이외의 외부(케논)에 있는 것이 된다. 즉 모든 아톰이 "내재적 성질 없이 분리·결합시키는 것이 되고 만다"(헤겔)는 것이며, 운동의 원리로서는 조금 약하다고 할 수 있다. 데모크리토스 자신도 그것을 알고 있었으며, 세계의 원리적 설명은 결국 공허한 것이라고 쓰고는 있다.

데모크리토스

그렇지만 모든 물질 현상은 그것을 구성하고 있는 다수의 원자의 움직임에 의해 설명될 수 있다는 원자론의 발상이 후대의 자연과학의 진보에 크게 이바지했던 것은 누구나 알고 있는 사실이다.

감각을 억견이라고 하여 피하지 않고 땅·물·불·바람의 '4가지 뿌리'와 '사랑과 미움'의 동인에 의해 세계의 상태를 이원론적으로 설명했던 엠페도클레스. 모든 스페르마타가 뒤섞인 혼돈의 세계에 '누스'라는 구별하고 질서지우는 근원력이 작용하여 선회운동이 일어나고 세계가 만들어졌다고 설명한 아낙사고라스. 그리고 간단한 아톰과 케논을 세계의 근본 원리로 보았던 데모크리토스. 그들의 과제는 세계의 생성과 소멸은 감각적으로 그렇게 나타나고 있을 뿐이며, 논리적으로는 존재할 수 없다는 엠페도클레스의 '온 일원론'을 넘어서려는 것이었다.

<표 1-1> 헤르메니데스와 세 철학자의 키워드 비교표

	헤르메니데스	엠페도클레스	아낙사고라스	데모크리토스
근본 원리	온	4가지	스페르마타	원자(아톰)
운동 원리	없음	사랑과 미움	누스	공허(케논)

그들은 세계의 근본 원리는 변하지 않고 소멸하지 않는 '존재'라는 점은 받아들였지만, 그러나 그것을 구성하는 커다란 요소는 하나가 아니라 두 개이거나 무한히 많으며, 그것들의 분리 · 결합에 따라 변화가 나타난다고 말했다. 이러한 이원론과 다원론으로 엠페도클레스가 논리적으로는 존재할 수 없다고 했던 '세계의 생성 변화'를 설명했던 것이다.

제 2 장

원리적 사고의 전개

소크라테스, 플라톤, 아리스토텔레스가 등장함으로써 그리스 철학은 전성기를 맞는다. 말이나 논리의 기묘한 성격을 깨닫고 그것을 이용한 소피스트와, 철학이란 말의 보편적인 사용을 목표로 한다고 생각한 소크라테스의 대립은 그리스 철학의 새로운 전개를 잘 상징한다. 이 대립은 플라톤의 '이데아'라는 새로운 세계 설명의 '원리'를 등장시키게 만들었다. 플라톤의 이데아론은 수수께끼처럼 잘 이해되지 않는 부분도 있지만 철학적 사고의 하나의 커다란 성과이다. 아리스토텔레스는 그리스 철학의 '원리'적 사고를 집대성하여 학으로서 철학의 체계를 닦았다. 이렇게 해서 철학은 이후 '형이상학'으로서 전개되어 간다.

1. 지와 지의 사랑법을 가르친 사람들

소피스트, 소크라테스

아테네의 교사들 : 소피스트

아테네의 황금 시대, 민주 정치가 페리클레스가 전성기였을 때, 부유한 시민과 귀족의 자제들에게 여러 가지 지식을 전수하고서 보수를 받는 우수한 직업적 교사들이 많이 나타났다. 그들은 소피스트(知者)라고 불리면서 당시 시민의 절대적인 인기를 얻고 있었다. 그들이 가르친 것은 생활의 소양, 말의 의미, 자기 수양법에서 세계와 역사에 관한 지식, 나아가 기하학, 천문학 등의 학문적 지식에 이르기까지 다양했다. 헤겔은 "소피스트들은 그리스에서 교양을 널리 퍼뜨린 교사였다"(『철학사 강의』)고 평가한다.

그 중에서도 특히 주목해야 할 것은 그들이 가르친 설득술(법정이나 의회에서 청중을 이해시키는 화술)과 변론술이다. 왜냐하면 거기에는 이전에 없었던 소피스트만의 독자적인 세계관과 언어에 관한 발견이 나타나기 때문이다. 소피스트 류의 논의가 궤변으로 비판받는 것도 그 탓이다(예컨대 "너는 아버지를 알고 있다", "지금 커튼 뒤에 있는 사람이 누구인지 아는가", "모른다", "실은 너의 아버지다", "그러므로 너는 아버지를 모른다").

그러나 이러한 궤변은 사태의 진위를 말로 따질 때 좀처럼 피하기 어렵다. 그 어느 쪽으로도 결정할 수 없다는 성질, 즉 말이라면 무엇이라도 이야기할 수 있다는 놀랄만한 성질을 그들이 발견했다는 점에서 비롯된다. 그들은 '양론'이라고 해서 선악, 미추, 진위 등 모든 일에 관해 정반대의 논의가 반드시 성립한다는 것을 알았던 것이다. 이것을 소피스트의 한 가지 특징이라고 해도 좋다.

이어서 소피스트를 대표하는 두 사람, 프로타고라스와 고르기아스의 명제를 소개하고자 한다.

프로타고라스(기원전 500~430)가 세운 명제는 아주 유명한 "만물의 척도는 인간이다"는 것이다. 그는 "신들에 관해서는 …… 나는 모른다"고, 신의 존재를 부정한 위에 이 명제를 세웠다. 그 뜻은 인간의 사고 작용이 만물의 가치의 기준이라는 것이며, 인간의 의식과의 관계에서만 만물은 존재한다고 바꾸어 말할 수 있다. 예컨대 물의 차고 더운 것의 기준은 물 그 자체에 있는 것이 아니다. 인간의 지각 상태가 냉온을 결정하며, 나아가 그 인간의 판단 기준도 여러 가지일 터라는 것이다. 이 명제는 헤라클레이토스의 명제를 더욱 철저히 밀어붙인 것이라고 할 수 있다. 그리고 소피스트 사상의 대부분이 프로타고라스의 이 상대적 세계관 속에서 전개되고 있다고 할 수 있다.

이어서 고르기아스(기원전 483~376)인데, 그는 파르메니데스와 제논 등의 엘레아파 식의 사변을 능숙하게 사용하고 있다. 그는 "아무 것도 없다", "있다고 해도 인간에게는 이해되지 않는다", "설령 이해할 수 있다고 해도 그것을 말로 표현하거나 다른 사람에게 전할 수 없다"는 것을 증명하려 했던 것으로 유명하다.

이것은 다음과 같은 것이다. 우선 사물의 존재는 인간의 의식이 없이는 있을 수 없다는 것. 이어서 사물의 존재와 그것에 관한 인간의 사고는 일치하지 않는다는 것. 마지막으로 인간의 지각이나 의식을 말로 정확하게 드러내는 것도 불가능하며 다른 사람에게 그대로 전하는 것도 불가능하다는 것.

그러므로 그의 사변은 불가지론적이고 회의론의 경향을 띠고 있다. 그러나 그 뿌리에 가로 놓여 있는 것은 역시 말(개념에 의한 사고)의 문제이다.

철학이란 착하게 사는 길을 바른 사고 방법으로 보여주는것: 소크라테스

소피스트와 같은 시기에 그들의 논의에 반대한 한 사람으로 우뚝 선 사람, 그가 "철학사에서 가장 중요한 인물"(헤겔)인 소크라테스(기원전 470/469~399)이다. 그는 글을 써서 남기지 않았기 때문에 플라톤이나 크세노폰 등의 제자들의 저작 속에서 그의 사상을 추측할 수밖에 없다. 플라톤의 저작 중에서 『향연』, 『소크라테스의 변명』, 『크리톤』, 『파이돈』은 소크라테스의 네 가지 복음서로 불리며, 그의 사상을 생생하게 전하고 있다.

반소피스트, 반자연학이라는 것

이미 살펴보았듯이, 소피스트의 주장은 상대적 세계관이나 회의론의 경향을 지니고 있으며, 그 논의의 유행은 저마다의 가치를 난립하게 만들었다. 그리고 인간에게서 무엇이 정말 중요한 문제인가를 보지 않게 되었다. 그러한 시대 배경 속에서 새로운 말과 사상을 가지고 소크라테스는 등장했다. 그렇다면 소크라테스에게서 가장 중요한 문제는 무엇이었을까? 그것은 어떻게 하면 인간이 "착하게 살 수 있는가"라는 물음이었다. 그리고 그 문제를 말로 철저하게 음미하고 상대방(대화자)이 이해할 수 있을 때까지 밀고 나가는 것이야말로 철학(지를 사랑하는 것)이라고 확신했던 것이다. 보통 일반적으로 무엇인가에 유용하게 쓰이는 지식이나 전문적 기술을 소피스트는 '지'(知)라고 말했는데, 그것에는 인간이 착하게 사는 것에 대한 답은 전혀 없었다. 진정한 '지'란 인간이 무엇을 위해 사는가라는 문제에 대해 답해야 한다고 생각했던 것이다. 즉 철학사에서 처음 인간의 도덕을 원리적으로 사고했던 사람, 그것이 소크라테스였던 것이다.

소크라테스

이오니아의 자연학이 인간의 삶의 방식을 문제삼지 않고 세계의 성립을 원리적으로 사고하려고 했던 것과도 전혀 달랐다.

그런데 '선'이나 '악'에 관해서는 자신을 포함하여 아직 누구도 정말로 알고 있지 않다는 것을 소크라테스 자신이 먼저 알았다. 그래서 더욱더 '대화'라는 형태로 함께 '음미'하면서 서로 자신의 힘으로 자신의 무지를 깨닫고자 하는 방법을 썼던 것이다. 이것이 유명한 '무지의 지', '산파술'의 의미이다.

소크라테스의 언어 사용법

소크라테스는 소피스트에게 뒤지지 않게 말이나 논리를 상당히 자유롭게 구사한다. 그러나 그들과의 결정적인 차이는 말 그 자체가 진실을 드러낸다고 생각하지 않은 점이며, 사태 그 자체에서 그 본질을 끌어내야 한다고 생각했다는 점이다. 이해하기 쉽게 말하자면, 자신의 내적인 직관을 증명하거나 대화자의 주장을 정중하게 음미하고서 모순을 밝혀내기 위해 말도, 논리도 사용한다. 소피스트처럼 논의에 이기기 위해서는 무엇이라도 이치를 따진다는 사용법과는 근본적으로 다르다. 무엇이라도 말할 수 있다는 말의 본성을 소피스트가 발견한 데에서 비롯된 말에 대한 불신을 소크라테스는 회복하면서 가치의 혼란에 대항했다. 그런 의미에서 그의 작업은 역시 굉장한 것이었다고 할 수 있다.

죽음을 전혀 두려워하지 않았던 소크라테스

소크라테스가 아테네에서 재판의 판결(사형)에 거스르지 않고 독약이 든 잔을 태연하게 깨끗이 비우고 죽은 비극은 아주 유명하다. 그의 죄는 "청년에게 해로운 영향을 끼치고, 나라에서 인정하는 신들을 인정하지 않고 다른 새로운 귀신들을 받들었기 때문"이라는 것이었다. 당시 정계의 유력자였던 아뉴토스 등의 모함이었다는 것이 진실인 것 같다. 그가 '크리톤'의 도망 계획을 따르지 않고, 오히려 '혼의 불사(불멸)'를 논증하거나, 철학을 하면서 죽음을 두려워하는 것은 부끄러운 일이라고 말하면서 그를 설득했다는 것은 과연 그다운 모습이었다. 아테네라는 자질이 뛰어난 말에 달라붙은 등에를 자칭했던 그는 사형을 언도받고도 아테네에서 떠나려고 하지 않았다. 이 사건이 그의 철학을 역사 속에 영원히 새겨 넣었던 것이다.

2. 인간적 욕망의 초월적인 본성으로
플라톤

플라톤(기원전 428/427~348/347)은 아테네의 평범한 가정 출신으로 당시의 한다 하는 청년들처럼 그도 처음에는 정치를 하려고 했다. 그러나 민주파에 의한 소크라테스 재판에 큰 충격을 받고서 정치를 단념하고 철학으로 돌아서게 되었다. 그리스 각지를 떠돌아다니며 철학 수업을 받으면서 소크라테스가 말한 것을 보완하여 발표하는 형태로 저술을 하기 시작했지만, 곧 철학자로서의 명성이 높아지고 뒤에 유명한 철학 학교인 아카데미아를 창설하였다. 플라톤의 철학은 한편으로는 초기 그리스 철학의 종합 지점이지만, 다른 한편으로는 이른바 '철학'적 사고의 새로운 출발점이기도 하다. 그러한 의미에서 말 그대로 그리스 최대의 철학자라고 해도 좋다.

기묘한 '이데아'설

그런데 플라톤의 철학설의 중심은 뭐니뭐니 해도 '이데아'(idea)설이지만, 이것은 상당히 이해하기 어렵다.

세상에는 여러 가지 사물, 예컨대 개, 나무, 삼각형, 아름다운 것 등이 있는데, 이 모든 것들은 말하자면 그 존재의 본체(='이데아', '참된 실재'라고도 한다)를 가지고 있다. 삼각형에는 삼각형의 이

플라톤

데아가, 아름다운 것에는 아름다움의 이데아가 있다. 이 세상의 모든 것은 그 이데아의 "호의를 입어"[1] 존재한다고 플라톤은 말하는 것이다.

이데아에 관해서는 말로 적절하게 표현하기 어렵기 때문에 비유로 이야기할 수밖에 없다고 플라톤은 말한다. 『향연』에 유명한 '동굴의 비유'라는 이야기가 있는데, 거기에서 그는 이데아를 '해'의 빛에 비유한다.

해란 어떤 것인가? 그것은 우리로 하여금 만물을 볼 수 있게 해주는 근원이다. 해가 그 빛으로 세상을 널리 비추지 않는다면, 우리는 무엇 하나 볼 수 없으며, 모든 사물을 분간할 수 없을 것이다. 그런 의미에서 이데아는 사물의 '인식 근거'이다. 또한 세상의 모든 것은 해의 빛과 열을 받아 자라는 것이기 때문에, 그것은 모든 것의 '존재 근거'이며, 동시에 '가치 근거'이기도 하다.

그러나 이것만 들으면 이데아란 예컨대 기독교의 절대 신과 같은 '초월적인 절대자'가 존재한다는 설의 고대판이 아닌가 하고 생각할지도 모르겠다. 그러한 견해도 꽤 있다.

버틀란드 럿셀에 따르면, 플라톤의 이데아설은 그때까지의 기독교 철학의 '원리'론의 집대성이라는 의미를 가지고 있다(『서양철학사』). 즉 그것은 만물이 생성 변화하고 확고한 존재를 가지지 않는다는 헤라클레이토스설, '하나의 존재'(一者)가 절대적으로 존재한다는 파르메니데스설, 그리고 '본래의 세계'는 일상의 감각을

1) 이 말은 한마디로 설명하기 어렵다. '은혜를 입어서'라거나 '힘의 일부를 나누어 받아서'라는 뉘앙스로 이해하면 좋을 것이다.

넘어선 것으로 존재한다는 피타고라스설을 하나로 종합한 것이라는 설명이다.

현실의 사물은 끊임없이 변화하는 '가상'일 뿐이다. 그러나 그것에 근거를 부여하는 영원 불멸의 '근본'이 존재한다. 그것은 이 세상이 아니라 저 세상에 존재한다. 이렇게 이데아설은 이러한 세 가지 주제를 통일한 것이라고 할 수 있다.

럿셀의 설명은 어떤 의미에서는 이해하기 쉽다. 그러나 플라톤이 이데아설에 담아 놓은 사상의 핵심에는 한층 더 중요한 부분이 있는 것 같다. 그것을 좀 더 살펴보도록 하자.

'원리' 탐구의 게임을 새로 쓰다

그리스 철학에서 '원리'(아르케)란 세계나 사물의 '근본'을 어떻게 생각하느냐 하는 문제였다. 철학자들은 '물', '수', '누스'를 근본 원리라고 생각해 왔다. 사실 플라톤은 '이데아'를 단지 하나의 새로운 '원리'로 제시한 것이 아니다. 말하자면 그는 그것을 종래의 '원리'의 사고 방법에 관한 발상 그 자체를 바꾸는 것으로 내놓았던 것이다.

예컨대 『파이돈』에 소크라테스의 이야기로 다음과 같은 내용이 있다.

자신은 사물의 '원인'에 관해 오랫동안 생각해 왔지만, 그때까지의 철학자들의 설명에 만족하지 못했다. 그렇지만 언젠가 "모든 것에 질서를 부여하는 원인은 누스(지성 · 정신)"라는 아낙사고라스의 설명을 접하고서 크게 자극받았다. 뒤에 본 아낙사고라스의 설 그 자체는 사실 별로 마음에 들지 않는 점이 많았지만, '누스' 원리설 자체에는 아주 중요한 착상이 있었다. 그것은 다음과 같은 것을 자신에게 가르쳐주었다. 즉 누스는 "어떻게 있는 것이 최선인가"라는 방식으로 만물에 질서를 부여하는 것인데, 그렇다고 하면 '원인 · 근거'의 탐구에서 중요한 주제는 단지 한 가지로, 즉 그것은 "인간에게 본래 고찰할 가치가 있는 것은, 그 자체에 관해서도, 또 다른 사물에 관해서도, 단지 그것이 어떻게 있는 것이 가장 최선인가 하는 것"일 뿐이라는 것이다.

플라톤이 여기에서 제시하고 있는 사고 방식은 말하자면 원리의 내재설이라고 할 수 있다. 즉 그는 '원리'는 세계 그 자체 속에는 없으며, 오히려 인간의 '정신'(누스) 쪽에 있다고 주장하고 있는 것이다. '원리'는 세계 그 자체 속에는 없으며, 사실은 '정신' 속에 있다고 생각하는 것. 이것은 '원리'라는 것의 사고 방식 자체를 완전히 뒤집어 놓은 획기적인 의미를 가졌다. 플라톤의 생각을 부연하면 대체로 다음과 같은 것이다.

이제까지 철학자들은 세계 자체 속에 세계를 질서지우고 있는 원리가 있다고 생각하고 그것을 탐구해 왔다. 그렇지만 여러 철학자가 여러 가지 '원리'를 주장해 왔지만, 하나의 공통 견해에는 이르지 못했다. 왜 그랬을까? 그 이유는 인간이 세계의 '근본 원리'를 잘 인식할 수 없기 때문이 아니라, 오히려 여러 사람이 자신의 관점에서 세계를 질서지워 왔기 때문이다.

즉 '질서지우는' 것은 세계 그 자체의 작용이 아니라 원리적으로 '누스'의 작용이다. 그렇다면 '누스'가 세상을 질서지우는 방식은 어떤 것일까? '진 · 선 · 미'가 그 질서의 근거이다. 그러므로 진정으로 탐구해야 할 것은 세계의 '원리' 그 자체가 아니라 도대체 '진 · 선 · 미'라는 질서가 어떤 근거를 가지고 있는가라는 것이 되어야 한다. 이렇게 생각해보면 다시 다음과 같은 것도 이해된다.

이제까지의 철학의 근본 규칙은 세계의 '원리'를 찾아내는 것이었다. 그러나 이 세계 '원리'의 탐구 게임을 지탱하고 있는 것은 인간이 세계와 어떤 관계를 맺고 있는가, 사람은 어떻게 살아야 하는가라는 삶 그 자체에 대한 물음이다. 즉 '세계 그 자체의 원리'에 대한 물음은 무엇이 인간에게 '아름다운' 것이며, '참된' 것인가라는, '삶 그 자체의 원리'에 대한 물음으로 버텼던 것이다.

이것이 플라톤 철학의 가장 중요한 모티프이며, 이러한 관점의 변경은 실로 참신한 것이었다. 그는 말하자면 그때까지의 철학 게임의 기본 규칙을 고친 것인데, 그럼으로써 단지 철학 문제의 형태만을 바꾼 것은 아니다. 오히려 철학이 품고 있던 가장 본래적인 물음의 형태를 찾아냈던 것이라고 할 수 있을 것이다.

'에로스론'

플라톤의 이데아론 핵심이 '진 · 선 · 미'라는 원리의 탐구에 있다는 것은, 이데아론의 외형에만 눈길을 빼앗기면 이해하기 어려운 점도 있다. 그러나 예컨대 유명한 상기설(想起說)이라는 것이 있는데, 이것은 그의 사상적 직관을 아주 상징적으로 보여준다.

왜 인간은 여러 가지 '아름다운 것'을 '아름답다'고 인식할 수 있는 것일까? 사물은 감각을 통해 인간에게 들어온다. 그러나 감각은 본래 색이나 소리나 형태만을 순수하게 전하는 기관일 뿐이며, '착하다', '아름답다'라는 감각 그 자체를 전하는 것은 아니다. 즉 감각 능력 그 자체는 '착함'이나 '아름다움'에는 관련되지 않는다. 그렇다면 진 · 선 · 미라는 가치는 도대체 어디에서 인간에게 주어지는 것일까?

언뜻 보기에 생각할 수 없는 것으로 보일 수도 있지만, 이 물음 자체가 철학적으로 아주 중요한 물음이며, 현대라면 신체론의 핵심을 이루었을 물음, 즉 인간은 어떻게 해서 단순한 즐거움 - 괴로움이 아니라 아름다움 - 추함의 감각이나 신체성을 형성하는 것인가라는 문제로 바뀌게 된다.

어쨌든 플라톤은 이 물음에 관해서도 비유를 이용하여 이렇게 답한다. 인간은 전생에 천상의 이데아계에 살았다고 생각해보게. 거기에서 인간은 '착한 것'이나 '아름다운 것'의 이데아(본체)를 본 적이 있지. 우리가 사물을 보고 그것을 '착하다'거나 '아름답다'고 느끼게 되는 것은 이 전생의 천상계에서 경험한 기억에 의한 것이라네…….

플라톤이 말하고 싶어하는 것은 아마도 이러한 것이라고 생각된다. '가치'의 문제는 사물이 왜 있는가라는 감각이나 인식의 원리로부터는 결코 이해할 수 없다. 즉 '진 · 선 · 미'는 본질적으로 일상적인 감각의 즐거움 - 괴로움 원칙을 넘어선 원리이며, 오히려 '이상'이나 '진실' 세계를 동경하는 인간 정신의 본성에 속하는 원리이다.

이러한 사고 방식 속에서 플라톤이 보여주고 있는 것은 인간의 존재 본질을 파악하기 위해서는 '이상'이나 '진실'이라는 인간만의 독자적인 영역(이것이 이데아계라고 불리는 것이다)에 주목해야 한다는 것이며, 사실 이 영역(진 · 선 · 미의 영역)이야말로 인간이 여러 가지 방식으로 세계를 질서지우는 '원리'라는 것이다.

그런데 이 '상기설'은 매력으로 충만한 플라톤의 '에로스(eros)론'(=연애론)과 밀접하게 연결되어 있다.

『향연』에서 논의되고 있는 유명한 연애론은 이른바 플라토닉 러브(플라톤의 연애관)의 유래를 이루고 있으며, 거기에서 쉽게 이해되는 명제는 "사랑의 올바른 길은 육체의 아름다움에서 혼의 아름다움으로 나아간다"고 하는 것이다. 사람은 처음에 '육체의 아름다움'을 동경하지만, 머지 않아 '혼의 아름다움'에 끌려 들어가게 된다는 것이다. '육체의 아름다움'은 지상의 아름다움이지만, '혼의 아름다움'은 천상의 아름다움이자 아름다움의 본체에 더 가깝기 때문이다. 플라톤은 『파이드로스』에서 이 에로스론을 한층 더 자세히 전개한다.

인간은 사랑에 빠지면 이성과 분별심을 잃고 어리석어진다고 한다. 사랑은 광기라는 식으로. 그러나 사실 진정으로 착한 모든 것은 '신적인 것에 관여하는 광기'에서 오는 것이며, 사랑이야말로 참으로 그것의 가장 상징적인 상태이다.

왜 사람은 한번 사랑의 격렬한 감정에 사로잡히면 사랑하는 사람만을 꿈속에서도 그리워하고 세상의 모든 것을 우습게 여기게 되는 것일까? 사실 사람은 그때 사랑하는 사람의 아름다움을 보고 천상계에서 엿보았던 '아름다움의 이데아'를 상기하는 것이다. 이때 사람은 천상의 이데아야말로 혼의 진실을 위한 양식이며, 지상의 여러 가지 에로스는 그 가상일 뿐이라는 것은 확실히 알게 된다. 거기에서 혼은 이 아름다움의 본체를 몹시 그리워하며 천상을 향하게 되고, 그 때문에 지상의 것을 가볍게 여기고 돌보지 않게 되는 것이다…….

플라톤의 통찰을 옮기자면, 대충 다음과 같은 것이 된다.

사람은 여러 가지 욕망을 가지고 있는데, 인간의 욕망은 계속 채워 나가면, 마지막에는 쾌적한 것이나 아름다운 것(=에로스)을 깊이 맛보고 싶어하는 지점에 이르게 된다. 돈이나 권력이란 그 자체가 목적인 것 같아도 잘 생각해보면 그 수단이다. 그런데 격렬한 사랑에 빠지면 사람은 세속의 일을 잊어버리는데, 그것은 사랑의 열정이 말하자면 '삶 그 자체의 의미'를 채워줄 가능성을 예감하기 때문이 아닐까? 사람은 사랑하는 사람의 아름다움에서 그것을 잡으면 삶의 의미가 충분히 채워질 것 같은 '진실'되고 '착한 것'을 본다. 즉 '진실'이나 '착한 것'을 목표로 하는 사랑은 사람으로 하여금 자신의 욕망의 본래적인 존재 방식을 보게 하고, 그것에서 세속적 욕망의 가상성도 드러나게 하는 힘을 가진다. 이런 의미에서 사랑의 욕망만큼 인간적 욕망의 깊은 본질을 분명하게 상징하는 것은 없다는 것이다.

『국가』에서의 정치의 이상

플라톤에게는 철학자 정치라는 테제가 있는데, 이것에 관해서는 마지막 부분에서 다루기로 하겠다. 정치가가 철학을 배우거나, 혹은 철학자가 정치 지배자가 되거나, 둘 중의 하나가 아니라면 이상적인 정치는 존재할 수 없다. 이것이 그 기본 테제이다.

플라톤은 참주 정치는 물론 부정하지만, 민주정이 아니라 귀족정(aritocracy)을 최고의 것으로 여긴다. 당시에 민주파의 정치가 부패하고, 현실 정치에 절망한 결과라고 할 수 있다. 저서인 『국가』에서 그는 자신이 이상으로 생각하는 정치론을 전개하고 있다. 여기에서 가장 중요한 점은 국가의 상태를 인간의 혼의 상태에 견주어 생각하는 발상이다. 그 내용은 대체로 다음과 같다.

인간의 혼은 욕망의 부분과 이성적인 부분으로 나뉘어진다. 전자는 자신의 감정이 원하는 대로 욕망을 추구하지만, 후자는 이것을 눌러 참고 '절제'의 덕을 발휘한다. 이성의 부분이 욕망에 이기지 못하면 인간이 타락하듯이, 국가도 지배층이 대중을 잘 통제하지 못하고 그들이 원하는 요구를 잘 통제하지 못하면 중우 정치가 된다. 중우 정치는 또한 참주 정치를 부르게 된다.

국가가 이성 부분을 확고히 지키기 위한 여러 가지 고안이 재미

있다. 국가는 뛰어난 자질을 가진 아이들을 모아서 통치자가 되기 위한 전문 교육을 한다. 그들은 부모와 떨어져서 사회에 의해 길러지며, 그들도 어느 나이가 되면 특정한 가정을 꾸리지 않고 공동 생활을 하며 아내도 공유한다. 필요 이상의 돈도 가지지 않고, 다만 수호자로서의 커다란 명예가 그들에게 주어지는 보수이다.

그러나 전체로서는 플라톤의 정치론에서 오늘날에도 이어질 수 있는 것을 찾아내기는 어렵다. 폴리스의 존속 자체가 대단히 큰 긴장 상태에 놓여 있던 당시의 시대 상황을 잘 고려해야만 한다. 오히려 『국가』에서는 플라톤의 인간론을 잘 살펴볼 수 있다.

어쨌든 플라톤 철학에서는 문제를 다시 고쳐 묻고, 처음 한 걸음부터 다시 생각하며, 깊은 본질에 이르기 위해 어떤 사고 방식이 필요한가에 관해, 언제나 짐작하게 하는 듯한 힘이 있다. 그런 의미에서 그는 '철학'(philosophy)이라는 방법의 원형을 상징하는 철학자이다.

3. 제1의 학

아리스토텔레스

아리스토텔레스의 출발점

존재는 존재한다, 존재하지 않는 것은 존재하지 않는다, 이것에 관해서 이야기할 수는 없다. 이러한 파르메니데스의 단언에 따라 그리스 세계는 한순간에 얼어붙었다.

사물이 그 생생한 표정을 잃고, 모든 사물이 그 자리에 정지한 채로 생명을 잃어버린 것처럼 보였다. 파르메니데스의 이 명제는 사물의 변화와 운동을 부정하는 역설을 만들었기 때문이다. 이것은 그 뒤, 그리스 세계에서 피할 수 없는 아포리아(aporia, 난문)가 되었다.

이 아포리아에 대처하기 위한 방도로는 일원론과 이원론 두 가지 길이 있었다. 데모크리토스의 원자론으로 대표되는 다원적인 일원론은 변화의 근저에 변화하지 않는 물질을 상정함으로써 이 역설에서 빠져나가려고 했다.

변화하지 않는 원자라는 물질의 조합으로 현실 세계의 변화와 운동이 만들어진다고 생각했던 것이다. 또한 플라톤으로 대표되는 이데아론은 변화 생성하는 세계와 변하지 않는 이데아의 세계라는 이원론을 택하였다.

우리가 살고 있는 세계는 변화와 생성의 세계이며, 이것에 관해서는 본래는 아무 것도 말할 수 없다. 말해야 하는 것은 변화하지 않는 이데아의 세계이며, 현실의 세계도 이 이데아를 나누어 가짐으로써 성립한다고 생각했다.

아리스토텔레스(기원전 384~322)의 출발점도 이 난문에 어떻게 대처할 것인가에 있었다. 현실의 세계가 변화와 운동으로 가득 차 있다는 것은 부정하기 어려운 사실이다. 그 현실의 세계를 부정하는 파르메니데스의 역설을 어떻게 극복하면 좋을까?

아리스토텔레스에게는 원자론 같은 식의 해결은 마음에 들지 않았다. 모든 것이 원자의 운동에 의해 결정된다고 하는 이론은 너무나 기계론적이고 무신론적인 냄새가 났기 때문이었을 것이다. 그보다도 숭고한 취향이 있는 플라톤의 철학 쪽이 아리스토텔레스에게는 매력적이었던 것 같다.

플라톤 학도였던 때의 아리스토텔레스는 이데아설에 의한 해결을 믿었지만, 차차 이데아설에도 결함이 있다고 생각하게 되었다. 이 이론으로는 운동과 변화의 불가능성의 역설이 여전히 해결되지 않는다고 생각했기 때문이다.

이데아설의 난점

아리스토텔레스가 이데아설은 불충분하다고 생각했던 이유는 여러 가지이다. 우선 먼저 현실 세계의 외부에 이데아 세계가 실재한다는 이원론의 사고 방식을 받아들일 수 없었다. 이데아의 세계가 실재하는가는 누구도 알 수 없다.

그것이 어떻게 현실 세계와 관련되는가도 불명확하다. 아리스토텔레스는 이데아 세계의 존재를 부정하려고 했던 것은 아니고, 그것이 현실 세계를 설명하는 원리로서는 충분하지 않다고 생각

아리스토텔레스

했던 것이다.

책상을 설명할 때, 그 목적과 용도가 아니라 책상이라는 이데아를 가지고 와서 설명하는 것이 플라톤의 이데아론의 설명 방법이다.

그러나 그로 인해 이 세상에 존재하는 사물의 원인을 파악하려고, 그 사물들과 같은 수의 다른 것을 가지고 들어오는 것이 되는 것은 아닐까? 책상은 책상의 이데아를 '나누어 가진다'고 하는데, 그러나 책상과 책상의 이데아가 완전히 동떨어진 것으로 상정되고 있는 이상, 그 나누어 갖는 관계를 조절하기 위해 다른 것이 필요해지는 것은 아닐까?

또한 현실의 사물이 이데아를 '나누어 가지고 있다'는 것이 어떤 것인지를 설명할 수 없으며, 이데아'에서' 만들어진다는 '까닭'도 비유일 뿐이다. 부정적인 사물에도, 관계에도 이데아가 있다지만, 개개 사물의 실체를 떠나서 이데아가 있다는 것은 이상하다. 『형이상학』에서는 이밖에도 여러 가지 반론을 볼 수 있다.

그러나 아리스토텔레스에게서 무엇보다 중요했던 것은 이데아 이론으로는 변화와 운동을 설명할 수 없다는 것이다. 이데아론은 우리에게 '가까운' 현실의 사물이 아니라 사물의 '본질'이라는 우리에게서 '먼' 보편적인 것에서부터 설명을 시작한다. 그것은 현실에 존재하는 세계의 사물의 변화도, 운동도 설명할 수 없으며, 처음부터 설명하려고 하지 않은 것은 아닐까?

디나미스와 에네르게이아에 의한 설명

아리스토텔레스는 이렇게 생각했다. 변화하지 않는 것이 있다, 그것은 확실하다. 변화를 넘어서 존재하는 것이 없다면, 이 세상은 이해하기 어렵게 된다. 아리스토텔레스는 이것을 '우시아'(ousia)라고 부른다. 이것은 실체로 번역되는 경우가 많지만, 전통적인 철학 용어 '실체'로 생각해서는 안될 것이다. 아리스토텔레스는 사라지지 않는 '실체'라는 신비적인 것을 상정하는 것이 아니라, 명제에서 언제나 주어의 위치에 오는 것을 우시아로 불렀던 것이다.

사실 이 우시아(실체)란 무엇인가? 아리스토텔레스의 설명에는 확실하지 않은 점이 있다. 그것은 존재의 존재성의 개념(이것은 하이데거의 존재론과 관련된 사고 방식이다)이며, 사물의 설명 원리(이 경우에 그것은 형상이라고 불리며 이데아와 같은 개념이 되어 버린다)이며, 특정한 개별 사물(아리스토텔레스는 이것을 제1실체라고 불렀다)이며, 때로는 물질의 물질성과 같은 것(중세가 되면 이것은 제1질료로 불리게 된다)이기도 하다.

그러나 중요한 것은 아리스토텔레스가 이 불변의 것인 '우시아'를 상정한 뒤에, 그 운동과 변화를 설명하는 원리를 도입했다는 점이다.

그 설명 원리가 잠재태(dynamis, 가능태)와 현실태(energeia)라는 사고 방식이었다. 사물이 변화하는 것처럼 보이는 까닭은, 변화하지 않는 기체(基體, 우시아)가 잠재태로 있다가 그 완전한 모습인 현실태로 변하기 때문이다. 실체가 변하는 것이 아니라, 실체의 '본질'로서 숨어서 존재하고 있던 것이 현실로 나타나는 것이 '변화'로 보이는 것이다. 아리스토텔레스는 이렇게 설명한다.

예를 들어보겠다. 도토리가 땅에 떨어져 퍼진다고 하자. 거기에서 새잎이 나오고, 가지가 뻗어 나오며, 결국 도토리 나무로 커 간다. 이것은 자연의 세계에서 볼 수 있는 아주 평범한 변화이며 운동이다. 자연의 세계는 이데아계와는 다르며, 변화로 가득 차 있는 세계로 보인다. 그러나 도토리는 사자로 '변화'하지 않는다. 도토리는 커서 도토리 나무가 되며, 꽃을 피우고, 열매를 맺는다. 아리스토텔레스는 이러한 것을, 자연의 세계에서 잠재태인 것이 현실태가 되는 운동이라고 생각한다.

이 현실태가 되는 것이 도토리의 생장의 '목적'이다. 그러므로 현실태란 운동의 목적이 실현되는 것이며, 완전한 것이 되는 것이다. 그리고 다시 도토리를 퍼뜨리고, 도토리는 자기의 목적을 추구하는 운동을 시작하게 된다.

철학의 목적

이렇게 생각하면 세계를 이해하는 것은 운동과 변화를 이해하는 것이며, 운동을 이해하는 것은 그 사물의 '목적'을 이해하는 것이 된다. 이것이 학문이라고 아리스토텔레스는 생각했다. 그리고 학문 중의 제1의 학문이 철학이다. 철학은 사물의 변화를 인식하는 것만이 아니라, 그 궁극적인 원인과 목적을 인식하는 학문이기 때문이다. 그렇다면 이러한 원인과 목적에는 어떤 것이 있을까?

아리스토텔레스는 원인의 이론을 탐구하기 위해 『형이상학』에서 철학사적인 고찰을 시작한다. 그리고 탈레스 이래의 철학의 역사를 고찰하여, 어떤 것이 존재하게 되는 원인은 4가지 관점에서 분류할 수 있다고 생각했다. 우선 그것이 어떠한 물질에서 생겨나는가의 관점에서 생각하면, 질료인(質料因)이라는 사고 방식이 생긴다(탈레스의 물이라는 개념이 하나의 예이다).

또한 변화의 최초의 실마리가 무엇이었는가의 관점에서 생각하면, 시동인(始動因)이라는 사고 방식이 생긴다(도토리의 예에서는 꽃가루의 수정). 이어서 그 자체의 본질이 무엇인가를 생각하면 형상인(形相因)이라는 사고 방식이 생긴다(건축가가 집을 지을 때의 설계도와 같은 것이다). 마지막으로 원인이 되는 운동의 목적이라는 관점에서 생각하면, 목적인(目的因)이라는 사고 방식이 생긴다(도토리는 도토리 나무라는 목적을 추구하여 생장한다고 생각할 수 있다).

그러나 많은 사물의 인식에서 이러한 원인들은 하나로 합쳐진다. 그것이 에네르게이아로 보이게 되는 목적인=형상인이다. 아리스토텔레스는, 철학이라는 작업은 이중의 의미에서 이 궁극적인 목적을 추구한다고 생각했다. 철학은 사물의 변화의 궁극 원인을 인식하는 학문이며, 아리스토텔레스는 이 궁극적인 원인을 '신'이라고 부른다. 철학은 신을 인식하는 것이며 사물의 궁극적인 목적과 원인을 인식할 수 있는 것이다.

그러나 철학하는 인간은 다른 의미에서 이 궁극적인 목적과 관련될 수 있다. 플라톤은 인간의 궁극적인 목적은 이데아를 '보는' 것이라고 생각했지만, 아리스토텔레스도 신을 사유하는 삶이 인간에게 최고의 행복이라고 생각했다. 그러므로 신을 인식하는 작업에서 인간은 최고의 선을 실현할 수 있는 것이다.

이렇게 아리스토텔레스는 신을 인식하는 데에서 인간은 궁극적인 인식과 최고의 행복을 얻을 수 있다고 생각했다. 그 때문에 인간은 자기 위에 있는 '신', 로고스, 이성이라는 것에 따라서 살아야 할 필요가 있다. 중세의 오랜 기간을 거치며 인간과 신에 관한 아리스토텔레스의 이러한 사고 방법은 계승되고 시험되었다.

제 3 장

그리스 철학의 황혼

플라톤, 아리스토텔레스라는 높은 봉우리를 넘어선 뒤에, 그리스 철학은 그리스의 폴리스 문화의 쇠퇴와 함께 쇠퇴기에 들어간다. 이 불안의 시대의 철학을 대표하는 것이 스토아파와 에피쿠로스파의 철학이다.

"불안과 고통으로 가득 찬 삶을 어떻게 생각하면 좋을까?" 이것이 이 시대 철학의 기본 물음이었다. 양자의 주장은 금욕과 쾌락이라는 삶에 대한 두 가지 기본적인 태도의 차이를 상징하고 있어서 흥미롭다. 그러나 이윽고 그리스 세계에 기독교라는 강력한 세계 종교가 등장한다. 그리스 철학의 사고는 서서히 이 새로운 세계상 속으로 빨려 들어가게 된다.

1. 불안한 시대의 마음의 존재 방식

스토아파

기반이 무너진 불안 : 헬레니즘 시대

플라톤이 죽고 10여 년이 지난 뒤, 마케도니아가 제패한 그리스 세계는 헬레니즘이라는 새로운 시대를 맞게 된다.

이 시대에는 그리스 문화가 동방으로 퍼져 나간 반면에, 각각의 사람들에게는 혼란과 불안의 시대였다. 정치의 세계에서는 권력 투쟁이 반복되고 정신적인 근거였던 폴리스(도시 국가)는 그것을 위해 사는 것이라는 존재 의의를 잃었기 때문이다.

이 시대에 등장한 스토아파 · 에피쿠로스파 · 회의주의 철학은 모두 그 불안을 뛰어 넘으려고 하는 점에서 공통적이었다. 그들은 사회의 변동에 전혀 영향받지 않는 행복을 여러 가지 방식으로 추구했던 것이다. 여기에서는 우선 스토아파가 어떤 방식으로 그것을 추구했는가에 대해 살펴보고자 한다.

인간에게 중요한 것이란 : 키니크파

스토아파의 창시자는 제논(기원전 335~263)이다. 엘레아파의 제논과는 물론 다른 사람이다. 그는 키프로스섬의 키티온 출신으로 아테네로 나온 것은 30살 쯤이다.

제논이 처음에 찾아가 배운 사람은 키니크파의 크라테스(기원전 365~285)였다. 키니크파란 어떤 파인가? 인간에게 가장 중요한 것은 '행복하게 사는 것'이라고 직관적으로 생각했던 사람들이다. 이 직관을 철학의 문제로 가장 먼저 깊이 있게 다룬 사람은 소크라테스였지만, 그들의 실천은 소크라테스와는 아주 달랐다.

'자연'에 맞춰 사는 것이 '덕'의 실천이며 인간의 행복이라고 생각한 그들은 인위적인 것을 철저히 부정했다. 그들은 속옷이 따로 없는 낡은 옷 한 벌에 막대기와 헐렁한 자루 차림으로 '키니크(=개와 같은, 수치를 모르는) 생활'을 하며, 세상에서 일반적으로 통용되는 권위나 부, 가치관 등을 철저하게 야유하였다(이러한 태도는 뒤에 시니시즘으로 불리게 된다). 그 중에서도 디오게네스(기원전 404~323)는 '개 디오게네스'라고 불리며, 술통을 집 삼아 사는 철저한 모습을 보였다. 그렇지만 기묘하게도 그들은 '개'라고 불리면서도 사실 꽤 인기가 좋았던 것 같다. 사람들은 그들의 정신적 자유를 어떤 점에서 동경했던 것인지도 모른다.

실천에서 학문적 근거를 찾았던 사내 : 제논

제논의 철학적 직관은 키니크파의 그것과 비슷하다. 그러나 제논은 결국 '개'가 되지는 않았다. 수치심이 있었던 것이다. 거기에서 그는 크라테스의 가르침을 멀리하고, 메가라파의 스틸폰(기원전 380~300) 등에게서 배웠다. 키니크파가 부정한 학문이라는 것을 찾았던 것이다. '개의 생활'은 어딘가 우스꽝스럽다, 학문을 하면 그것과는 다른 실천을 찾을 수 있을 것이다, 그는 그렇게 생각했던 것 같다. 그 뒤 그는 스토아 포인키레(채색 주랑)라고 불리는 장소에서 강의를 시작했다. 여기에서 스토아파가 탄생하게 된다.

이성에 따른 삶의 방식이 최고 : 스토아파

스토아파가 목표로 삼았던 것도 역시 '자연'에 따라서 사는 '현자'(賢者)였다. 그들에 따르면, 현자는 어떤 환경에서도 행복하고 자유롭다(계속해서 말하자면 참되고 착하고 아름답다).

여기까지는 키니크파와 같지만 이 앞이 다르다. 스토아파의 경우에 '자연'에 따르는 것은 인위를 부정하는 것이 아니라, 오히려 '이성'에 따른 삶의 방식이라고 생각하기 때문이다. 왜 그럴까? 이것에 답하기 위해서 그들은 방대한 학문을 마련했다.

스토아파의 학문만큼 설득력이 있는 것은 없다(독창성도 없다). 그러나 그들이 그로부터 '자연에 따른다'='이성에 따른다'=행복하게 산다'는 결론을 끌어내 온 길은 아주 명쾌하다. 그것은 이렇다.

그들은 우주에 질서를 부여하는 근원의 작용(=힘)을 로고스라고 부른다(제1장 2절의 헤라클레이토스 항 참조). 이 로고스라는 말은 '이성'이나 '말' 등의 의미도 있다. 이것이 특징이다. 결국 그들은 로고스라는 말을 실마리로 하여 '이성', '말'에 따르는 것이 그대로 우주의 자연의 질서에 따르는 것이라고 주장하는 것이다.

보통 사람이 자주 살기 어렵다고 느끼고, 불안과 고통을 느끼는 것은 그 로고스(=이성, 말)를 바르게 작동시키지 않고, 파토스(=비이성적 감정, 구체적으로는 욕망 · 쾌락 · 고뇌 · 공포)에 빠지기 때문이다. 바로 그렇기 때문에 스토아파는 강한 자제심으로 금욕하여 파토스를 버리고 아파테이아(apatheia, 비정)의 경지를 목표로 추구하는 것이다.

이렇게 스토아파는 '이성', '말'을 바르게 사용하면, 우주의 '자연본성'과 일치한 행복한 삶의 방식을 실현할 수 있다고 생각했다. 그들이 말하는 현자의 생활 방식은 이런 것이다.

스토아파의 차가움과 따뜻함

그런데 현자란 정말 있을까? 만일 실제로 있다고 해도 친해지고 싶다는 생각이 들까? 『장자』에 감정을 버리고 '자연'을 체득한 싸움닭이 나무로 만든 닭처럼 보인다는 고사가 있지만, 스토아파가 말하는 현자에게서도 인간미가 느껴지지 않는 것 같다. 물론 그들은 파토스만 부정했을 뿐이며, 모든 감정을 부정했던 것은 아니다. 예컨대 즐거움은 '이성적 감정'으로서 긍정적으로 생각했다. 제논도 아테네 시민에게서 크게 존경받았다. 그럼에도 불구하고 현자에게 매력을 느끼지 못하는 것은, 헤겔이 지적했듯이, 그들의 주장이 개념적이며 살아 있는 인간으로서의 뚜렷한 이미지를 가지고 있지 않기 때문이다(『철학사 강의』).

그러나 한편으로는 헬레니즘이라는 시대에 자기 자신의 마음 자세만에 의지하여 행복할 수 있다는 것을 보여주려고 한 스토아파의 시도가 불안한 사람들에게 용기를 주었다는 것도 사실이다.

스토아파는 그 뒤 로마로 퍼져 나갔다. 로마에서도 스토아파의 영향력은 컸다. 세네카(기원전 1~기원후 65), 에픽테투스(55년경~135년 경), 마르쿠스 아우렐리우스(121~180)가 유명하다. 네로 황제의 신하였던 세네카는 네로의 스승이기도 했다. 에픽테투스는 네로 황제 때 노예였으나 뒤에 자유인이 되었다. 마르쿠스 아우렐리우스는 5현제 중의 마지막 황제로, 유명한『명상록』을 남겼다. 스토아파로서는 이 마르쿠스 아우렐리우스가 죽음으로써 제논 이후 약 500년의 역사에 막을 내리게 되었지만, 그 뒤에도 스토아 철학은 커다란 영향력을 계속 가지게 되었다.

2. 삶을 북돋는 소리

에피쿠로스

이미 살펴본 것처럼, 사람들의 정신적인 근거지였던 폴리스는 그 존재 의의를 잃어 버렸다. 그리고 그것은 사람들이 충성의 대상도 도덕의 목표도 잃은 채, 전란이 계속되는 불안정하고 황량한 '세계'에 한 명의 고독한 개인으로 내던져지게 되었음을 의미한다. 그런 사람들에게 삶의 근거를 회복해주려고 했던 것은 스토아파의 사람들만이 아니었다.

제논이 아테네에서 학교를 열었던 것과 거의 같은 때에 사모스섬 출신인 에피쿠로스(기원전 341 경~270 경)도, 뒤에 '에피쿠로스의 정원'으로 유명해진 정원을 아테네에서 구입했다. 그는 거기에서 가르침을 구하는 자라면 설령 창녀나 노예라도 와서 배울 수 있는 학교를 지었다. 에피쿠로스는 그 뒤 36년에 걸쳐 세속을 벗어나 여기에서 계속 조심스럽고도 우정의 즐거움으로 가득 찬 공동 생활을 하면서 지내게 된다. 그리고 사람은 어떻게 해야 삶과 죽음에 휘감긴 불안이나 공포에서 해방되어 만족한 삶을 살 수 있는가에 대해 생각했다.

인간 존재의 불안을 치유하기 위해

에피쿠로스 철학의 기초에 있는 것은 데모크리토스에게서 이어받은 원자론이다. 즉 원자와 원자의 여러 가지 결합이 인간을 포함한 만물을 낳는다고 하는 아주 이해하기 쉬운 생각이다. 다만 데모크리토스와 다른 중요한 점은 에피쿠로스가 이러한 원자의 운동과 충돌 속에서 일종의 자유와 우연성을 보려고 했다는 것이다. 이렇게 함으로써 그는 당시 사람들을 위협하고 있던 숙명론을 우선 부정하고, 인간의 자유로운 삶의 가능성에 관해 이야기하려고 했던 것이다.

또한 에피쿠로스의 인식론의 태도도 아주 명쾌하다. 그는 지식의 유일한 기반이며 기원이기도 한 것은 지각(감각)이라고 생각한다. 즉 어떤 하나의 판단은 지각에 따라 그것이 확실해지는데, 증명될 경우는 올바른 것이고, 그렇지 않은 경우는 틀린 것으로 판단된다는 것이다.

그래도 가장 중요한 것은 소박하고 단순하게 보이는 이러한 논리가 에피쿠로스 철학에서는 예컨대 '죽음'이나 '신'에 대한 공포 — 어느 시대에나 사람들이 살아가는 동안에 없애기 어렵게 존재하는 불안 — 를 없애려고 하는 의도에서 도입되고 있다는 점이다.

에피쿠로스에 의하면, 죽음은 혼이나 육체를 만들고 있는 원자가 단지 산란되어 있는 상태일 뿐이며 전혀 무서워할 필요가 없다. 이른바 재악(災惡)은 감지되기 때문에 재악이 되는 것이지만, 죽음이란 그런 감각 자체가 사라지는 것이기 때문이다.

> 그러므로 죽음이 우리에게 아무 것도 아니라는 것을 올바르게 깨달으면, 그 깨달음은 이 죽게 마련인 삶을 즐거운 것으로 바꿔 놓을 수 있다. 그 까닭은 그런 깨달음이 이 삶에 대해 무한한 시간을 더해주는 것이 아니라, 불멸을 향한 헛된 바램을 없애 버리기 때문이다. 죽음은 사실 우리에게 아무 것도 아니다. 왜냐하면 우리가 존재하는 한 죽음

은 현존하지 않으며, 죽음이 현존할 때에는 이미 우리는 존재하지 않기 때문이다(『메노이케우스에게 보내는 편지』).

에피쿠로스

또한 신이란 무엇인가? 에피쿠로스는 다음과 같이 생각했다. 신은 원래 작은 원자이며, 세상에서 멀리 떨어진 곳에서 지극히 행복한 삶을 살고 있다. 그러므로 인간과 같은 불완전한 존재에게는 관심이 없으며, 이른바 신의 벌을 포함하여 사람들에게 어떤 영향도 미치지 않는다.

많은 사람이 믿고 있는 신들을 부인하는 사람들이 불경한 것이 아니라, 오히려 신들을 끌어안고 있는 억견을 신들에게 억지로 떠맡기는 사람들이 불경하다.(같은 글)

즐거움의 윤리학

에피쿠로스는, 예컨대 플라톤처럼, 혼의 불멸이나 천상의 또 다른 세계에 관해 이야기하지 않았다. 그는 철저하게 '현세'의 사람이다. '이 세상', '이 삶'에서 사람이 행복해지는 방법만이 에피쿠로스에게는 문제였다고 해도 좋다.

그리고 이런 점이, 에피쿠로스의 철학이 현대를 살아가는 우리의 가슴에도 훌륭한 감동을 주는 이유일 것이다.

이렇게 말하면 에피쿠로스라는 이름은 '에피큐리안'(epicurean, 식도락가)이라는 말과 함께 쾌락주의자로서 잘 알려져 있다.

그러나 그 쾌락이란 욕망을 끝없이 추구하여 얻을 수 있는 것이 아니다. 자연스럽고 필요한 욕망만이 충족되며, 고통 없이 마음이 편안한 상태(ataraxia)를 말하는 것이다. 그러한 의미에서는 스토아파가 목표로 삼는 경지(아파테이아)와도 비슷한 조용하고 조신한 것이었다고 말할 수 있을지도 모른다.

그러나 잊지 말아야 할 것은 스토아파의 윤리학에서는 덕이 유일하고 최고의 선이었던 것에 반해, 에피쿠로스는 '쾌락'(=기분이 좋은 것)이야말로 사람을 움직이는 동기이며, 그 자체가 선이며, 그리고 인생의 목표라고 생각했다는 점이다.

> 만일 내가 맛의 즐거움을 멀리하고, 성애의 즐거움을 멀리하고, 듣는 즐거움을 멀리하고, 나아가 모습을 보고 느끼는 즐거운 감동도 멀리한다면, 무엇을 착한 것이라고 생각해야 좋을까, 나는 모르겠다.
> (『생활의 목적에 관해』)

그러므로 에피쿠로스의 윤리학은 '즐거움의 윤리학'이다. 거기에서는 즐거움의 질을 높이고 우리의 삶을 더욱 기분 좋은 것으로 만들기 위한 조건을 언제나 묻고 있다.

최고의 쾌락은 '우정'이다

그러한 에피쿠로스가 최고의 쾌락으로 칭송한 것은 '우정'이었다. 그가 온화하고 만인에게 관대하고 애정으로 충만한 사람다웠다는 것은, 에피쿠로스의 철학을 부정하는 다른 학파의 사람들의 증언 속에서조차 인정되고 있는 사실이다. 에피쿠로스에게는 우정도 무엇인가를 위한 수단이 아니라, 그 자체가 목적인 참된 인간 관계 — 행복 — 였던 것이다.

그러므로 에피쿠로스가 남긴 "숨어서 살아라"는 말도 세상을 버린 은자나 폐쇄적인 교단의 교조의 말로 읽기보다는, 넓디넓은 '세상'을 우선 이웃들과의 우애의 정리를 다시 맺는 것에서 이해하려고 했던 사람의 말로 읽고 싶다. 여기에서 우리는 다시 한번 에피쿠로스가 자신의 확실한 피부 감각으로 확신할 수 있는 것만을 참된 경험이라고 생각했던 것을 짐작할 수 있다.

에피쿠로스의 건강은 평생 좋지 않았으며, 자주 격렬한 고통이 그의 몸을 괴롭혔다.

그 때문에 기원전 270년 경에 이 세상을 떠났지만, 그의 마지막 날에 어떤 친구에게 보낸 편지에서 그는 자신을 대신하여 세상을 일찍 떠난 제자의 아이들을 보살펴주기 바란다는 말과 함께 이렇게 쓰고 있다.

> 요도와 배의 병이 깊어서 고통을 줄일 수 없지만, 그럼에도 불구하고 그대와 이제까지 주고받은 대화를 생각하면 영혼은 한없이 즐겁답니다.(『이도메네우스에게 보내는 편지』)

이러한 에피쿠로스의 가르침은 로마의 철학 시인 루크레티우스(기원전 99 경~55 경) 등에 의해 그 뒤에도 오랫동안 전해졌다.

3. 〈의심해보는〉 것과 〈믿어보는〉 것

회의주의, 신플라톤주의, 그밖의 것

'마음의 평정'을 찾는 것. 이미 살펴보았듯이 스토아파의 철학과 에피쿠로스파의 철학이 목표로 삼았던 것은 결국 같은 것이었다. 그 때문에 서로 다른 자연관이나 학설을 필요로 했던 것이다. 하지만 여기에 그러한 학설을 가지는 것 자체를 거부하고, 오히려 그럼으로써 '마음의 평정'을 찾으려고 하는 사람들이 나타난다.

퓨론(기원전 365 경~270 경)과 그의 제자 티몬(기원전 320 경~230 경)이 그 대표이다. 그들에 따르면, 사물에 관한 참된 인식은 감각에 의해서도 이성에 의해서도 획득할 수 없다. 왜냐하면 감각은 사물이 우리 앞에 나타난 것과 같이 보여줄 뿐이고, 그 <있는 그대로=본질>을 보여주지는 못한다. 이성적 인식도 또한 결국은 미리 꿰어 맞춘 개념에 의해 이루어진 것이므로, 사물의 <있는 그대로=본질>을 파악할 수 없기 때문이다.

판단을 정지하는 것

이렇게 우리는 무엇에 관해서도 "이렇다"고 단정할 수 없으며, 애써 "우리는 이렇게 생각한다"고 말할 수 있을 뿐이다. 그렇게 되면 중요한 것은, 진리를 얻으려고 하지 않고, 오히려 그것이 도저히 인식할 수 없는 것이라는 것을 정확히 깨닫고서 무엇에도 무관심해지는 것이라고 퓨론과 티몬은 생각했다.

그렇게 하면 사람은 사물의 '진위'나 '선악'에 관해 고뇌하고, 그 때문에 번뇌하지 않게 된다. 즉 이러한 '판단의 정지'(epokhe)는 여기에서도 '마음의 평정'을 얻기 위한 정신의 궁리로서 우리 앞에 등장하는 것이다.

그러나 우리가 현실의 생활에서 끊임없이 결단과 선택을 하게 되는 것도 또한 분명하다. 따라서 회의론은 그 뒤에 시대를 떠맡으려는 듯한 실천적인 정신의 궁리라기보다는, 오히려 지식이나 인식의 불확실성과 독단성을 이야기하는 쪽으로 그 중점을 옮겨가게 된다.

아카데미아파의 중기에 속하는 아르케시라오스와 카르네아데스도 그러한 회의파라고 이야기할 수 있다. 그들은 주로 스토아파의 인식론을 꼼꼼히 비판하기 위해 이 입장을 취했지만, 실생활에서는 '이치에 맞는 것', '최고라고 믿는 것'을 행동의 기준으로 삼아도 좋다고 했다는 점에서는 '유연한 회의주의자'들이라고 말할 수 있을 것이다.

회의론은 그 뒤에 기원전 1세기 경부터 기원후 2세기 경까지의 사이에 나타난 아이네시데모스와 아그리파, 섹스토스 엠페이리코스 등에 의해 그 논점이 잘 정리되게 된다. 아이네시데모스는 10가지의, 아그리파 등은 5가지의 항목을 내걸고서 확실한 인식은 존재할 수 없다는 것을 보여주었다. 여기에서는 그 요점을 다음과 같이 크게 세 가지로 종합해보았다.

① 견해 차이의 지적(철학자들의 견해는 다양해서 결국에는 무엇이나 주장할 수 있다는 것).

② 인식에서 주관과 사물의 상대성을 지적(모든 사물은 받아들이는 주관의 상태나 다른 사물과의 연관성에 따라 다르게

나타난다는 것).

③ 논증의 불가능성을 지적(무리하게 논증하려고 하면, 그 이유를 찾아서 아직 증명되지 않은 전제를 세우거나, 무한 배진(無限背進)하거나, 순환 논법에 빠지지 않을 수 없게 된다는 것).

사람은 자주 이른바 언설의 불확실성에 대해 "자신만은 생각하고 있다"는 태도를 보이며, 애써서 자신의 인식이 타인의 그것보다도 '우위'(=메타 레벨)에 있다는 것을 증명하고 싶어하는 존재이다. 여기에 회의론이 빠지기 쉬운 함정이 있다.

하지만 회의(scapsis)란 원래 그리스 말로 '탐구'를 의미했다. 데카르트나 훗설을 예로 들 것도 없이, 이른바 철학이 기존의 지식이나 인식의 전제를 우선 의심해보는 것에서 시작하며, 그 끝에서 '의심할 수 없는 것'을 찾아내는 것이라고 생각할 때, 방법으로서의 회의는 앞으로도 중요한 의미를 계속 가질 것이다.

〈윤리〉에서 〈종교〉로

지금까지 보았듯이, 기원전 헬레니즘기의 철학(스토아파, 에피쿠로스파, 회의주의)은 어느 것이나 자신의 내부에 틀어박혀 각각의 방법으로 '마음의 평정'을 얻으려고 했다. 하지만 그 외부에도 없는 자기 자신이야말로 의지할 곳 없이 무력한 존재라고 느낄 때, 뒤이어 사람들은 어디로 향해야 할 것인가? 자신의 내부에서 자신을 지탱하고 있는 말을 찾아내려고 했던 개인은 이번에는 자신의 외부에서 절대적이고 완전한 존재를 찾아내려고 하게 된 것이다.

인생의 궁극적인 목적을 저 세상에서 찾고, 거기를 향해 현실 세계에서 자기를 해방시키고, 그곳으로 올라가려고 하는 것. 후기 헬레니즘에서부터 로마 시대에 걸친 사상은 이 점에서 공통적인 특징을 가지고 있다. 즉 철학은 개체로서의 삶의 <윤리>를 구하는 것에서 개체와 절대자의 합일을 구하는 <종교>로 그 발판을 스스로 옮겨가게 된다.

하지만 이 시대의 철학에서는 이미 그 요구를 충족시킬만한 힘이 없었기 때문에 더 오래된 철학을 이러한 모티프에서 다시 읽으려고 하는 학파가 등장하게 된다.

신플라톤주의나 신피타고라스주의, 그노시스주의 등이 여기에 해당하는데, 이 중에서도 가장 중요한 신플라톤주의에 관해 살펴보자.

이 신플라톤주의의 실질적인 창시자는 이집트에서 태어난 플로티노스(205~270)이다. 그는 플라톤의 이데아론을 기반으로 하고 거기에 동방 사상을 가미하여 독자적인 신비적 체계를 세웠다.

플라톤의 '선의 이데아'가 모든 존재와 가치의 원천이었듯이, 플로티노스는 이 세계에 근거를 부여하고 있는 존재로서 '하나인 것'(hen, 一者)을 상정한다.

근원으로의 귀향을 목표로

그리고 만물은 이 근원적인 '하나인 것'에서 흘러나온(='流出', enamachio) 것이다. 마치 샘에서 물이 마르지 않고 솟아나오 듯이, '하나인 것'은 그 완전성을 잃지 않고 만물을 낳는다.

'하나인 것'이 우선 낳은 것은 '누스'(=이성, 정신)이다. 이것은 '하나인 것'의 사유가 낳았던 이데아 세계라고 생각하면 이해하기 쉬울 것이다.

플로티노스

이어서 '누스'에서 '푸쉬케'(pushikhe)라고 불리는 '영혼'이 태어난다. '영혼'은 곧 가장 낮은 단계에 있는 '질료'와 결합해서 '자연'을 형성하고, 그것에 생명을 불어넣는 힘이 될 것이다.

플로티노스는 이렇게 세계의 모든 것을 '하나인 것'에서부터 아래로 흘러나오는 것으로 생각했다. 그래서 인생의 목표는 우리 인간의 '영혼'이 내려오는 길을 거꾸로 찾아 올라가 육체의 속박에서 벗어나고, 자신을 단계적으로 정화함으로써 이 근원으로 귀향하는 것이라고 생각했던 것이다.

플라톤의 '선의 이데아'가 우리에게 도대체 도달할 수 없는 것으로 상정되었던 것처럼, 플로티노스의 '하나인 것'도 우리에게는 이해할 수 없는 이른바 말할 수 없는 것이다.

하지만 플로티노스는, 일찍이 플라톤이 그랬던 것처럼, 불완전한 존재인 인간들의 '완전한 것'에 대한 <동경>을 다시 이런 신비적인 형태로 이야기했던 것이다.

그래서 고대 그리스 철학의 가장 중요한 본질은 이렇게 기독교를 중심으로 한 중세 사상으로 확실히 넘어가게 된다.

제2부

중세 철학

아우구스티누스
(354~430)

토마스 아퀴나스
(1225 경~1274)

둔스 스코투스
(1265/66~1308)

오컴
(1285 경~1347/49)

중세 철학 개설

중세 철학의 위치

중세 철학이라고 하면 암흑 시대에 기독교 신학의 내부에서 자질구레한 논쟁이 행해졌던 시대라는 인상을 받을는지도 모른다. 확실히 빛나던 그리스 철학의 황금기가 지나간 뒤에는 중세라는 시대가 선명하게 드러나 보이지 않는 것은 어쩔 수 없는 것인지도 모른다.

그러나 중세의 암흑기를 지나고 나서 그리스 철학이 르네상스에서 '중흥된다'고 생각할 수는 없다. 그리스 철학에서 제시된 문제가 다른 맥락에서 고찰되고 그 결론이 제시되었으며, 르네상스나 근대의 철학은 이 결론을 이어받는 형태로 시작되는 것이다. 데카르트, 스피노자, 라이프니츠에게, 보통 생각하는 것 이상으로, 중세 철학은 중요한 의미가 있다.

철학사에서 중세의 위치를 생각할 때에는 중세 사람들이 이른바 '신'이라는 문제에 매혹된 사람들이었다는 사실을 떠올릴 필요가 있다. 우리에게는 '신'의 문제가 대체로 그렇게 가까운 문제도, 절실한 문제도 아니겠지만, 서양 중세 사람에게는 이것은 핵심 문제였다.

이 절실함을 이해하기 위해서는, 어떤 시대에나 그 시대의 '지평'을 구성하는 중심적인 문제가 있다는 것을 생각해보면 좋을 것이다. 예컨대 근대의 철학은 '인간'(과 그 자유)이라는 개념을 중심으로 전개되어 왔다고 할 수 있다. 마찬가지로 중세의 철학은 인간을 뛰어 넘은 '신'이라는 초월적인 존재 개념을 축으로 전개되었다.

철학이 신학에 종속되어 있다고 생각했다기보다는 중세 사람들에게는 철학의 문제도 이 틀에서 생각하지 않으면 의미가 없었으며, 흥미도 관심도 가지고 있지 않았다고 생각해야 할 것이다. 그래서 중세 철학에서는 '신'이라는 개념을 축으로 하면서, 인간의 인식 가능성과 올바름의 문제, 존재의 문제, 선의 문제, 언어와 논리의 구조의 문제, 사회와 공공성의 문제 등이 다시 고찰되고 연마되었던 것이다.

오늘날에는 그 이해가 구구하지만, 서양 근대 철학의 인식론, 존재론, 도덕론, 언어론, 사회 철학 등은 중세의 오랜 시련의 시간을 거치고 나서야 비로소 가능하게 된 부분이 있다. 그래서 '인간'이라는 개념을 의심하게 된 현대에 중세에 생각해낸 문제에 새로운 빛을 비추게 되었던 것이다(예컨대 하이데거나 들뢰즈에 의한 스코투스, 비트겐슈타인이나 아렌트에 의한 아우구스티누스, 레비나스에 의한 플로티노스 등을 생각해볼 수 있다).

중세는 10여 세기에 걸친 오랜 기간이었으며, 여기에서는 세 시기로 나누어 그 요점만 살펴보겠다.

플라톤과 예수

우선 최초의 시대는 헬레니즘 시대에서부터 4~5세기 경까지로 생각해볼 수 있다. 이 시대의 중심적인 과제는 신플라톤주의 이론과 기독교의 교리를 조화시키는 것이었다. 로마 제국의 국교가 됨으로써 지반을 굳힌 기독교는 처음에는 동방에서 전해진 신비적인 이교로 받아들여졌지만, 내부에서 격렬한 논쟁을 전개하면서 이론적인 기초를 다져 가게 된다.

이 시기의 철학에서 특히 주목되는 것은 철학 내부에서 예수라는 존재에 어떤 위치를 부여해야 하는가의 문제였다. 이 문제를 해결하고 기독교와 신플라톤주의를 조화시키는데 성공한 사람이 아우구스티누스였다.

아우구스티누스는 세계에 관해서는 신플라톤주의 이론에 기초하여 이해한다. 그러나 이러한 이론만으로는 현세적인 욕망에 사로잡힌 인간이 구원받을 수 없다고 생각했다. 아우구스티누스는 플로티노스처럼 신비적인 체험에 의해 신을 보는 체험을 하면서도, 이러한 체험은 아주 일부의 사람에게만 허락된 특권이며, 죄로 고통받는 인간이 구원받는 것은 아니라고 생각했다.

아우구스티누스는 특권적인 체험이 아니라, 인간이 자유로운 의지와 욕망을 가진 존재라는 것에서 출발해야 한다고 믿었다. 이러한 인간은 그 상태로는 반드시 신에게 반역하는 존재이며, 그것은 인간에게 고유한 것이라는 점이 아우구스티누스가 해석한 '원죄'의 의미이다. 그렇다면 그러한 인간은 어떻게 해서 구원을 받게 되는가? 그것은 신의 은총과 계시에 의해서이며, 그것을 인간에게 보여주려고 제시된 것이 예수라는 인물이다.

아우구스티누스는 예수라는 인물에 대한 신앙과 그 가르침을 이어받은 기독교의 교회로 귀의하지 않고서는 죄 많은 인간이 구원받을 수 없다고 생각했던 것이다. 그래서 서양의 역사는 이 예수라는 인물의 탄생과 심판의 일을 묶는 하나의 직선으로 나아가는 것이 되었다. 여기에서 천체의 운동에 근거한 순환적 시간 구조를 가진 그리스와는 달리, 하나의 종말을 향해 나아가는 새로운 직선적 시간이 탄생하는 것이다.

중세 전성기의 존재론

그런데 당시 서양의 기독교 세계는 철학적으로는 후진 지역이었으며, 그리스 철학은 주로 이슬람 세계에서 연구되고 있었다. 서양에 전해진 것은 『티마이오스』 등과 같은 신화적인 플라톤의 저작과 아리스토텔레스의 논리학 저작 중의 일부에 그쳤다. 아리스토텔레스의 저작이 본격적으로 번역되는 12세기까지는 플라톤이나 아리스토텔레스의 철학 체계의 전모가 이해되지 않고 있었으며, 기독교의 교리와 조화시키는 것은 그만큼 어렵지 않다고 생각되고 있었다.

그러나 아리스토텔레스의 텍스트가 번역되고 그 전모가 분명해지자 그리스 철학의 체계를, 신이 어떤 시점에서 세계를 창조하고 최후의 심판을 향해 나아간다고 하는 기독교의 신학 이론과 조화시키는 것이 곤란해진다. 이 곤란을 해결하기 위해 고안된 것은 기독교의 이론과 철학의 이론을 분리해 버리려고 하는 이론이었다. 이것은 철학의 진리와 신학의 진리라는 두 가지 진리가 별개로 존재한다는 견해로 이중 진리설이라고 불린다.

그러나 13세기의 전성기 스콜라 철학은 그리스 철학의 체계와 기독교의 신학 이론을 분리하려고 하지 않고, 우주, 세계, 인간에 관한 포괄적인 이론을 세우려고 했다. 이 스콜라 철학의 정점이라고 할 수 있는 것이 토마스 아퀴나스의 『신학 대전』이며, 이 책은 철학의 진리와 신학의 진리를 고차적인 형태로 조화시키려고 시도했다.

이러기 위해 아퀴나스가 채용한 것은 인간과 신의 존재론적 차이에 근거한 진리의 이론이다. 신이란 무한한 능력을 가진 존재이며, 인간은 이 신이 만든 존재이다. 신의 존재와 인간의 존재는 존재의 의미 그 자체가 다르다. 그러므로 신이 지닌 진리는 절대적 진리이지만, 인간이 인식할 수 있는 진리는 유한한 진리이며 불확실한 진리일 뿐이다. 진리에는 존재론적인 지위에 따른 차이가 있는 것이다.

아퀴나스는 신의 절대적인 진리는 『성서』에서 계시라는 형태로 부여되고 있다고 생각한다. 이에 반해 플라톤과 아리스토텔레스 이후에 철학으로서 인간에게 부여되고 있는 진리는 인간의 존재의 유한성에 근거한 불확실한 진리일 뿐이다. 그것은 잘못된 것이 아니라, 인간이라는 유한한 존재에 규정된 진리이며, 인간은 이러한 진리밖에 가질 수 없다는 것이다.

아퀴나스는 이 두 가지 진리를 꿰뚫는 원리로서 존재의 아날로기아(analogia)라는 개념을 제시하고 있다. 인간은 신을 인식할 수 없지만, 신이 인간을 창조하고 인간에게 존재를 부여했다는 '사실'에 의해 이 두 가지 진리가 대립하는 원리가 아니라 서로 보완하는 원리가 된다고 생각했던 것이다.

후기의 인식론 : 보편 논쟁과 유명론

이러한 아퀴나스의 체계는 종합하기가 어렵다고 생각되었던 여러 이론을 통합한 역작이지만, 이 체계에는 아리스토텔레스의 철학과 마찬가지의 결함이 있었다. 이 정교한 철학 체계에는 이 세상에 살고 있는 각각의 인간들의 위치가 빠져 있었던 것이다.

중세 후기의 철학은 아퀴나스의 체계에 대한 비판으로 시작된다. 가장 먼저 비판했던 사람은 둔스 스코투스였다. 프란치스코회 수도사였던 스코투스는 기독교도라는 입장에서 아퀴나스의 체계에서는 신이 개인을 인식할 수 없으며, 개인의 구원의 문제도 생각하지 않게 되어 있다는 점을 비판했다. 아퀴나스의 『신학 대전』에서는 신이 개개의 사물을 인식하지 않게 되어 있어서 이 세상에 살고 있는 개인들은 신의 인식 대상이 되지 않는 것으로 생각되기 때문이다.

스코투스가 어떤 방법으로 이 문제를 해결했는가는 스코투스를 다루면서 설명하겠지만, 여기서는 스코투스가 아퀴나스를 비판하면서 도입했던 개체성의 원리가 중세의 중요한 철학적 주제였던 보편 논쟁에 중요한 영향을 미쳤다는 점을 지적해두고 싶다. 보편 논쟁은 인간이 존재에서 어떤 보편적인 것(유나 종)을 인식하는 것은 어떤 방법에 의한 것인가라는 인식의 기본적인 문제를 둘러싸고 전개되었다. 이 문제의 최초 형태는 플라톤과 아리스토텔레스의 철학에서 볼 수 있다.

플라톤은 인간 인식의 불확실성을 극복하기 위해 이데아라는 개념을 제시했다. 플라톤의 이데아는 인간의 외부에 실재하는 것이며, 인간은 이 이데아를 떠올리는 것으로 확실한 진리를 인식한다고 생각했다. 그러나 이데아가 인간의 외부에 실재한다고 하면, 풀기 어려운 문제가 생긴다는 것은 일찍이 아리스토텔레스가 지적했던 그대로이다. 아리스토텔레스는 이데아와 같은 어원의 에이도스(eidos, 형상)이라는 개념을 제시하면서, 이 에이도스가 개별 사물의 소재(hyle, 질료)와 분리되어 존재하는 것은 아니라고 생각했다.

중세의 보편 논쟁은 이데아에 대한 이러한 견해 차이를 이어받으면서, 유나 종 등의 보편적인 것이 가진 자격에 관해 대논쟁을 전개했다. 문제가 되었던 것은 이 보편적인 것이 인식되는 개체

'앞에'(즉 개별 사물을 창조한 신의 근원에) 있는 것인가, 개체 '속에'(즉 개체와 함께 생겨나는 것으로서) 있는 것인가, 개체 '뒤에'(즉 인간이 지성에 의해 추상하는 것으로) 있는 것인가이며, 이 문제를 둘러싸고 몇 세기 동안 논의가 계속되었다.

개체 '앞에' 있다고 생각할 경우에는 신 속에 이데아로서의 보편이 이미 존재하며, 그렇게 해서 개체의 형상이 성립된다고 생각하는 실재론(실념론)이 생겨난다. 개체 '속에' 있다고 생각할 경우에는 보편이 개체의 외부에 독립해서 있다는 것을 부정하는 결과가 나오게 된다. 그리고 개체 '뒤에' 있다고 생각할 경우에는, 우선 인간이 지성으로 개체의 보편적인 것을 인식하고, 그것을 표본으로 해서 보편적인 이데아와 같은 것을 생각하는 것이며, 이것에서부터 개체 외부에 실재하는 것은 없다고 생각하는 유명론이 나타난다.

아퀴나스는 보편적인 것은 신의 지성 속에 있다고 생각하는 점에서 실재론의 흐름을 타고 있다. 이에 반해 스코투스는 이 사고 방식에서는 개별 인간을 인식할 수 없으며, 인간의 개체성 속에도 보편적인 것이 존재해야 한다고 생각했던 것이다. 그러나 보편적인 것이 신의 이데아와 개체성 두 가지로 나뉘어 존재하는 것은 보편적인 것의 수를 증가시킬 뿐인 것 같은 느낌이 들기도 한다. 이렇게 남아도는 개념을 '면도칼'로 잘라버리고 실재하는 것은 개체뿐이며, 보편적인 것은 개체 '뒤에' 성립한다는 것을 지적한 사람이 윌리엄 오컴이다.

그러나 이 오컴의 사고 방식에 따르면, 인간 인식의 객관성이 어디에서 보증되는가라는 곤란한 문제가 생겨난다. 그때까지는 신적인 지의 근원에 존재하는 보편적인 것이 인간 인식의 객관성을 보증했다. 그래서 오컴도 신의 초월성을 강조하기 위해 유명론을 외치지만, 오컴의 면도칼은 이 보편성의 근거를 죽여 없애는 결과를 낳았던 것이다. 중세 후기의 철학은 이 객관성의 근거를 찾아서 언어 철학이나 논리학 분야에서 탐구를 계속해 나아가게 된다.

그리고 이 문제에 명확한 답변을 제시했던 것은 '나'의 존재의 명증성에 근거하여 세계의 객관성이 보증된다고 생각했던 데카르트와 "아는 것이 힘"이라고 주장하면서 실험 과학의 필요성과 그 객관성을 지적했던 프란시스 베이컨이었다. 근대 철학은 중세 철학이 제시한 물음에 대한 하나의 답변에서 시작되었던 것이다.

제4장

신학과 철학의 모순

중세 철학을 대표하는 인물은 누구보다도 아우구스티누스와 토마스 아퀴나스이다. 아우구스티누스는 기독교 신앙 속에서 삶의 문제를 철학적으로 생각했던 사람이며, 토마스 아퀴나스는 기독교와 아리스토텔레스 철학을 접합시켜 기독교 철학을 체계적으로 완성시킨 철학자이다.

신학과 철학이라는 방법은 원래 서로 용납하지 않는 성격이 있기 때문에, 여기에서의 논의는 독특한 비틀림을 보인다. 『성서』에서 가르치고 있는 인격 신으로서의 신과 철학적인 절대 존재로서의 신 개념은 종종 잘 접합되지 않았다. 이 모순을 어떻게 해서든지 정리하려고 하는 스콜라 철학의 논의는 어떤 의미에서 철학적 사고의 난점을 잘 보여준다.

1. 위대한 약한 벌레

아우구스티누스

아우구스티누스는 어떤 사람인가?

아우구스티누스(354~430)는 기독교 최대의 교부로 불린다. 아주 훌륭한 사람이다. 그래도 걱정할 필요는 없다. 아무리 그일지라도 처음부터 훌륭한 성인이었던 것은 아니다.

떠벌일 필요는 없지만, 아우구스티누스는 젊었을 때, "보잘 것 없는 정욕을 채우려고 열을 올리"기도 했고, "도둑질을 하"기도 했다(『고백』). 사실 자신이 사제복을 입고 말할 정도로 큰 일은 아니었지만, 그는 자신의 너무 강한 욕망에 손을 불에 지지기도 했다. 그래도 그는 그렇게 약한 자신을 결코 속이려 하지 않은 정직한 사람이었다.

그는 북아프리카의 타가스테라는 곳에서 태어났다. 아버지는 이교도였으나, 어머니는 열렬한 기독교도였다. 15살 때, 집안 사정으로 학업을 중단하고 정욕에 빠지기 시작했다. 16살부터 20살까지 카르타고에서 수사학을 배우고, 32살에 밀라노에서 회심할 때까지 수사학 선생 노릇을 했다.

19살 무렵에, 철학에 눈을 뜨고 마니교에 빠져들었다. 그 뒤에 아카데미아파, 신플라톤주의를 거쳐 32살에 밀라노에서 회심하여 다음 해에 세례를 받았다.

물러나 굽힌다고 해도 좋은 느낌: 저서 『고백』

아우구스티누스

아우구스티누스의 주저는 46세 때 쓴 『고백』(400)이다. 자신이 과거에 저지른 잘못을 신에게 고백하는 것인데, 솔직히 말해서 지루한 책이다. 잠이 오는 걸 막을 수가 없다. 그러나 수기에서 흔히 볼 수 있는 것과 같은 의심쩍은 점은 없다. 오히려 이 책에서는 그가 약한 자기 자신을 정면으로 마주 대하려고 했다는 사실이 잘 전해지고 있다.

그를 괴롭힌 것은 '악'이라는 문제였다. 절대적으로 선한 신이 왜 악을 만들었을까, 악은 도대체 어디에서 생겨난 것일까? 선악 이원론을 취하는 마니교는 이 질문에 답할 수 없었다. 그것에 답했던 것은 신플라톤주의이다. 아우구스티누스는 존재하는 것은 모두 선하며, 악은 실체가 아니라 선이 결여되어 있는 것임을 배운다. 이로부터 뒤에 악이란 인간의 '자유 의지'(=욕망)에 의한 죄라는 주장을 시작으로 독자적인 죄와 벌, 신의 은혜에 대한 고찰로 전개되어 간다.

더욱 중요한 것은 아우구스티누스의 "자기 자신에게 되돌아간다"는 방법이다. 이것도 신플라톤주의에서 도입한 것인데, 『고백』의 곳곳에서 매력을 발휘하고 있다.

약한 나는 약한 대로 행복하게

악(=죄)의 원인인 욕망. 젊을 때 몇 번씩 그것에 실패하고 괴로워했던 욕망. 이것을 어떻게 해결할 것인가가 아우구누스티누에게는 중요한 문제였다.

같은 문제는 앞에서 본 스토아파에게도 있었다. 스토아파의 결론은 금욕이었다. 물론 할 수 있는 사람은 그것게 해도 좋다. 그러나 문득 문득 욕망에 지고 마는 것도 인간이라는 존재이다. 아우구스티누스는 그 점을 잘 알고 있었다. 그러므로 그는 결코 강해져야 한다고는 말하지 않는다. 인간은 본질적으로 약하다. 그 약한 인간이 그 상태에서 어떻게 하면 행복해질 것인가? 그에게는 욕망의 문제란 그것에 지고 마는 약한 인간의 행복(=구원)의 문제였던 것이다.

그것을 아우구스티누스는 "자기 자신에게 되돌아간다"는 방법으로 해결하려고 했다. 우선 자신을 염려하여 자기 자신에게 묻는다고 하는 견해는 상당히 매력적인 것이었다. 그러나 이 시선의 끝에서 그가 보았던 것은 신의 존재였다. 그는 자기 자신의 깊고 깊은 내면에서 신을 보았다. 이것은 어떤 것일까?

예컨대『고백』제11권에 유명한 시간론이 있다. 여기에서도 그는 자신이 시간을 어떻게 경험하고, 어떻게 시간을 살아가고 있는가를 자신에게 물어보는 정말 재미있는 고찰을 전개하고 있다. 뒤에 훗설이 극찬할 정도로 뛰어난 것이다.

"시간이란 무엇인가? 아무도 나에게 묻지 않을 때, 나는 알고 있습니다. 질문을 받아서 설명을 하려고 하면, 알고 있지 않습니다"라는 말은 유명한데, 그는 우선 과거·현재·미래라는 객관적 시간이 있는 것이 아니라, "과거에 관한 현재, 현재에 관한 현재, 미래에 관한 현재"가 있다고 생각했다. 그것을 가능하게 하는 것은 '정신의 연장'이다. 시간이란 과거를 기억하며 미래를 기대하지만, 현재를 직시하는 '정신의 연장'일 뿐이다. 이것은 하이데거의 실존론적인 시간론을 떠올리게 하는, 시간의 본질을 파고 든 것이다. 그런데 어쩐 일인지 얼마 뒤에 아우구스티누스는 그러한 정신의 존재 방식은 '분산'(=분열)된 존재 방식이며, 인간의 불완전함이 드러난 것이라고 말하기 시작한다. 신은 완전하며 그 신을 향해서 정신을 '집중'해야 된다고. 결국 한껏 제기된 시간론은 신의 완전함과 위대함에 관한 이야기로 돌아가 버리고 말게 되었다.

『고백』 전체에서 이와 비슷한 것들을 볼 수 있다. 그러므로 물러나 굽히는 것이다. 곳곳에서 매력적인 견해를 볼 수 있지만, 결국 그는 약한 인간을 구원하는 것은 신뿐이라는 결론을 미리 가지고 있으며, 신의 위대함과 그 사랑에 대한 감사를 계속 써 가는 것이다. 이러한 말은 신을 믿지 않는 사람에게는 아무런 울림도 주지 않으며, 공중에 떠다니는 말일뿐이다.

확실히 밀라노에서 신의 목소리를 들었던 그는 정말로 구원을 받았는지 모른다. 그래도 그것은 영악한 것으로 보인다. 그렇다면 신의 목소리를 들은 적이 없는 사람은 뒤에 남아야 하는 것이 아닐까?

물론 이것은 종교의 언어를 누구에게나 전할 수 있는 사상의 언어로 읽으려고 하는 것이므로, 아우구스티누스의 입장에서 보면 번지수를 잘못 찾은 것이다. 종교로서 읽는다면, 아우구스티누스는 역시 위대한 교부라고 말하지 않을 수 없다.

위대한 교부로서 아우구스티누스

회심한 뒤, 아우구스티누스는 위대한 교부를 향한 길을 걷기 시작한다. 그는 우선 일찍이 자신이 빠져들었던 아카데미아파와 마니교를 철저히 비판한다. 덧붙여서 도나티스트파, 파라기우스파

등과도 논쟁을 벌인다. 그래서 72살에 또 한 권의 주저인 『신의 나라』(426)를 완성했다. 기독교를 믿었기 때문에 로마는 서고트의 침공을 받았다고 하는 이교도에 대한 반론서이다. 특히 후반은 '신의 나라'와 '땅의 나라'를 대비해 가면서 최후의 심판을 향한 장대한 역사를 묘사하고 있다.

이렇게 아우구스티누스는 다른 종교와 사상에 대해 기독교야말로 약한 인간을 구원하는 유일한 것임을 증명하려고 했다. 그것은 동시에 기독교의 교리를 확립해 가는 것이었다. 그래서 그것은 스콜라 철학이나 종교 개혁 등, 후세에 커다란 영향을 미치게 되었다.

2. 하늘을 향한 여행자

토마스 아퀴나스

아리스토텔레스 철학과 기독교

12세기 무렵의 서양의 기독교 세계는 철학적으로는 후진국이었다. 그리스 철학은 주로 이슬람 나라들에서 연구되었고, 서구에서는 플라톤과 아리스토텔레스의 그리스 철학이 단편적으로밖에 알려져 있지 않았다. 이 때문에 중세 초기에는 아리스토텔레스 등의 그리스 철학은 기독교의 교리와 모순되지 않는다고 생각되었다. 그리스 철학의 단편에서 기독교의 예지를 읽어낼 수 있다고 생각했던 것이다.

그러나 12세기 이후부터 본격적으로 아리스토텔레스의 저작이 번역되면서 『성서』의 가르침을 그리스 철학과 조화시키려는 시도에 여러 가지 문제가 생겨난다. 이 문제를 집약적으로 보여준 것이 이슬람 철학자 이븐 루쉬드의 철학을 서양 식으로 번역한 라틴 아베로에스주의라는 이론이다. 이 이론은 예수의 가르침을 그리스 철학과 조정하려고 시도했지만, 거꾸로 인간의 불사(不死) 문제, 구원 문제, 신에 의한 세계의 창조 문제 등등 해결하기 어려운 난제들을 계속 내놓았다.

라틴 아베로에스주의의 세 가지 문제

이 라틴 아베로에스주의는 첫째, 인간의 지성에는 수동적인 지성과 능동적인 지성이 있다고 생각했다. 수동적인 지성은 인간에게 갖추어진 것이며, 신에게서 부여받은 능동적인 지성에 의해 수동적인 지성이 작용하면, 인간의 지성이 생겨난다고 생각했다. 이것은 신플라톤주의에도, 이슬람의 철학에도 공통적인 사고 방식인데, 문제는 라틴 아베로에스주의에서는 인간이 죽으면 신체적인 영혼은 육체와 함께 없어지며 죽지 않는(不死) 능동적인 지성만이 신에게로 돌아간다고 생각했다는 것이다. 여기에서는 인간의 영혼은 불멸이라고 하는 기독교 신학의 중요한 교리를 부정해 버린다.

둘째, 라틴 아베로에스주의에서는 신에게서 부여받은 능동적인 지성이 개별적인 것은 인식하지 않고 보편적인 것만을 인식한다고 생각했다. 그러므로 신은 개인으로서의 인간은 인식하지 않는 것이 된다. 그러나 그렇다면 신은 개인의 구원 문제에 관심을 가지지 않는 것이 되고 만다. 이것은 기독교의 구원론을 파괴해 버린다.

셋째, 이 이론은 세계를 구성하는 것이 제1질료와 같은 무한정한 물질적인 소재이며, 플라톤이 『티마이오스』에서 썼듯이, 신은 이 질료에 이데아라는 형상을 덧붙여 세계를 창조했다고 생각했다. 그러나 이 이론을 인정하면 『구약』의 창세기편 첫머리에 나오는 세계의 창조 이야기가 신학적인 중요성을 잃게 된다. 그래서 이 세계는 제1질료와 함께 영원히 존재하는 것이 된다. 이것은 기독교의 최후의 심판이라는 교리를 부정하는 것이다.

아퀴나스의 과제

토마스 아퀴나스

이렇게 라틴 아베로에스주의는 기독교에게는 파괴적인 영향을 미치지 않을 수 없는 이론이므로, 13세기에 들어와 이 이론은 교회로부터 두 차례나 이단으로 고발당하게 된다. 그 때문에 한편에서는 신학의 진리와 철학의 진리를 별개의 영역에 속하는 것으로 분리하려고 하는 이중진리설이 등장한다. 이것은 철학의 진리는 그대로 확보하면서, 그것이 신학의 진리와는 다른 영역의 문제라고 주장함으로써 철학과 신학의 타협을 모색하려고 하는 시도이다.

전성기의 스콜라 철학을 대표하는 토마스 아퀴나스(1225 경~1274)의 철학 작업의 목적은 이러한 타협적인 작업을 부정하면서 아리스토텔레스의 체계와 기독교의 신학 이론을 조화시키는 것이었다. 저서인 『신학 대전』에는 아퀴나스의 거대한 학식으로, 불가능하다고 생각되었던 이러한 종합의 시도가 기록되어 있다. 아퀴나스의 과제는 이 두 가지 진리를 분리하지 않고, 그리고 철학을 신학의 '시녀'(아퀴나스 자신이 이야기한 말이지만)로 업신여기지 않고, 두 가지 진리의 접점을 찾는 것이었다.

아퀴나스의 답변

앞에서 살펴본 세 가지 문제에 대해, 아퀴나스는 첫번째 능동적인 지성의 문제를 인간의 인식 능력에 관한 상세한 분석으로 비판한다. 아퀴나스는 우선 인간의 지각이 모든 경험의 단서라는 것을 강조한다. 사물을 지각한다는 인간의 인식에서 출발하지 않는 한, 가능한 형태로 인간에게 부여되고 있는 지성도 능동적인 지성이 되지 않는다고 생각하는 것이다. 이른바 지성이라는 영혼은 인간의 신체에 머물면서 인식이라는 경험을 쌓는 것이고, 비로소 자신을 완전한 것으로 만들어서 신의 존재를 인식할 수 있게 되는 것이다. 그러므로 능동적인 지성이란 가능한 지성이 신체라는 질료의 도움을 받아서 완전한 것이 된 것이며, 단순히 신체에 머물다가 죽은 뒤에는 하늘로 돌아가는 것은 아니라는 것이다.

두번째 문제인 개체 인식의 문제는 아퀴나스에 의해서는 완전히 해결되지는 않았으며, 뒤에 스코투스에 의해 철학에서 개체 인식의 문제로서 제기된다. 다만 아퀴나스는 구원의 문제에 관해서는 명확한 답변을 제시하여 철학과 신학을 조정할 수 있었다. 아퀴나스는 구원의 문제를 신의 인식의 문제가 아니라, 인간의 도덕적 삶의 방식의 문제로 생각할 필요가 있다고 지적했다. 아퀴나스는 개인을 구원할 것인가 말 것인가는 신의 자유의 문제이며, 인간은 자기의 완전한 본성을 실현한다는 목적에 따라 살아야만 한다고 생각한다. 인간의 도덕성이란 이 목적을 향해 사는 것을 습관으로 몸에 익히는 것이다.

세번째 신의 창조론에 대해서는, 아퀴나스는 신이 영원하다는 것과 대조적으로 인간의 세계는 시간에 각인된 유한한 세계이며 신에 의해 창조된 것이라는 것을 지적한다. 인간이 신체를 가지고 경험을 쌓는 존재라는 것은 인간이 하늘을 향한 여행자라는 것을 보여주는 것이며, 인간 존재의 역사성을 드러내는 것이다. 아우구스티누스의 역사 철학은 신의 나라를 향한 여정을 그렸지만, 아퀴나스는 인간이 이 유한한 세계에서 자기의 완전성을 향한 도정을 걸어가는 존재라고 생각하고서 여기에서 심판의 의미를 찾아내는 것이다.

신을 향한 통로

신, 천사, 인간이라는 계층적 우주에서 인간은 이렇게 유한한 존재이면서, 신체를 가진다는 결함을 거꾸로 살리면서, 자기의 완성을 향해 나아가는 존재로 생각되었다. 이 계층적인 구조에 익숙해진 인간은 세계 속에서 쌓은 경험에 기초하여 존재자의 존재 그 자체를 향한 눈을 뜨게 되며, 세계를 초월하고 신의 존재를 인식하고 도덕적인 존재자가 되는 것이다.

아리스토텔레스는 존재 그 자체로서의 존재를 고찰하는 것이 형이상학의 임무이자 철학의 임무라고 지적했지만, 아퀴나스는 신체를 가진 인간의 유한성에 주목한다. 인간은 존재 그 자체를 인식할 수 없으며, 유한한 존재에서 무한한 존재를 아날로지로 유비(類比)할 수 있을 뿐이라는 것이다. 그러나 아퀴나스는, 인간은 자신의 유한성을 인식하면서 유비라는 수단으로 완전한 신을 향해 나아갈 수 있는 존재라고 생각한다. 아리스토텔레스가 생각했던 것과는 다소 다른 의미이며, 존재에 관해 사고하는 철학은 '신을 향한 통로'인 것이다.

3. '이것성'의 원리

둔스 스코투스

스코투스의 과제

13세기 중반에 스코틀랜드에서 태어나 프란치스코회 수도사가 되어 그 높은 학식 때문에 정묘(精妙) 박사라고 불렸던 스코투스(1265/66~1308)는 아퀴나스에 의해 확립된 스콜라 철학의 체계가 가진 문제점을 명확하게 하면서 존재의 일의성(一義性) 개념과 개체성이라는 원리로, 그 뒤의 중세 철학의 방향을 제시했다.

존재의 일의성 이론

스코투스는 아퀴나스의 인식론에서 출발한다. 아퀴나스는, 인간의 인식은 모두 경험으로 얻은 재료를 기초로 한다고 생각했다. 신의 인식도 이러한 경험에 기초하지 않으면 불가능한 것이다. 그래서 아퀴나스는 인간의 인식이 유한한 것이기 때문에 신이 부여한 능동적인 지성이 아니라면 인간은 보편적인 것을 인식할 없다고 생각했다.

그러나 인간의 인식이 이렇게 유한한 것이라고 하면, 인간은 대체 무엇을 인식할 수 있을까라는 의문이 든다. 그 때문에 아퀴나스의 이론을 이어받은 학자들은 아퀴나스의 '존재의 유비'라는 사고 방식을 강조했다. 이에 따르면, 인간은 일상적인 존재자의 인식에서 '존재'의 개념을 획득하고, 그것과의 유비로 신의 존재를 인식할 수 있게 된다. 그러나 이것으로는 사실 신에 관한 확실한 앎은 인간에게서 거부된다고 하지 않을 수 없게 된다. 칸트가 물자체는 인식할 없다고 생각했듯이, 인간은 신을 인식할 수 없는 것이 된다.

스코투스는 이 문제에 대해, 인간의 존재는 어떻게 해서 보편적인 것을 인식하는가라는 점에서 접근한다. 스코투스는 인간의 감각적인 인식에서도 실은 어떤 보편적인 것이 작용하는 것을 지적한다. 예컨대 정원으로 눈을 돌려서, 거기에서 여러 가지 나무와 꽃을 인식하는 것은 감각적인 인식으로 생각되지만, 실은 거기에 수목이라는 보편적인 개념이나 꽃이라는 보편적인 개념이 없다면 인간의 감각적인 인식도 단지 색과 형태의 다발에 불과할 뿐일 것이다.

스코투스는 수동적인 지성으로 여기던 감각적인 인식에서도 이러한 보편적인 개념이 갖추어져 있다고 생각했다. 그것이 언어의 힘이며, 추론하는 지성의 힘이다. 감각적인 인식에서도 작용하는 이 보편적인 것 속에서 최상의 것이 '존재'라는 개념이다. 이 '존재'라는 개념에서는 인간은 신도, 수목이나 화초도 같은 것으로 인식한다. 스코투스는 이것을 존재의 일의성이라고 불렀으며, 모든 것에 공통적인 이러한 존재 개념에 의해 인간의 인식에서 보편성이 보증된다고 생각했다.

개체성 개념

스코투스의 특징은 여기에서 곧바로 인간의 언어와 추론의 힘을 고찰하지 않고(이것은 오컴 이후 후기 중세 철학의 주요한 과제가 된다), 모든 개체에 고유한 보편성이 있다고 주장하는 방향으로 나아간다는 점에 있다.

아리스토텔레스는 철학의 대상이 개체적인 것이 아니라 보편적인 것이라고 생각했다. 인간은 동물이라는 유 속에서 '언어를 가진다'는 '종차'에 의해 구별되는 존재이며, 철학의 대상은 개인적인 차이를 없앤 이 '종'이라고 생각했던 것이다. 그 이후 개체는 철학의 영역에서 쫓겨나 버렸다.

이에 반해 스코투스는 수목이나 인간이라는 종차만이 아니라 개체에도 각각 한 가지 보편성이 갖추어져 있다고 생각한다. 플라톤이나 소크라테스처럼 개체로서 인간에게는 다른 개체와는 다른 '이것성'(플라톤성과 소크라테스성)이 갖추어져 있다고 생각하는 것이다. 그래서 인간은 지성의 힘으로 이 보편적인 것을 인식할 수 있다. 이러한 스코투스의 '이것성' 개념에 의해 개체성이 철학의 대상에 포함되게 된다. 지상에 존재하는 다양한 개체가 그 종으로서 보편성에서만이 아니라 개체성에서도 인식할 수 있는 것이 되었던 것이다.

이것은 철학의 대상을 보편적인 것에서 세계에 존재하는 구체적인 사물로 향하게 한 중요한 한 걸음인 동시에, 보편 논쟁의 방향을 정하는 결과가 되었다. 개체의 원리가 인간성과 같이 개체에 공통적으로 존재하는 보편적인 종이 아니라, 개체에 고유한 이데아적인 것으로 옮겨감으로써 보편이란 신의 품에 있는 것이 아니라, 인간이 지성으로 인식하는 것이라는 관점이 강화된다. 이 원리는 오컴의 유명론으로의 전환을 준비하는 것이 되었다.

4. 존재하는 것은 개체뿐 – 유명론의 대표자
오컴

윌리엄 오컴(1285 경~1347/49)은 런던 남서부의 사리 백작령에 있는 오컴 마을에서 태어났다. 토마스 아퀴나스와 마찬가지로 태어난 마을 이름이 그대로 그의 이름이 되었다.

프란치스코회에 들어간 오컴은 옥스포드에서 배운 뒤에 파리로 가서 둔스 스코투스에게서 배웠지만, 뒤에는 스승의 최대 반대자가 된다.

보편 논쟁 : 존재하는 것은 '개체'인가, '보편'인가

중세 스콜라 철학에서 최대의 논쟁 주제는 '보편'을 둘러싼 문제('보편 논쟁')이었다. 여기에서는 보편적인 개념이 개체로부터 분리되어서 객관적으로 존재하는가를 둘러싸고 논쟁이 전개되었다. 개체에 앞서서 보편 개념이 실재한다고 생각하는 입장을 실재론(實在論)이라고 하며, 개체만이 실재하고 보편 개념은 단순한 명칭(사고가 만들어낸 추상)일 뿐이라고 주장하는 설을 유명론(唯名論)이라고 한다. 오컴은 유명론의 대표자였다.

'보편 논쟁'이 중세 최대의 논쟁이 되었던 배경에는 "카톨릭(Catholic)이 곧 보편(Universalia)이다"는 카톨릭의 전통적 사고가 있었다.

카톨릭 교회는 보편적 존재로서 세속 사회에 실재하고 군림했던 것이고, "보편은 실재하지 않는다"고 주장하는 유명론은 카톨릭 교회의 존재 자체를 뿌리에서 흔드는 것으로 보였다. 그러므로 유명론은 이단으로서 카톨릭 교회와 정통 스콜라 철학(실재론)으로부터 격렬한 공격을 받게 되었던 것이다.

오컴도 교회로부터 논란을 빚었지만, 원래 그는 기존의 카톨릭 질서를 비판한다고 하는 야심이 있었던 것은 아니었다. 실재론과의 논쟁을 통해서 그가 꾀했던 것은 기독교의 신앙을 이질적인 사상, 특히 그리스 철학의 영향으로부터 벗어나게 하려는 것이었다. "빛(이데아)에 의한 조명이 없다면 인간은 아무 것도 알 수 없고, 참으로 존재하는 것은 빛(이데아)이다"는 실재론의 사고 속에서 오컴은 플라톤의 그림자를 보았다. 그는 플라톤 식의 이데아에 의해 신이 지배되고, 신의 자유와 전능이 제한되는 것에 위기 의식을 가졌던 것이다.

오컴은 실재하는 것은 개체뿐이며 보편은 어떤 의미에서도 실재하지 않는다고 생각했다. "개념은 보편적인 외계의 사물이 아니며, 마음 속에서 단지 관념적 존재를 가지는 것도 아니다. 개념은 정신의 성질이다. ……개념은 지성 인식의 작용 그 자체이다"(『자유 토론집』 제4권). 즉 보편이란 인간의 인식 작용(두뇌) 속에서만 있는 것이기 때문에, 개체를 파악하거나 인식하는 하나의 방법일 뿐이다. 보편 개념이나 명사(인간, 소, 말 등)는 단순한 기호이지 보편적인 본질과 이데아를 표시하는 것은 아니다.

오컴의 면도날 : 단순한 것이 최고(사유 절약의 원리)

오컴에 의하면, 추상적인 인식은 직관적 인식(지각)으로부터 생겨난다. "직관적 인식은 개체의 고유한 인식이다"(『자유 토론집』 제1권). 감각, 지각, 즉 인간의 경험이야말로 인식의 출발점이고, 그 대상은 개체밖에 없다는 것이다. 인식론에서 그는 '오컴의 면도날'(사유 절약의 원리)를 가지고 있다. 이것은 현상의 인과 관계를 설명하기 위해 가설을 가능한 한 단순하게 하려고 하는 원리이다. 설명은 단순한 것일수록 올바르다. "더 적은 것으로 성립하는 것을, 많은 것을 가지고 성립시키려는 것은 쓸모 없는 짓이다"(『논리학 대전』 제12장)고 하여 불필요한 <실체>를 싹 잘라내 버렸다.

이것에는 이유가 있다. 당시의 스콜라 철학자는 여러 가지 표현이나 쓸 데 없는 논리를 이용해서 신의 존재나 전능성을 증명하는 데 몰두했다(단지 말로 이치를 따지는 방식을 '스콜라'적이라고 하는 것은 여기에서 비롯된다). 그들은 논리학과 인식론을 형이상학과 신학의 하인처럼 여겼던 것이다. 그러나 오컴은 양자를 분리한다. 그에 따르면, 신의 존재와 전능성은 철학적으로 증명되는 진리가 아니라 어디까지나 신앙에 의해서만 이루어지는 것이다. 이 결과 현실 세계는 신으로부터 떨어져 나와서 그 자체로 고찰될 수 있는 것이 된다. 경험 과학은 자립적인 학문이 되고, 논리학은 형이상학으로부터 떨어져 나와 자연 철학에서 고유한 수단으로 보이게 되었다.

이렇게 오컴의 유명론 사상은 한편으로는 뒤의 종교 개혁, 특히 "다만 신앙뿐"을 외친 루터에게로 이어지며, 다른 한편으로는 개별 과학의 연구자를 고무하는 영국 경험론의 원류가 된다.

제3부
근대 철학

대륙

영국

베이컨(1561~1626)
↓
홉스(1588~1679)
↓

데카르트(1596~1650)
↓
↓
스피노자(1632~1677)

라이프니츠(1646~1716)
↓
루소(1712~1778)

대륙 합리론

영국 경험론

로크(1632~1704)

버클리(1685~1753)

흄(1711~1776)

칸트(1724~1804)
↓
피히테(1762~1814)
↓
셸링(1775~1854)
↓
헤겔(1770~1831)

독일 관념론

반헤겔

실존 철학

키에르케골(1813~1855)
↓
쇼펜하우어(1788~1860)
↓
니체(1844~1900)

사회주의

포이어바흐(1804~1872)
↓
맑스(1818~1883)

심층 심리학

프로이트(1856~1939)
↓
융(1875~1961)

근대 철학 개설

근대에서의 학문 부활

유럽이 근대에 들어서면 수학이나 물리학 등과 함께 철학이 '부활'해 간다. 중세에도 철학이라고 불리는 것이 없었던 것은 아니지만, 그러나 거기에서는 신의 존재가 의심할 수 없는 대전제였다. 그렇지만 근대가 되면 모든 권위나 통념에 구애되지 않는 '처음 한 걸음부터' 생각하려고 하는 사람들이, 즉 본래의 의미에서 철학하는 사람들이 속속 등장한다.

그것은 중세 유럽에서는 유일한 보편적 진리이자 유일한 '세계상'이었던 기독교가 점차 그 지고의 권위를 잃고 약화된 것과 깊이 연관되어 있다.

신대륙의 발견과 인도·아시아와의 교역이 활발해지면서 유럽에서는 비기독교적인 문화가 널리 알려지게 되었다. 이것은 오늘날 말로 하자면 '이문화 접촉'인데, 기독교 세계에게 당연한 것이 전혀 통용되지 않는 사람들이 많이 살고 있다는 사실은 충격적인 발견이었음에 분명하다. 즉 이것은 기독교적인 세계상이 많은 '신념 체계' 중의 하나일 뿐이라는 사실을 알렸던 것이다. 더욱 결정적이었던 것이 '종교 전쟁'이다.

16세기에 기독교는 카톨릭과 프로테스탄트로 분열하고, 이후 사람들은 양파로 나뉘어 오랫동안 서로를 죽였다. 그것은 기독교가 사람들의 생활을 이끄는 유일한 권위로서의 자격을 잃었다는 것을 의미하는 것이다.

이러한 기독교적 세계상의 약화·상대화와 더불어, 개인으로서 자유로운 삶의 방식과 쾌락을 찾는 사람들이 등장하기 시작했다. 그 선구자는 상업에 종사하고 있던 이탈리아 르네상스기의 상인들이었는데, 그들은 낡은 관습이나 교회가 시키는 대로 따르지 않고 자신의 기지에 의해 세상을 개척하는 즐거움을 찾고, 그 자유의 감각에 걸맞은 새로운 세계상을 찾았다. 그들은 그리스와 로마의 고전을 즐겨 읽고, 거기에서 새롭고 자유로운 인간의 삶의 방식을 찾으려고 했다. 이것이 르네상스의 '인문주의'라고 불리는 것이며, 점점 유럽 전체로 퍼져 나가 근대 학문의 모태가 되었다(14~16세기). 이렇게 자유롭고 능동적인 삶의 방식을 찾는 인간들이야말로 새로운 자연 과학이나 사회 사상, 또한 철학의 담당자가 되었던 것이다.

자연과 사회의 이미지 전환과 이성 신앙

자연 과학과 시민주의적인 사회 사상은 기독교를 대신하여 근대에서 새로운 세계상의 주역이 되었다.

케플러, 갈릴레이 그리고 뉴튼과 같은 과학자들은 자연을 엄밀한 수학적 법칙이 관철되고 있는 것으로 다시 보고, 실제로 그 법칙성을 끌어내는데 성공했다. 그럼으로써 자연은 단지 주어진 것이 아니라 인간이 그것을 이해함으로써 통제할 수 있는 것, 즉 기술적으로 이용할 수 있는 것이 되었다. 17세기 초 영국의 철학자 프란시스 베이컨은 "아는 것이 힘이다"라고 썼는데, 그것은 과학이 가진 힘에 대한 의식이자 선언이었다.

자연 과학과 함께 '사회'에 관해서도 완전히 새로운 사고 방식이 등장한다. 사회의 질서(법이나 신분제 등)는 원래 신이 부여한 것이라고 중세에는 생각했지만, 17세기 영국의 철학자 홉스는 "인간은 원래 자기의 생존과 이익을 찾아서 서로 싸우고 죽였지만, 그렇게 하지 않고 서로 공존하기 위해 사회의 질서를 만들어내었던 것이다"고 주장했다.

이것은 사회관의 획기적인 전환이었다. 여기에서부터 <사회는 그것을 구성하는 인간들이 만들어낸 것이며, 따라서 필요하다면 그 제도나 법률을 더 좋은 것으로 바꿀 수 있다>고 하는 '사회 계약설'이 시작되며, 인권과 의회제를 중핵으로 하는 시민주의적인 사회 사상으로 나아가게 된다.

이렇게 근대의 인간은 자연과 사회라는 두 가지 커다란 환경을 이루어진 그대로 두지 않고 그것들을 '이해'함으로써 통제하려고 하기 시작했다. 이것은 그때까지 인간이 가지고 있지 않았던 완전히 새로운 가능성이었다.2)

이러한 학문의 성공과 발전은 근대의 사람들에게 다음과 같은 확신을 심어주게 되었다. <인간은 이성을 이용하여 세계의 수수께끼를 하나 하나씩 해명하고 세계의 '진리'에 가까이 다가갈 수 있을 것이다.> 이성과 학문에 대한 이러한 신앙이야말로 이른바 신을 대신한 새로운 신앙이 되었다.

---

2) 우리는 오늘날 자연의 '개조'가 환경 문제를 낳고, 사회를 인간이 완전히 통제하려고 한 사회주의 계획이 극단적인 권력 집중을 낳았던 실패를 알고 있다. 그러므로 근대의 목표였던 '자연과 사회의 통제' 그 자체가 인간의 오만이며 실수였다고 느끼는 사람들도 많다. 그러나 우리가 자연과 사회를 이해하고 움직이는 방법을 손에 넣은 이상, 이것을 완전히 없애 버리고 근대 이전으로 돌아갈 수는 없을 것이다. 오히려 우리는 거대하고 복잡한 현 대 사회가 안고 있는 여러 가지 어려움을 어떻게 이해하고 움직일 것인가에 관한 '원리적' 사고를 발전시켜야만 할 것이다.

주관은 객관과 일치할 수 있을까 : 근대 철학의 최대 난제

17세기부터 18세기의 철학자들은 정말 예외 없이 자연 과학자이자 사회 사상가였다. 자연 과학은 자연 철학, 사회 사상은 정치 철학이라고도 불렸듯이, 그것들은 원래 철학에서 분리된 것이다. 그렇다면 협의의 '철학'은 무엇을 과제로 삼게 되었을까?

근대 철학은 <학문적 지식의 올바름은 어떻게 증명할 수 있을까>라는, 지식의 확실성에 관한 문제에서 시작한다. 이것을 가장 먼저 대담한 방식으로 제기했던 사람은 '근대 철학의 아버지'로 불리는 17세기 프랑스의 데카르트이다.

자연 과학의 지식의 올바름을 누구나 믿고 있는 상황에서 뛰어난 수학자이자 물리학자였던 데카르트는 그것들이 올바르다고 말할 수 있는 이유를 설명해야 된다고 생각했다. <학문이 단순한 관습이나 신념과 다르다면, 그것은 학문이 하나씩 정확히 논증되어 쌓인다는 점에 있다. 그러나 수학이나 자연 과학이라고 할지라도 원래 근본적인 토대에서부터 쌓이고 있다고는 말할 수 없다>고 생각했던 데카르트는, 조금이라도 의심스러운 것은 모두 의심하고 나서 절대적으로 확실한 지식의 기초를 찾아내고, 거기에서부터 쌓아가서 학문적 지식의 올바름을 논증하려고 했던 것이다(이러한 작업을 대체로 학문의 '기초 다지기'라고 한다).

그러나 데카르트는 결과적으로 근대 철학 최대의 난제를 제출하고 말았다.

그는 의심스러운 것은 모두 의심한다는 '방법적 회의'를 행하여, <눈앞에 있는 사물의 존재까지도 의심스럽다. 그것은 어쩌면 '꿈'인지도 모른다. '악령'이 나를 속이려고 하는 것인지도 모른다>고 말한다. 그렇다면 어디에도 확실한 것은 없는 것일까? <이렇게

해서 의심하고 있고 생각하고 있는 나의 존재, 이것만은 의심할 수 없다. 나는 생각한다, 고로 나는 존재한다(Cogito ergo sum).> 내 눈앞에 있는 컵은 어쩌면 꿈인지도 모르지만, 그러나 내가 컵이 있다고 생각한다는 사실, 이것만은 의심할 수 없다는 것이다.

그러나 이 '나는 존재한다'는 조금도 나에게 객관적인 지식을 보증해주지 않는다. 오히려 이 회의와 나의 존재의 증명이 의미 있는 것은, 나에게 아무리 현실적인 것으로 생각된다고 해도, 그것이 객관적으로도 그렇다는 보증은 어디에도 없다는 것이다. 데카르트는 '나에게 현실적인 것'과 '객관적인 현실' 사이를 구분해서 보게 되었던 것이다.

이러한 데카르트의 회의에 대해, 그러한 회의는 실제로는 불가능하며 단순한 이치일 뿐이라고 비판하는 사람도 있다. 그러나 이것에는 지극히 정당한 이유가 있다.

하나의 세계상 속에 들어가 있는 사람—"당연히 이것이 진리이며 현실이다"고 생각하는 사람—은 원래 이러한 회의를 하지 않는다. 그러나 근대 유럽이 경험한 것은 일찍이 절대적인 보편적 진리로 생각되었던 기독교가 여러 신념 체계 중의 하나로 변모해 가는 과정이었다. 그때 사람들은 처음 이렇게 생각했다. "나에게 아무리 현실적이라고 해도, 그것이 객관적으로 올바르다고는 말할 수 없다"고. 자신의 세계상이 상대화되고, 세계상의 다양성을 경험한다면, 정말 사태가 이렇게 밖에 되지 않는다. 그리고 이것에 이어서 "주관(나에게 현실적인 것)과 객관(적 현실)의 일치는 어떻게 확인될 수 있을까"라는 데카르트의 물음이 절실한 것이 된다. 즉 이 '주관·객관 문제'는 그 내실로서 "우리는 어떻게 다시 충분히 신뢰할 수 있는 세계상을 구축할 수 있을까"라는 절실한 삶의 과제를 품고 있는 것이다.

그러나 데카르트의 '답변'은 설득력이 있는 것은 아니었다. 그는 '신의 존재 증명'을 강행하고 난 다음에, "신은 피조물인 나의 지성을 정확하게 만들었으므로, 내가 이성을 작용시켜 명석·판명하게 인식하는 한, 객관적으로도 그렇다고 믿을 수 있다"고 한다. 즉 그는 신에 의해 주관과 객관의 일치를 보증받고, 그럼으로써 외적 사물의 존재를 또한 인정할 수 있었다. 그러나 이 증명은 사람들에게 별로 설득력 있는 것으로 받아들여지지 않았으며, "주관은 객관과 일치할 수 있을까—혹시 그것은 불가능한 것은 아닐까"라는 근대 철학 최대의 난문이 이후의 철학자들을 괴롭히게 되었다.

게다가 데카르트는 또 다른 난문을 남겼다. 사물과 마음의 이원론이다. <사물을 보고 명석·판명하게 알 수 있는 것은, 그것이 '연장'(延長)을, 즉 공간 속에서 일정한 넓이를 차지하고 있다는 점이다. 그러나 마음은 '사고하는 것'이어서 연장을 가지지 않는다. 그러므로 사물과 마음은 완전히 다른 본성을 가진 다른 실체이며, 사물에서 마음이 생겨나는 것도 아니고, 마음에서 사물이 생겨나는 것도 아니다. 세계에 존재하는 것은 모두 사물과 마음이라는 두 종류의 실체에서 나누어진다>고 데카르트는 주장했다.

이것은 우리의 상식에도 그런 대로 들어맞는다. 우리는 마음과 사물이 같은 것이라고는 생각하지 않기 때문이다. 그러나 마음과 사물을 완전히 떼어놓아 버리면, 예컨대 '신체'라는 것을 어떻게 이해해야 좋을지 알 수 없게 된다. 신체는 다른 사물들과 마찬가지로 연장을 가진 하나의 사물인데도, 거기에는 이른바 마음이 살고 있고 마음이 욕망하는 대로 움직인다. 즉 마음과 사물은 신체에서 결합되어 있는데, 그렇다면 완전히 다른 실체인 마음과 사물이 어떻게 해서 결합될 수 있는 것일까? 이와 같이 사물과 마음의 관계를 어떻게 이해하면 좋을까라는 것도 근대 철학의 난제로 남겨졌다.

그런데 데카르트를 출발점으로 해서, 거기에서 근대 철학의 커다란 두 개의 흐름이 나타난다. 하나는 영국에서 전개된 '영국 경험론', 다른 하나는 대륙에서 전개된 '대륙 합리론'이다.

영국 경험론 : 모든 관념은 경험에 의해 형성된다

데카르트는 주관이 주관 '밖'으로 나와서 객관 그 자체를 인식할 수 없다는 것을 드러내고 말았다. 그러나 객관 자체가 어떻게 되어 있을까는 물을 수 없다고 해도, <사람은 어떻게 관념을(결국은 세계상을) 만들어 가는가>라는 식의 질문을 던질 수 있다. 영국 경험론이 애써 찾았던 것은 그러한 길이었다.

로크는 인간의 마음은 원래 아무 것도 쓰여 있지 않은 '타블라 라사'(tabula rasa, 백지)이며, 인간이 안고 있는 모든 관념은 경험을 통해 후천적으로 획득한 것이라고 말했다. 사람은 저마다 감각을 통해 얻은 소재를 계속 반성하면서 세계상을 만들어 간다. 그 과정을 주의 깊게 따라가 살펴보면, 사람에 따라 달라지기도 하고 애매해지기도 하는 관념(지식)과 누구에게나 똑같고 확실한 관념을 구별할 수 있을 것이다. 이렇게 로크는 생각했다.

그가 '백지'를 강조했던 것은 직접적으로는 '생득 관념설' — 데카르트 등이 신의 관념이나 논리학의 지식은 사람의 마음에 원래 심어져 있는 것이라고 주장했던 것 — 에 대한 비판에서 비롯되고 있지만, 가장 넓은 맥락에서는 그때까지 스콜라 철학이 당연한 진리로 삼아 온 모든 지식을 일단 '인간에 의해 만들어진 것'으로 간주한다는 의미를 가지는 것이었다. "유일한 진리가 어딘가에 있다"는 발상을 일단 무에서부터 다시 시작하려는 이 자세에는 '최초의 한 걸음'에서부터 생각하려고 하는 근본주의가 있다.

영국 경험론은 버클리, 그리고 흄에게로 이어지는데, 18세기의 흄은 경험론의 사고 방식을 철저히 밀어부쳐, <외적 사물도, 언제나 동일하게 머무는 자아도 존재하지 않는다. 인과율조차도 단순한 습관적인 것일 뿐이다>라고 썼다. 그것들은 어디까지나 주관에 의해 만들어지는 관념이자 '신념'일 뿐이라는 것이다.

이것은 과학을 포함한 모든 지식을 부정하려고 하는 극단적인 회의론으로 보이지만, 흄의 의도는 그런 게 아니었다. 그가 사람들에게 전하려고 했던 것은 <자신만이 진리를 가지고 있다고 생각하기 때문에 서로 죽이는 것이다. 종교도, 과학도 스스로 '하나의' 신념이라는 것을 자각해야만 된다>는 메시지였다.

전체적으로 영국 경험론의 철학자들은 다른 사상을 배척하는 종교의 대립(불관용)을 비판하고, 서로 사상과 신념의 자유를 인정하는 '관용'의 정신을 가르친다. 그들은 사람들이 다양한 세계상을 가진다는 것을 인정한 위에서, 사람들의 공존을 가능하게 하는 사회 질서를 구상하려고 한 사회 사상가이기도 했다. 그것은 그들이 미리 올바른 것으로 정해진 사상(생득 관념)을 거부하고 모든 것을 경험에서 만들어지는 것으로 생각하고, "많은 사람이 받아들이고 공유하는 지식"을 찾으려고 했던 것과 들어맞는다.

대륙 합리론 : 주객 문제와 물심 이원론을 넘어설 수 있을까?

대륙 쪽에서 데카르트를 이어받은 사람은 홀랜드(네덜란드)에서 활약했던 스피노자, 라이프니츠 등이다. 그러나 그 전수 방식은 데카르트의 회의와 거기에서 생겨난 난제를 뿌리에서부터 다시 생각함으로써 넘어서려는 것은 아니었다. 그들의 노력은 오히려 데카르트에게서 생겨난 주관·객관 문제와 물심 이원론을 어떻게 이론적으로 조정하고 조리 있게 만들 것인가에 맞춰져 있다.

스피노자는 물심 이원론을 '일원론'으로 넘어서려고 했다. <사물과 마음이 떨어져 있는 것은 이치에 맞지 않는다. 사물도 마음도 하나의 근본적인 실체가 다르게 나타난 것이라고 생각해야 하지 않을까?> 그 결과 <모든 것은 신이라는 실체 속에 있다>는 범신론(汎神論)적인 스피노자의 학설이 생겨났다. 또한 라이프니츠도 동양의 만다라를 연상하게 하는 불가사의한 세계관을 만들어냈는데, 그것도 또한 주객과 물심의 이원론을 넘어서기 위해 만들어냈던 것이다.

전체적으로 대륙 합리론은, "세계는 객관적인 합리적 질서가 지배하고 있고(=진리는 있다), 그것을 인식할 수 없는 것은 아니다"는 느낌이 강하다. 종교 전쟁을 거쳐 일찍이 시민 혁명을 완수한 영국과 달리, 대륙에서는 기독교의 영향이 강했던 탓인지 세계상의 다양성의 감각이 약하게 느껴진다(이 점에는 그들 대부분이 자연 과학자였다는 사실도 관련되어 있을 것이다). 어쨌든 "직관을 정당화하려는 논리를 만들 것인가, 아니면 난제를 뿌리에서부터 다시 생각할 것인가"라는 철학의 갈림길을 우리는 여기에서 볼 수 있다.

칸트와 독일 관념론 :
인식의 물음에서 인간 존재의 물음으로

<주관이 주관 '밖'으로 나가게 되면, 각자가 세계의 상을 '신념'

으로 만들어낼 뿐이다>는 영국 경험론의 파괴적인 결론을 막아내는 동시에, 다른 한편에서 <수학이나 자연 과학의 확실성에는 근거가 있다>는 대륙 합리론의 주장에도 대응할 수는 없을까? 그런 과제를 정면으로 받아들인 사람이 18세기 독일의 칸트이다.

칸트의 발상은 이런 것이었다. <주관은 말하자면 벗을 수 없는 안경을 쓰고 있는 것과 같은 것이며, 우리는 결코 '객관 그 자체(물 자체)'를 볼 수 없다. 그러나 어떤 주관의 안경이나 기본적으로는 공통된 구조를 가지고 있으며, 바로 그렇기 때문에 어떤 종류의 일에 관해서는 누구나 공통된(보편 타당한) 인식을 할 수 있는 것이다.> 즉 그는 인식을 만들어내 가는 방식에는 누구에게나 공통된 틀이 있다고 생각하고, 그리고 인식의 객관성의 근거를 사물 쪽에서가 아니라 주관의 공통성에서 찾으려 했다. 이것은 아주 설득력 있는 사고 방식이었다.

칸트는 이렇게 자연 과학을 기초에 두었는데, 그러나 그의 공적은 그것만이 아니다. 칸트에게는 '세계의 수수께끼'를 묻는 것에서 '인간의 수수께끼'를 묻는 것으로 철학의 과제를 옮겼다고 할 수 있는 측면이 있다.

사람은 저 먼 옛날부터 세계에 관해 "우주에 처음과 끝이 있을까, 물질의 근원에 도달할 수 있을까"라고 물으면서, 우주는 유한하다거나 무한하다고 생각해 왔다. 그러나 칸트는 이 물음을 바꿔서, "왜 인간은 그것을 묻는가"라고 물었던 것이다. 칸트는 <인간 이성은 '지금 여기'에서 시작해서 '더욱 더 앞'을 이미지해서 나아가고, 이어서 궁극의 전체상을 그려내려고 하는 본성을 가진다.> 바로 그렇기 때문에 인간은 우주의 처음과 끝을 묻지 않을 수 없게 되는데, 그러나 '우주 전체'에 관해 확정적인 답을 내놓는 것은 불가능하다.

칸트에게서 영국 경험론이 시작한 '관념(세계상)의 형성 방식'에 대한 물음은 훨씬 깊어지고, 정말 "인간 존재란 어떤 본성을 가지고 있을까"라는 물음으로 나아가게 되었다. 칸트의 후계자인 피히테, 셸링, 헤겔 등은 독일 관념론이라고 불리고 있는데, 그들을 움직이도록 했던 것은 바로 이 '인간 정신의 본성에 대한 물음'이었다. <자연 과학의 인식도, 법률과 같은 사회 제도도, 종교나 철학이나 문학과 같은 모든 사상도, 모두 인간 정신이 만들어낸 것이다. 인간 정신의 본성이란 어떤 것인가라는 물음을 기점으로 하면 그 모든 것의 형성을 내적으로 이해할 수 있을 것이다.> 이 정신의 본성이라는 '원리'에 의지하여 모든 인식과 제도를 해명하려고 하는 길도 없는 발상이 그들을 고무시켜 여러 가지 철학 체계가 만들어졌다(피히테는 '자아', 헤겔은 '정신'이라는 말을 사용하지만, 기본적으로 이 발상은 공통적이다).

독일 관념론의 최종적인 승리자이자 또한 근대 철학의 완성자라고도 이야기되는 헤겔은 인간 정신의 본성은 '자유'를 찾는 데 있다 — 여러 가지 사물과 관련된 것에서 생겨나는 어려움을 넘어서고 그때마다 자유를 회복하려고 한다 — 고 생각했다. 그래서 자유를 찾는 본성은 '절대 본질'(최고의 것, 진정한 것)에 대한 바램을 만들어낸다고 생각했다(제7장 헤겔 절 참조). 그 발상을 근저에 두면서 모든 사회 제도와 사상을 인간 정신이 역사적으로 발전하면서 만들어낸 것으로 파악한 것이 『정신 현상학』이다.

『정신 현상학』은 <개체의 자유와 공동성은 어떻게 조화를 이룰 수 있을까>라는 물음을 근저에 두면서, 근대가 야기한 매우 중요한 문제 — 특히 <인권과 의회제를 핵으로 한 시민적인 사회 제도가 생겨나 퍼져 나가는 근거는 어디에 있을까>, 또한 <신에 대한 믿음이 몰락하는 근대에서 절대 본질에 대한 바램은 어떤 형태

를 띨 수 있을까>라는 물음에 답하려고 했다. 절대 본질에 대한 바램이라는 점에 관해서 말하자면, 헤겔은 인간이 공동적 존재라는 것에 대한 깊은 자각, 나아가 역사적으로 이어지고 있는 인간적 노력에 대한 믿음이라는 것 속에서 '진정함'이 생겨난다는 식으로 답하려고 했다고 나는 생각한다.

그러나 헤겔 철학은 대단히 광대한 체계로 모든 것에 답하려고 하는 불손한 것이며, 절대 진리를 자칭하는 진리주의의 대표로 간주되면서, 현대 철학에서는 잘못된 것이라는 비난을 받게 되었다. 확실히 그의 체계라는 형식은 낡은 스콜라 철학을 연상하게 하는 점이 있지만, 그러나 이러한 비난으로 헤겔 철학이 이루고자 했던 "정신의 본성에 대한 물음으로부터 근대의 문제들에 대한 해답을 제시하고자 한다"는 원리적인 발상까지도 놓쳐 버리는 것은 유감이라고 생각한다.

근대 철학의 해체 : 실존 사상과 관계적 인간관

헤겔에게서 완성된 근대 철학은 그 뒤에 두 방향에서 공격받고 해체되기 시작한다.

근대 철학은 학문적 지식의 확실성에 대한 물음에서 시작했다. 그 배경에는 인간은 이성에 의해 세계의 진리를 파악할 수 있다는 '이성 신앙'이 있었다. 그러나 19세기 중반 무렵부터 일반 사람은 학문과 진보에 대한 신앙을 강하게 가지고 있었지만, 철학자 중에서는 "이성적 인식 따위는 재난이 된다"고 느끼는 사람들이 나타나기 시작한다.

<헤겔은 '진리의 체계'를 그려 보였는지 모르지만, 그러나 그러한 것은 내 삶에서는 아무런 의미도 없다. 나에게는 내 삶을 이끌

이념이 필요하다.> 덴마크의 케에르케골은 이렇게 말하면서 다시 신에 대한 믿음을 찾았다. 시대 분위기가 변하여 학문의 기초 다지기라는 데카르트에게서 시작된 문제나 그것을 이어받은 여러 '인식'론이 어딘지 낡은 것처럼 느껴지기 시작했다. 키에르케골은 "내가 지금 여기에 살고 있다"는 것을 가리키는 것으로서 <실존>이라는 말을 사용하기 시작했다. 지금 여기의 내 삶과 '나의 진리'만이 문제다 — 이러한 태도를 취한 사상을 실존 사상이라고 한다.

19세기 말 니체도 실존적인 철학자이다. 이성 신앙이나 객관적 진리라는 근대적 신념을, 그는 정면으로 공격한다. <객관적 진리 따위는 존재하지 않는다. 인식이란 생명체가 살아가기 위해 세계를 '해석'하는 것이다.> 나아가 신이나 인류의 진보와 같은 "사람이 그 때문에 살아가는 최고 가치"는 앞으로 반드시 몰락한다고, 허무주의의 도래를 예언하고 신이 없는 시대에 사람은 어떻게 해서 강하게 살아갈 수 있을까를 물었다.

니체의 철학은 언뜻 보기에 이성이나 진리를 부정하려고 하는 회의론적인 것으로 보이며, '진리의 체계'의 수립자인 헤겔의 숙적으로 보이는 경우도 많다. 그러나 니체야말로 독일 관념론에서 '인간 정신의 본성에 대한 물음'의 정통 후계자이다. 니체는 이 물음을 "인간이 만들어내는 가치들의 뿌리는 무엇일까"라는 형태로 받아들인다. <모든 인식이나 가치관, 즉 세계상의 뿌리에 '힘에 대한 의지'(더욱 더 힘을 강화하려고 하는 충동)가 작동하고 있다. 여러 민족이나 개인은 서로 다른 생존 조건 아래서 '힘에 대한 의지'를 발휘하려고 하며, 그것이 다양한 세계상을 만들어낸다>고 니체는 생각했다. 그래서 이러한 인간적 가치의 '원리'에서 허무주의를 극복할 수 있는 방도를 찾아내려고 했던 것이다. 이 발상은 헤겔의 방법을 가치론적으로 바꾸어서 전진시켰던 것이라고 말할 수도 있다.

또한 다른 방식으로 근대 철학을 해체시켰던 인물로 맑스와 프로이트를 들 수 있다. 맑스는 자본주의 속에서 계급의 대립, 프로이트는 신경증이라는 현실적인 문제에서 출발했지만, 이것은 인간을 보는 그들의 방식이 극히 현실적이었기 때문이었다. 맑스는 인간을 사회 관계 속에 놓여 있는 것으로 보며, 인간이 안고 있는 관념도 사회 관계에 의해 규정된다고 생각했다. 프로이트는 인간의 의식이 무의식의 욕망에 의해 움직인다는 것을 알아냈다. 그들에 의해 인간의 주관은 사회 관계와 무의식에 의해 침투된 것으로 보이게 되었던 것이다.

이 새로운 시각은 미래 사회의 구상이나 신경증의 치료라는 점에서 인간에게 새로운 가능성을 제공했다. 그리고 '타자 관계와 무의식에 의해 규정된 인간'이라는 상은 이제는 상식이라고 해도 좋은 것이 되었다. 그와 함께 인식하는 주관이 세계를 마주보고 있다는 느낌을 주는 근대 철학은 아주 시대에 뒤떨어진 것으로 보이게 되었다.

근대 철학은 낡았는가?

맑스는 『자본』(1867)에서 계급 대립이나 식민지 쟁탈전과 같은 커다란 사회적 곤란의 이유를 자본주의 경제의 본성에서 찾아내서 사회주의를 그것의 해결 가능성으로 제시했다. 이것은 20세기 중반 이후에도 여전히 매우 강력한 세계상으로 신앙의 대상이었다. 그러나 맑스주의는 꼭 예전의 기독교처럼 정통인가 이단인가를 둘러싸고 서로 배척하고 대량 살육을 자행했다.

사회주의의 실험이 실패로 끝나고 맑스주의라는 강력한 세계상이 무너졌을 때, 많은 사람이 이렇게 물었다. "우리에게 올바르게 현실적인 것은 아무 것도 없었다. 그렇다면 도대체 어디에서부터 사물을 생각하고 세계상을 다시 형성해야 좋을까? 도대체 <올바르다>는 것은 어떤 것일까?" 그러나 이것은 데카르트가 문제로 삼았던 것 그대로이다.

<근대 철학은 이성 신앙과 함께 "객관적 인식은 어떻게 가능할까"를 묻는 낡은 것이다>는 것이 오늘날 많은 사람의 의견이다. 그러나 근대 철학의 흐름을 꼼꼼히 살펴보는 한, 단순 소박하게 이성과 진리에 대한 신앙이었다고 하는 것은 올바르지 않다. 오히려 "과학이야말로 객관적 세계를 포착할 수 있다"고 소박하게 믿는 자연 과학에 대해 근대 철학은 회의의 눈을 보내 왔다.

앞에서 살펴보았듯이, 근대 철학을 움직여 온 동기는 기독교의 단순한 세계상이 무너졌던 시대에 어떻게 해야 다시 신뢰할 수 있는 세계상을 형성할 수 있을까라는 것이었다.

정확히 그것은 "객관적 인식은 어떻게 가능할까"라는 형태의 물음이었지만, 그 뒤에는 인간들이 함께 살아가는 한 어떤 종류의 일에 관해서는 공통된 이해(합의)를 이루고 공유할 수 있는 세계상을 만들어내야 하며, 그러나 배타적으로 진리를 주장하는 것은 오히려 합의를 저해하고 서로 배척하고 죽이는 사태를 낳을 뿐이다는 인식이 놓여 있었다. 그리고 이것은 확실히 현대를 살아가는 우리가 직면하고 있는 문제이다.

근대 철학의 역사는 세계상의 물음의 깊이를 더하는 방향으로 나아갔다. 영국 경험론은 세계상의 형성 과정을 묻고, 거기에서부터 독일 관념론은 세계상을 성립시키는 근본 동인으로서 정신의 본성을 생각하고, 나아가 니체는 그 동인을 가치론적으로 바꾸어 놓았다. 이렇게 근대 철학은 최종적으로 '인간 존재에 대한 물음'

으로 옮겨가며, 그것을 원리로 해서 세계상에 관한 여러 가지 문제에 답하려고 했지만, 그 발상은 결코 낡은 것이 아니다.

"엄밀하게 공통된 인식과 그렇지 않은 인식이 왜 성립하는 것일까, 어떤 조건이 있을 때 공통된 이해의 가능성이 생겨날까"라는 세계상의 공유성에 관한 물음. 또한 "권리나 법률의 근거와 그 개선 가능성"이라는 사회 제도에 대한 물음. 또한 "어떤 조건이 있을 때 인간은 잘 살 수 있을까"라는 인간 욕망의 본성에 대한 질문. 오늘날 우리가 안고 있는 이런 물음들에 대해 근대 철학은 많은 실마리를 제공하고 있다.

제 5 장

주관 · 객관의 난제

근대 철학은 '지식의 확실성'을 찾은 데카르트에서부터 시작한다. 그러나 그는 결과적으로 "주관은 주관 밖으로 나가서 객관적 세계와 일치하는 것일 수 없다"는 것을 밝혀내고 말았다. 그렇다면 확실한 지식은 불가능한 것일까? 이 '주관 · 객관 문제'는 철학사에서 최대의 난제가 되었다. 또한 그가 주장한 '물심 이원론'도 논란을 불러 일으켰다.

스피노자, 라이프니츠 등의 대륙 합리론은 주관 · 객관, 또한 물 · 심을 포괄하는 '일원적인 것'을 설정함으로써 이러한 난제들을 한꺼번에 해결하려고 한다. 비슷한 발상은 현대에서도 많이 볼 수 있지만, 그러나 그것은 모순을 논리적으로 접합시키려고 하는 사고이며, 모순을 뿌리에서 해체하려고 하는 사고는 아니다. 여기에는 철학이 빠지기 쉬운 '덫'의 구체적인 예가 있다고도 할 수 있다.

1. 학문의 토대를 다지다

데카르트

근대에서 학문의 의미

근대 철학의 아버지 르네 데카르트(1596~1650)는 여러 학문의 '기초'를 쌓은 인물이다. 단단한 토대 위에 여러 학문의 건물을 세움으로써 학문 전체가 참으로 확실한 지식의 체계가 되는 것, 이것을 데카르트는 일생에 걸쳐서 찾았다. 그러나 그가 품었던 '학문'이나 '확실한 지식'에 대한 열정이 첫째라고 여기는 사람도 많을 것이다. 대체 데카르트에게 학문이란 어떤 것이었을까?

데카르트는 17세기의 프랑스에서 자라면서 당시의 전통적인 학교 교육을 받았다. 그러나 철학(스콜라 철학)에서는 여러 가지 설들이 대립해서 완전한 결론이 내려지지 않았고, 다른 학문들도 "원리를 철학에서 빌리고 있기 때문에" 믿을만하지 않다고 생각했다고 한다.

성인이 된 데카르트는 학교에서 배운 지식을 버리고 당시 발전하고 있던 수학과 자연 과학을 연구하기 시작한다. 수학에서는 직선이나 원 등의 도형을 그래프 위의 수식으로 표현하는 '해석 기하학'을 발명했으며, 물리학 · 기상학 · 의학에서도 큰 기여를 했다. 데카르트는 당시 최고의 수학자 · 자연 과학자가 되었다.

그러나 데카르트는 오직 서재에만 들어앉아 있는 사람은 아니었다. "세상이라는 커다란 책"에서 배우려고 한다고 말했듯이, 그는 자주 여행을 다녀서 여러 지역 사람과 사건을 만났다. 그리고 "우리를 확신시키는 것은 확실한 인식이라기보다도 오히려 습관과 선례인 경우가 훨씬 더 많다"고 말한다.(『방법 서설』)

데카르트

이렇게 당시 데카르트가 처한 상황을 이해할 수 있을 것이다. 철학을 제외한 전통적인 학문은 여러 설이 대립하거나 근거가 애매하다. 또한 여행의 경험이 가르쳐주듯이, 각 지역에서 사람들은 관습에 기초하여 여러 신념 체계 속에서 살아간다. 요컨대 낡은 학문도, 세상도 사물을 습관적으로 믿고 있는 것은 전혀 변하지 않았다.

그러나 수학이나 자연 과학 같은 새로운 학문은 달랐다. 그것들은 습관적인 신념이 아니라 논증에 기초한 지식이고자 했다. 정확한 길을 따라서 나아가고, 누구나 그 길을 찾아서 받아들이거나 반박할 수 있는 것, 즉 자유로운 동의에 기초하는 것이 새로운 학문의 특색이었다.

"나는 내 행동에서 분명하게 본, 확신을 가지고 이 세상의 삶을 경험하기 위해, 참된 것을 거짓된 것에서 갈라놓는 것을 배우고 싶다는 극도의 열의를 언제나 가지고 있었다"(앞의 책). 근대인 데카르트는 자신의 삶을 자신의 통찰에 기초하여 열어 가려고 하는 강한 자유의 욕구를 가지고 있었다. 그러나 그는 이 통찰이 독선적이어도 좋다고 생각했던 것은 아니다. "양식(=이성)은 이 세상에서 가장 공평하게 분배되어 있다"고 그는 말하는데, 어떤 통찰은 그것이 철저하게 생각되어 명석·판명한 것이 되면, 어떤 사람도 공유할 수 있는 것이라고 그는 믿었다.

요컨대 데카르트에게 새로운 학문은 단순한 관습적인 신념이 아니라 <한 사람 한 사람이 자유롭게 생각하고 받아들이는 것에 기초하여 새로운 공통의 세계상을 키워 가는 과업>이어야만 했다. 그러나 그러기 위해서는 누가 보아도 받아들이지 않을 수 없는 견고한 토대를 세워야 했다. 거기에 데카르트는 정열을 쏟아부었던 것이다.

주관은 객관과 일치할 수 없다

그러기 위해 그가 사용한 방법은 적어도 의심스러운 모든 것을 의심하는 데에서 출발한다는 것이었다.

예컨대 나는 지금 책상 위에 있는 펜 한 자루를 보고 있다. 대체로 이 펜의 실재를 의심하는 사람은 없지만, 데카르트는 다음과 같이 말한다. <어쩌면 그것은 "꿈인지도 모른다", 또한 "어떤 악령이 온갖 술책을 다 짜내서 나를 틀리게 하려고 하고 있는지도 모른다."> 그렇게 생각하면서 눈앞의 펜이 참으로 실재하는 것인가도 의심한다. 그렇게 사물의 실재, 나아가 세계의 실재조차도 의심스러운 것으로 여기는 것이다.

그러나 그럼에도 불구하고 의심할 수 없는 것이 있다. <지금 내가 이것저것 의심하고 생각하고 있다는 사실, 이것만은 확실하다. 나는 생각한다, 고로 나는 존재한다(Cogito Ergo Sum).>

그러나 '나는 존재한다'가 확실하다고 해도 내가 지금 보고 있는 펜이 실재하는가는 여전히 불확실하다. 데카르트는 '꿈'과 '악령'이라는 극단적인 가정을 함으로써 "나에게 아무리 현실적이라고 해도, 그것은 현실이라고 말할 수 없다"는 식으로 무대를 꾸몄던 것이다.

이러한 데카르트의 회의에 대해 지금까지 많은 비난이 쏟아져 왔다. "실제로 그런 회의는 할 수 없으며, 만일 눈앞의 시내가 꿈이나 환각이라고 하면 실제로 거기에 빠져 들어가 버리고 말 것"이라는 의견도 있다. 그러나 이 회의는 단순한 말장난이 아니라 극히 중요한 의미를 가지고 있다.

신흥 자연 과학자들은 과학이야말로 현실과 일치한다고 믿었다. "이 세계는 수학적인 법칙으로 성립되어 있으며, 그 법칙을 과학은 올바르게 파악한다"고 생각했다. 즉 종교나 그밖의 신념과는 달리, 현실을 아주 정확하게 파악한다는 점에서 과학의 객관성이 성립한다는 것이 그들의 자기 이해였다. 그러나 기독교도, 여러 지역의 신념들도 과학자와 마찬가지로 자신이야말로 현실을 올바르게 파악하고 있다고 생각하고 있는 것은 아닐까? 많은 신념이 있고 각각이 "우리야말로 참된 지식이며 객관적 지식이다"고 생각하고 있다.

이것이야말로 데카르트가 오랫동안 경험해 온 일이었다. 바로 이 때문에 데카르트는 <나에게 아무리 현실적이라고 해도, 그것(주관)이 객관과 일치하고 있다는 보증은 어디에도 없다>는 가정에서 시작해야만 했던 것이다.

꿈과 악령이라는 가정이 의미하는 것은 '객관적 세계 그 자체'를 직접 파악할 수 있는 특권적인 장소는 어디에도 없다는 것이기도 하다. 우리는 말하자면 숲 속에서 길을 잃은 여행자와 같은 존재이며, 더욱이 높은 곳에 올라 숲 전체를 굽어보는 것은 영원히 불가능하다.

그러므로 우리는 일단, 아무리 확실해 보이는 지식이라고 해도,

모든 지식이 '내가 그렇게 생각하는 것'(주관)일 뿐이라는 점에서 출발하지 않으면 안 된다는 것이다.

주관의 내부를 조사한다

그러나 이대로는 모든 지식이 단순한 믿음으로 변해 버리고 만다. 이로부터 '확실한 지식'에 이르기 위해 데카르트가 찾은 길은 우선 '신의 존재 증명'을 하는 것이었다. <불완전한 존재인 내가 완전성이라는 관념을 가지고 있는 것은 믿기 어려운 일이다. 이것은 완전한 존재인 신이 내게 그것을 주었기 때문이라고 생각하지 않을 수 없다.> 나아가 데카르트는 이렇게 말한다. <신은 선하며 '악령'이 아니기 때문에 내가 이성을 작동시켜 명석 판명하게 인식하는 것, 어떤 사고로도 그렇게 생각하지 않을 수 없는 것은 참되다고 믿어도 좋다.>

이 신의 존재 증명을 받아들이는 사람은 거의 없을 것이다. 그러나 이 증명이 철저히 인간 이성(인식 능력)의 신뢰성을 보증하기 위해 행해졌다는 것을 인정하지 않을 수 없다. 어떻게 명석 판명하게 생각해도 "악령이 그렇게 생각하게 만드는 것일 뿐"이라고 한다면 확실한 지식은 있을 수 없게 된다. 그러므로 데카르트는 우선 가장 먼저 "명석 판명한 것은 믿어도 좋다"는 이성에 대한 보증을 제시할 필요가 있었던 것이다.

이렇게 해서 이성을 보증한 뒤에, 이어서 데카르트는 우리가 품고 있는 '관념'을 꼼꼼히 조사하는 작업을 해 나간다. 주관 밖에 나가서 객관에 닿을 수는 없지만, 그러나 주관의 내부를 조사하여 명석하고 신뢰할 수 있는 관념과 그렇지 않은 것을 구별할 수는 있다. 이것이 데카르트가 취한 전략이었다.

첫째, 정신(나 자신)에 관해. 이것이 존재하는 것은 이미 증명되었지만, 그런데 정신에서 본질적인 것은 무엇일까? <감각을 없애도 '생각하는 나'는 남는다, 그러므로 정신의 본질은 '생각하는 것'이다>라고 데카르트는 말한다.

둘째, 삼각형이나 수와 같은 관념에 관해. <이것들이 정신 밖에 존재한다고는 생각되지 않지만, 그러나 엄밀한 법칙을 가진 점에서 단순한 상상력의 산물이 아니라 참된 존재이다.> 이렇게 데카르트는 수학이나 기하학을 확실한 지식으로 인정했다.

셋째, 물체의 관념에 관해. <분명히 나는 생각하는 존재이지만, 동시에 눈앞에 생생한 모습(예컨대 펜)을 보고 있다. 이 모습은 내 밖에서 왔다고 생각할 수밖에 없으므로 '개연적'이지만, 물체는 객관적으로 존재할 것이다>고 데카르트는 결론짓는다. 그렇다면 물체의 본질을 이루는 것은 무엇일까? <어떤 물체의 관념을 조사해도, '연장=공간적인 넓이'를 가진다는 점은 공통적이다. 연장이야말로 물체의 본질이다.> 공간 속에서 넓이를 차지하고 나눌 수 있으며 운동한다. 이러한 수학적으로 파악될 수 있는 성질들이야말로 물체 그 자체에 속하는 것이다. 이렇게 데카르트는 물체가 수학적인 법칙 아래서 운동하고 있다는 자연 과학의 세계상을 기초지운다.

그렇다면 물체에 갖추어져 있는 색이나 음이나 맛 등은 어디에서 오는 것일까? 그것들은 물체 자체에 갖추어져 있는 것이 아니라 어디까지나 신체에서 오는 것이다. 데카르트는 정신이 신체라는 일종의 물체와 '합성'된다고 생각했다. 그리고 신체는 정신에게 물체에 관한 색이나 맛 같은 여러 가지 감각을 제공하지만, 그것들은 어디까지나 "살아 있어야 느끼게 되는 좋고 나쁨"을 보여주는 것이어서 사물 그 자체에 속하는 것은 아니라고 생각했다.

데카르트가 남긴 것

이렇게 데카르트의 '결론'은 이원론적인 세계상이었다. 그것은 정신에는 정신의 본성이 있고 사물에는 사물의 본성이 있다는 것으로, 자연 과학적 세계상을 인정하는 동시에 정신의 독자성도 인정하는 것이었다. 이것은 분명히 신체가 소멸해도 혼은 불멸한다는 기독교의 '영육(靈肉) 이원론'에서 깊은 영향을 받은 것이다. 그리고 여기에서는 신체와 정신이 어떻게 연결되어 있을까라는 어려운 문제가 생겨나서, 결과적으로 모든 것은 물질에서 만들어진다(마음도 뇌의 작동으로 생겨난다)는 유물론과 거꾸로 모든 것은 정신에서 만들어진다는 유심론(버클리) 등의 반론을 초래하게 되었다.

이렇게 데카르트는 주관·객관의 일치의 문제, 정신과 물질의 이원론이라는 수수께끼를 후세에 남겼던 것이다. 그러나 그가 거둔 업적도 크다. 다시 한번 정리해보자.

우선 먼저 과학자가 행하고자 하는 "세계를 탐구한다"는 과제가 아니라, "지식 그 자체의 확실성을 점검한다"는 완전히 새로운 과제를 제기했다. 이 과제는 후세의 철학자들에 의해 "다양한 생각이나 공통된 생각을 사람이 만드는 근거는 무엇일까"라는 형태로 이어져 간다. 그리고 둘째, 객관 세계 그 자체를 파악할 수 있는 특권적인 장소는 없다(주관은 그 밖으로 나가지 않는다)는 것을 확실히 보여주는 동시에, 주관 속의 관념을 음미한다는 새로운 방법을 찾았다. 이것은 20세기에 훗설의 현상학에서 철저하게 탐구된다.

2. 실체로 생각되었던 신

스피노자, 라이프니츠

데카르트를 넘어서

데카르트의 이원론은 잘 들어맞지 않는다, 이것이 스피노자(1632~1677)와 라이프니츠(1646~1716)의 공통적인 출발점이다. 하지만 목표로 삼은 방향은 아주 대조적이었다.

세계의 뿌리가 되는 실체는 무엇일까를 생각할 때, 데카르트처럼 정신과 물체 두 가지를 상정하는 것은 자연스러운 것일지도 모른다. 왜냐하면 눈으로 보고 손으로 만지는 사물의 존재의 확실성과 마찬가지로, 우리는 누구나 자신의 마음이 있다는 것을 믿고 있기 때문이다. 마음과 사물의 이원론은 인간에게 친숙한 것이며, 그런 점에서 이원론은 좋은 시험이었다. 그렇지만 사물과 마음이라는 두 가지 실체로 나누어지면, <그렇다면 양자는 어떤 관계일까>라는 의문이 당연히 생겨나게 되므로 철학으로서는 소화 불량에 걸리게 된다.

그러므로 두 사람은 데카르트가 철저하지 못하다고 비판한다. 그때 스피노자는 사물과 마음을 포함하는 무한대의 저편에서 세계에 의미를 부여하려 하고, 라이프니츠는 무한소의 극치에서 세계를 읽고 이해하는 열쇠를 찾으려고 했다.

실체=신=자기 원인

데카르트는 다른 무엇에도 의존하지 않는 것을 실체라고 했다. 따라서 실체가 두 개인 것은 서로의 존재를 전제로 하는(의존하는) 것이므로 정의 모순이 된다. 스피노자는 그렇게 생각해서 실체는 하나밖에 없으며 신이라고 재정의 했다. 그의 주저인 『에티카』는 "자기 원인이란 그 본질이 존재를 포함하는 것, 다시 말해서 그 본성이 존재한다고 밖에 생각할 수 없는 것이다"는 정의1에서 출발한다.

어떤 의미인가를 생각해보자. 어디엔가 다른 곳에 원인이 있어서 존재하는 것은 그 원인에 의해 좌우된다. 즉 존재 그 자체가 우연에 의해 좌우되는 것이 된다. 그러나 자신에게 원인이 있는 것은 반드시 존재한다. 다시 말해서 원인을 가진 자기란 존재의 원천이기도 하며, 존재 그 자체이기도 하다. 그러한 실체=신이 필연적으로 존재한다. 이것이 그가 말하고 싶어한 것이다. 이 '필연'이라는 것이 스피노자의 요점인 것 같다. 요컨대 존재 그 자체가 존재하지 않는 것은 모순이라는 것이다.

확인해두자. 실체는 무엇에게도 영향을 받지 않는 독립성을 가진다. 실체란 다른 무엇에 의해 한정되지 않는다는 의미에서 무한하다. 수가 무한하다는 것이 아니라, 끝이 없다는 무한이라면 당연히 유일하다는 것이다.

이렇게 실체는 하나밖에 없는 것이 된다. 마음과 사물은 하나인 것을 다른 측면에서 본 것일 뿐이다. 마음도 사물도 실체가 모습을 바꾼 것이라고 설명할 수 있으며, 심신(心身) 이원론의 모순을 해소할 수 있는 수단이 된다.

『에티카』는 기하학의 체제를 가져서 정의, 공리, 정리, 증명이라는 순서로 쓰여져 있다. 지금 보면 의문도 있지만, 모든 것은 수학적으로 인식될 수 있으며, 당연히 신의 존재도 세계의 일도 모두 필연적이어야 한다고 스피노자는 생각했다.

그때까지의 스콜라 철학에서는 신=실체라는 것은 의문의 여지가 없는 것이었다. 스피노자는 그러한 신=실체의 존재를 증명해보였던 것이다.

스피노자

감정의 기하학 『에티카』

그런데 『에티카』에서는 감정론이 상당히 재미있다. 예컨대 고대 로마의 시인 오비디우스의 시에서 그는 즐겁게 인용한다. "나는 착한 것을 알고 그것을 인정하지만 내 행위는 못된 것을 향해 간다." 즉 신체의 행위를 좌우하는 것은 선악의 판단이 아니라 감정이라는 통찰을 그는 가지고 있었다. 선과 악을 올바로 인식하더라도 그것만으로는 아무런 힘도 없다는 것이다.

대체로 신에 의한 필연성(인과)을 분별하지 않고 감정이 원하는 대로 행동하기 때문에 악이 생겨난다. 따라서 데카르트처럼 신체에서 분리된 의지의 힘으로는 감정을 억제할 수 없다. 감정에 대한 요법은 감정을 참으로 이해(인식)하는 것밖에 없다는 것이 스피노자의 결론이다.

그에 따르면, 세계는 신의 필연이므로 데카르트의 잘못은 자유의지에 있다고 한다. 스피노자는 같은 발상에서 데카르트가 생각한 여섯 가지 근본 감정(놀람, 사랑, 미움, 욕망, 즐거움, 슬픔)을 욕망, 즐거움, 슬픔 세 가지로 줄였다. 데카르트가 첫번째로 꼽았던 놀람을 감정으로 보지 않는 점에도 스피노자 식의 신에 의한 결정론이 관철되고 있다. 어떤 것도 필연과 구분되면 놀랍게 가치가 없는 것은 당연하다. 나아가 그는 데카르트처럼 정념(情念)을 악으로 다루지 않고 감정의 현상도 기하학적으로 논했다.

감정을 기하학처럼 명석 판명하게 인식하게 됨으로써 감정은 수동적이 아니게 된다. 즉 감정을 인과적 연쇄의 하나로서 신과의 관계에서 필연적인 것으로 이해하면, 설사 죽음에 대한 공포라는 감정이라도, 정신은 그것을 받아들일 수 있다. 그럴 정도로 능동적으로 감정을 형성하고 통제할 수 있다는 것이다.

감정을 없애고서는 마음(정신)을 이야기할 수 없으며, 선도 성립하지 않는다. 남은 신체는 어떤가? 스피노자는 감정이나 관념의 성립에도 신체가 빠져서는 안 된다고 생각했다.

일상적으로 생각해도 정신은 자신의 신체에 대한 자극의 관념에 의해 자기 자신을 인식하고 있다. 따라서 정신의 결의 · 충동과 신체의 결정은 본성상 동시적이며, 오히려 동일하다는 것이 스피노자의 핵심이다(이것을 심신 병행론이라고 한다). 심신을 나누는 것이 자연스러운 감각이라면 마음과 몸을 분리시켜서는 안 된다는 것도 확실하다. 따라서 데카르트의 이원론을 넘어서기 위한 시도로서 심신은 동시에 병행하여 작용한다는 주장은 우리의 감각에도 들어맞는다.

그리고 감정, 특히 욕망을 행동의 출발점이라고 생각하면, 우리는 선하다고 판단하기 때문에 원하는 것이 아니라, 원하기 때문에 선하다고 판단하는 것이라는 명제도 반드시 성립한다. 이것은 마음의 작용을 잘 포착한 상당히 선구적인 발상이다.

17세기 중엽, 세계의 바다를 항해하는 선박의 6할은 홀랜드 것이었고 동인도 회사를 축으로 홀랜드는 대단히 번영했다. 하지만 동인도 회사의 역사는 범죄의 역사라고 할 수 있을 정도로, 금을 가져오기만 하면 대부분의 행위가 허용되던 사회였다. 그 홀랜드에서 통하고 있던 도덕 원리는, 선은 인간에게 이익을 주며 악은 이익을 방해한다는 것이었다. 스피노자의 철학·윤리는 그러한 사회 도덕을 포함하면서 이성적 행위의 기초를 다지는 것이었다고 생각할 수 있다.

감정을 통제하기 위해 신에 대한 인식, 즉 사랑을 제시했지만, 그 신은 기독교와 같은 인격 신이 아니라 철학적으로 숙고된 세계의 원리로서의 신일 뿐이다.

세계를 비추는 거울 : 모나드

데카르트를 뛰어 넘고자 모든 것을 포함하는 단 하나의 실체를 생각한 스피노자에 반해, 라이프니츠는 무수한 실체, 즉 불가분의 개체를 생각해서 이원론의 모순을 극복하려고 했다. 이렇게 사물의 내부로 나누어 들어가면 더 이상 나눌 수 없는 극소의 '모나드'(monad)에 이르게 된다. 확실히 스피노자와는 반대 방향의 탐구 방식이다.

실체의 독립성이라는 것을 제한받지 않는 것, 즉 자기 원인으로 이해하면, 스피노자가 말하는 것처럼 실체는 하나밖에 없다.

그러나 하나의 실체에서 세계의 다양성을 설명하기보다는 무수한 개성적인 실체를 상정하는 쪽이 자연스럽다. 거기에서 다른 것에게 의존하지 않는 존재 대신에, 다른 것에게 의존하지 않는 운동이라는 아이디어를 내놓은 사람이 라이프니츠이다. 즉 실체란 자기 자신에 의해 존재하는 유일자가 아니라 자신만으로 운동할

라이프치히

수 있는 단일체를 가리킨다. 그것이 모나드다.

물질적인 한계를 넓힐 수 있으며 원리상 어디까지라도 나눌 수 있으므로, 사물을 구성하는 불가분한 단일체는 비물질적인 모나드여야 한다. 더욱이 스피노자식으로 모든 것이 필연이라면 피곤하다. 물질적인 아톰이 아니라 정신적 모나드에서야말로 자발적인 운동이 생겨나며, 인간의 자유의 가능성도 나온다.

운동의 주체인 모나드는 그 상태를 자기 자신의 내부에서 전개한다. "모나드에는 그것을 통해 무엇인가가 드나들 수 있는 창은 없다"라는 『모나돌로지』의 유명한 문구가 있다. 모나드가 독립한 단일의 실체라는 것의 표현이다. 어떤 모나드의 변화는 다른 모나드와 무관하며, 내적 원리에 기초하는 것을 의미한다.

그런데 모나드는 어떻게 변화・운동할까? 각각의 모나드는 마음이나 사물을 구성하는 존재라기보다는 운동이다. 그러므로 서로 영향을 미치지 않는 변화・운동이란 자기 표현・표출이라고 생각하지 않을 수 없다. 단일한 모나드가 다양한 세계를 생각해내는(표상하는) 것이 표현이라는 것이다. 표현을 만들어내는 내적 원리는 욕망과 이름짓기이다.

라이프니츠에 따르면, 각각의 모나드는 "우주를 비추고 있는, 영원히 살아 있는 거울"이다. 그리고 비추어내는 모습이 확실한 거울일수록 높은 수준의 모나드라는 것이다. 똑같은 세계를 여러 관점에서 표상하는 모나드들이 최고의 모나드인 신의 '예정 조화'

에 기초하여 존재하는 구도가 된다. 그의 논리에 따르면, <인간의 인식(주관)과 세계(객관)는 일치하는가>라는 난문도 깨끗이 넘어설 수 있다. 원래 하나의 우주를 비추는 거울들인 것처럼 신이 알맞게 배합하고 있기 때문이다. 마찬가지로 신체와 정신도 잘 만들어진 두 개의 시계인 듯이 서로 비추고 있다. 논리의 귀결로 세계에 실재하는 것은 모나드와 모나드의 표상뿐이라는 불가사의한 세계관이 여기에 있다.

철학자들의 과제

라이프치히에서 태어난 라이프니츠는 8살에 라틴어로 된 글을 읽기 시작한 이래 궁정에서 외교를 담당했으며, 파스칼이 발명한 계산기를 개량하고, 뉴튼과 나란히 미적분법을 발명하는 등 팔방미인의 활약을 보였다. 그러나 당시의 독일은 30년 전쟁으로 황폐한 상태였으며, 인구의 절반을 잃고도 구교와 신교 사이의 분열은 해소되지 않았다.

이러한 시대를 전후로 살다간 두 사람의 철학자는 사고를 철저하게 실체인 신으로 귀착시켰다. 그들은 합리적으로 이해할 수 있는 범위에서 신을 생각했던 것이다. 신학적 사상에 합리적 길을 제공했다고 해도 좋을 것이다. 그러나 완전한 존재인 신이 있는 이 세계에는 종교적·정치적 악이 존재하고 있었다. 그들의 과제는 착하게 살기 위한 기초를 철학이 닦는 것이며, 그 근거는 모두 신의 예정 조화뿐이었다.

제6장

관념과 사회 질서의 성립

영국 경험론은 주관 밖으로는 나갈 수 없다는 데카르트의 의견을 받아들여 주관 내부의 관념들(지식)이 경험을 통해 어떻게 형성되는가를 문제로 삼았다. 그들은 태어나면서 마음에 심어진 진리(생득 관념)의 존재를 부정했지만, 그것은 자신을 절대 진리로 생각하는 독단적 태도에 대한 비판이기도 했다. 거기에서는 모든 지식이 주관에 의한 형성물이며 허구라는 파괴적 결론도 생겨났다(흄). 수학이나 자연 과학의 지식에는 확실성이 있다는 대륙 합리론의 주장도 인정하면서 경험론과 합리론을 '종합'하려고 한 사람은 칸트이다.

사회 사상에서도 인식론과 비슷한 일이 전개되었다. 사회 질서에는 선척적인 근거 따위는 없고, 모든 것은 인간에 의해 만들어진 것이라는 자각이 생겨나고, 그것이 사회 계약설을 내놓게 되었다.

1. 우리의 '경험'이 세계상을 만든다

로크, 버클리, 흄

세계상의 근거를 찾아서

17세기부터 18세기에 걸쳐서 영국은 시민 혁명과 종교 대립, 정치적 당파의 대립을 잇달아 체험했다. 이 시대에는 여러 사상이 자신의 올바름을 주장해서 싸우고 서로 죽이는 데까지 이르렀다.

이러한 혼란 속에서 영국 경험론의 사상가들은 데카르트의 <내 마음속에서 관념은 절대적으로 확실하게 존재하지만, 그것이 객관과 일치한다고는 말할 수 없다>는 원리를 철저히 다듬었다. 인간의 인식을 주관 내부로 한정하려는 작업(인식 비판)을 통해 유일하게 올바른 지(절대적으로 올바른 사상)를 부정하고, <사람들이 절대시하는 것은 각자의 신념일 뿐이다>는 것을 점차 분명하게 해 갔다. 이것은 개인의 의견이나 신조의 다양성을 인정하고 '관용'의 정신을 확립하기 위한 노력이기도 했다.

그뿐만이 아니다. 영국 경험론은 여러 가지 세계상이 왜 생겨나는가, 그것의 근거를 확실하게 했다. <인간의 인식이 개개인의 관념에만 머문다고 해도, 그 '만들어진 형태'는 누구에게나 공통된 지식으로서 뽑아낼 수 있다>는 확신 아래, '관념의 만들어진 형태'를 자신들의 '경험'에만 의지하여(=기독교의 이야기를 빌리지 않고) 써 나갔다.

로크

그때까지 세계상은 교회나 당국으로부터 '부여되는' 무엇인가 절대적인 것이었으므로, 이 시도는 얼마나 새로운 것이었던가! <세계상은 '만들어지는' 것이며, 그 근거를 누구나 자기 자신 속에 가지고 있다.> 그러한 인간상을 영국 경험론은 처음 보편화했던 것이다.

백지에서 시작하자 : 로크

데카르트와 그 후계자들은 인간은 날 때부터 어떤 관념(생득 관념)을 가지고 있다고 생각했다. 논리 법칙이나 어떤 도덕 규칙, 신의 관념은 후천적으로 획득된 것이 아니라 미리 모든 사람의 마음에 새겨진 관념이라는 것이다.

로크(1632~1704)는 이러한 생각이 위험하다고 느꼈다. 왜냐하면 "그것은 태어나면서 부여받은 것이다"는 표현은 종교나 정치적 지도자에게 사람들을 맹종시키기 좋은 도구로 사용될 수 있기 때문이다. 그래서 저서 『인간 오성론』(1690)은 생득 관념 비판에서부터 시작한다. 생득론의 근거는 <누구나 그 관념을 명석 판명하게 가지고 있으며 그 진리성을 의심하지 않는다>는 것이다.

그렇지만 어린이들은 모순율이나 배중율 같은 논리 법칙을 알지 못하며, 도덕·정의의 관념이나 신의 관념에 관해서도 사람들의 의견이 일치한다고는 할 수 없다. 그러므로 생득 관념은 없으며, 모든 관념은 인간이 어떤 길을 통해 '만들어낸 것'일 뿐이라고 로크는 결론내린다. 이 길을 그는 '경험'이라고 부르며, 자신의 내부만을 잘 관찰해서 경험에 관해 적어 두었다. 그 내용은 다음과 같다.

인간의 마음은 원래 어떤 관념도 새겨 있지 않은 '백지'(tabula rasa)이다. 이 '백지'에 여러 가지 관념을 써넣은 것이 '감각'과 '내성'이라는 마음의 작용이다. 감각(=외부 감각 기관의 지각)은 외계의 사물에 대한 지각을 우리에게 가져오고, 사물에 관한 관념(누렇다, 하얗다, 뜨겁다, 차갑다 등)을 만들어낸다. 내성(=내부 감각 기관의 지각)은 우리의 내부에서 행해지는 마음의 여러 작용에 관한 관념(지각, 생각, 의지 등)을 가져온다. 순서를 말하자면, 인간은 태어나면서부터 몇 년 동안은 외계를 보고서 감각에 의한 관념을 받으며, 곧 이어서 자기 자신의 마음의 작용을 내성하게 되어 간다.

나아가 마음은 감각과 내성만으로 얻을 수 있는 '단순 관념'에 그치지 않고, 그것들을 재료로 해서 능동적으로 조합하여 여러 가지 '복잡 관념'을 만들어낸다. 로크에게서 마음은, 말하자면 '관념 조립 공장'이다. 예컨대 물체, 정신, 신과 같은 '실체'의 관념, 또한 시공간 등의 '양상'의 관념, 원인 결과 등의 '관계'의 관념은 어느 것이나 선천적·생득적인 것이 아니라 인간이 조립한 복잡 관념이다.

『인간 오성론』에서 확립된 이 경험론에 의해 로크는 그때까지 자명하게 생각하고 있던 세계상(봉건적 질서나 스콜라 철학을 지탱해 온 신학적 세계상)은 '만들어진 것이다'는 것의 이유를 확실하게 밝혔다. 동시에 (이것은 가장 중요한 것이지만) 인간은 '백지'에서 스스로 완전히 새로운 세계상을 만들어낼 수 있다는 것을 보여주었다. 그리고 이 새로운 세계상이야말로 로크 등의 '시민적인 사회'였던 것이다.

인식 능력의 범위

이어서 『인간 오성론』에서는 인식 비판이 전개된다. 인간이 절대 확실하게 알 수 있는 것은 경험에서 얻은 관념뿐이라고 로크는 말한다. 그렇게 생각하는 한, 관념의 외부에 존재하고 있는 '사물 그 자체'에 관해서는 아무 것도 말할 수 없게 된다. 그렇지만 그는 마음 밖에 사물이나 신은 분명히 존재한다고도 주장한다.

예컨대 단순 관념을 만들어내는 근거(원인)는 원래 물체 쪽에 있는 것이 된다. 물체 자체에는 고성(固性)·연장·형상·운동 등이 갖추어져 있으며, 그것들을 로크는 '1차 성질'이라고 부르는데, 거기에서 자연 과학의 기초가 될만한 단순 관념이 (물체의 객관적 질서와 일치하는 것으로서) 만들어진다는 것이다. 다른 한편 색·소리·맛 등의 단순 관념에 관해서는 물체 자체가 그것과 비슷한 것이 아니라 어디까지나 인간의 감각에 의해 만들어지는 주관적인 성질='2차 성질'일 뿐이라고 했다.

인식 능력의 범위는 관념에 한정되지 않는다. 그럼에도 불구하고 물체 그 자체의 '성질'에 관해 로크가 말한 것은 진리의 인식(주관과 객관의 일치)에 대한 생각을 끊어 버리지 못했기 때문이다. 여기에서 우리는 불철저함을 볼 뿐이다. 그리고 뒤에 경험론이 인식 비판을 철저하게 전개하는 것도 이 때문이다.

철학과 신학 사이에서 : 버클리

버클리(1685~1753)는 로크가 외적 사물의 객관적 실재를 암묵적인 전제로 삼은 점에서 인식 비판의 불철저함을 보았다.

그의 『인간 지성의 원리론』(1710)에 따르면, 인식은 정신(마음)

과 그 속의 관념 사이에서 행해질 뿐이며, 외적 사물의 실재를 인간은 확증할 수 없다고 한다. 인간이 알거나 문제로 삼을 수 있는 모든 것은 관념뿐이다.

버클리

그렇지만 버클리는 관념을 만들어내는 원인이 외적 사물(로크)과는 따로 있다고도 주장한다. 이 독특한 증명을 살펴보자.

우선 우리의 마음은 관념을 없애거나 만들어낼 수 있는 자유롭고 능동적인 존재이다. 그렇지만 감각 기관에 의해 생생하게 지각되는 최초의 관념은 상상과 같이 자유롭게 없애거나 만들 수 없다. 그것은 마음의 자유가 아니라, 말하자면 '저쪽에서 다가오는' 것처럼 느껴진다.

이 최초의 관념에 관해 그는, 관념이 마음에 의해 생겨나는 이상, 인간의 마음보다 더욱 자유롭고 능동적인 정신(=신)이 이것을 만들어낸다고 말한다. 요컨대 관념은 최초에 신에 의해 투입되었다는 것이다.

이 증명은 <여러 관념을 잘 살펴보면 신의 실재가 새롭게 이해되리라!>는 것이었다. 그러므로 버클리가 『인간 지성의 원리론』을 쓴 진정한 모티프는 경험론의 도구 형식을 빌어서 신앙을 새롭게 세우는 것에 있었던 것인지도 모른다.

그렇지만 관념의 원인으로서 그 외부에 있는 신의 존재를 가지고 나오는 것은 로크와 마찬가지로 역시 인식 비판의 불철저함이라고 말하지 않을 수 없다.

경험은 지각의 움직임 그 자체 : 흄

흄

영국 경험론에서 가장 철저하게 인식 비판을 했던 사람은 흄(1711~1776)이다. 그의 저서 『인성론』(1739~1740)은 외적 사물이나 신의 존재를 관념의 원인으로서 인정하지 않고, 어디까지나 "우리의 인식은 마음 밖으로 나가지 않는다"는 자세로 일관하고 있다. 따라서 그때까지 외계에서 관념을 받아들이는 길로 생각되고 있던 '경험'은 "마음 속의 여러 관념들의 움직임 그 자체"로 서술되어 간다.

우선 흄은 로크나 버클리가 관념이라고 부른 것을 '지각'이라고 부른다. 그리고 지각을 '인상'(이제 처음 나타나는 원래의 감각)과 '관념'(인상의 복사로서의 심상)으로 나눈다. 인상(감각의 인상)은 관념의 원본으로서 생생한 근원적 지각이다.

그것은 미지의 원인으로부터 직접 마음에서 생기며, 우리에게 더위 · 추위 · 배고픔 · 목마름 · 즐거움 · 괴로움 등을 느끼게 한다. 이 인상은 복사되어 마음속에 남는다. 이 복사본이 관념이다. 복사(예컨대 즐거움 · 괴로움의 관념)가 마음에 다시 나타나면 욕망, 희망, 두려움과 같은 새로운 인상을 만든다. 이 인상은 감각의 인상과는 다르며, 관념과 내성에 의해 생겨난 2차적인 인상(내성의 인상)이 된다. 인상은 관념을 만들고 관념은 인상을 만든다고 하는 형태로 지각은 쭉쭉 생성되어 간다. 최초의 감각의 인상에서 시작되는 이 길이 흄의 '경험'이다.

모든 것은 허구이다

흄은 이러한 길을 찾는 '지각'을 유일하게 확실한 존재라고 한다. 여기에서 『인성론』은 물체도, 인격조차도(!) 항상 변하지 않는 실재로는 인정하지 않는다는 결론을 내린다.

로크는 물체·정신·신의 관념을 복잡 관념에 넣었는데, 이것들이 실재하는 것은 자명하다고 생각했다. 흄도 관념은 단순에서 복잡으로 결합(관념 연합)해 간다고 생각했지만, 그 관념들에 대응하는 항상 불변하는 실재들은 인정하지 않는다. 이 실재들은 인간의 상상력이 만들어낸 불확실한 '허구'일 뿐이라고 말한다.

예컨대 버클리가 인식에 불가결하다고 한 정신적 실체의 존재도 부정된다. 흄에 따르면, 지각은 그때그때 흘러서 생성되어 간다. 그러므로 통합시키는 마음이나 인격은 존재하지 않으며, 다만 <지금 여기서 생성되고 흘러가는 '지각의 다발'>만이 존재한다.

또한 흄은 인과 관계의 객관성도 부정한다. 우선 그는 <원인과 결과는 서로 다른 것>이라고 주장하여 인과의 필연적 연결을 인정하지 않는다. 예컨대 불길과 뜨거움의 경우에, 불길(원인)이 지금 여기의 감각에 부여되고 있어도 그것은 이어서 차가움을 만들어낼지도 모른다. 또한 뜨거움(결과)이 부여되고 있어도 그것은 원인 없이 갑자기 마음에 나타난 것인지도 모른다. 이런 회의의 가능성은 (아무리 극단적이라고 해도) 항상 있다. 그러므로 원인·결과의 결합에 절대적인 필연성은 없는 것이다.

그렇지만 우리는 인과 관계가 있다는 결론을 내려 버린다. 그 근거를 흄은 과거의 감각적 경험에서 두 가지 일의 '항상적 연접'에서 찾는다. 예컨대 언제나 불길과 뜨거움은 가까우며, 불길은 뜨거움에 선행한다.

이 경험에서 <불길은 뜨거움의 원인, 뜨거움은 불길의 결과>라고 우리는 생각한다는 것이다. 그렇다면 인과성이란 인간의 '습관'(경험의 반복)에 근거한 주관적인 결합(복잡 관념)일 뿐이다.

그러므로 흄은 <우리는 마음속의 관념을 '사물의 객관적인 인과 관계'로 '믿고 있는' 것일 뿐이다>고 한다. 요컨대 자연 과학이 탐구하는 세계의 객관적 질서도, 모든 것의 근원적 원인이 되어 온 신도, 인간의 습관과 신념에 의해 '만들어진 것'이다.

회의의 결과

이렇게 사물·정신·신·인과 관계의 실재성(객관성)은 철저하게 의심받고 부정되었다. 진리의 인식(주관과 객관의 일치)이 절망적이게 되었으므로, 흄의 『인성론』은 그때까지의 철학을 파괴하는 것과 같은 시도였다고 말할 수 있다.

그렇지만 그는 진리 따위는 인식하지 않고도 인간은 일상 생활을 충분히 해 나갈 수 있다고 주장한다. 누구나 관습에 기초한 자연스러운 신념을 가지고 그 안에서 살아가고 있는데, 그것만으로 충분하다는 것이다. 다만 흄은 회의를 통해, 아무리 자명하다고 생각되는 것이라도 자기 나름대로의 신념이 만들어내고 있는, 그것에 대한 자각을 촉구했던 것이다.

그뿐만이 아니다. 『인성론』에는 "어떤 조건에서 우리가 사물의 존재를 믿게 되는가를 묻는 것은 상관없지만, 물체가 있을까 없는가를 묻는 것은 무익한 것이다"는 귀절이 있다.

여기에서 흄은 철학의 물음을 근본적으로 바꾸어 놓으려고 한다. <결국 모든 것은 신념의 산물이기 때문에, 절대적 진리를 탐구하거나 그것을 주장하고 싸우는 것은 의미가 없다. 철학하는 사

람은 "왜 그것을 믿는가"와 여러 가지 신념의 근거를 묻는 것이 중요하다!>고.

하지만 흄에게도 문제는 있다. 예컨대 수학 등은 어떤 사람에게나 공통된 지식이 아닌가? 그것도 단순한 습관이나 신념일까? 물론 본인도 그것을 알아차리고 있었지만, 사람에 따라 다양한 지식이 있다면 보편적인 지식도 있는 것, 이것을 어떻게 생각하면 좋을까? 바로 여기에 칸트가 등장하는 이유가 있다.

2. 사회의 '발견' — 자유로운 '내'가 사회를 만든다

홉스, 로크, 루소

우리는 사회 속에서 살아간다. 그런데 사회란 무엇일까? 사회는 인간에 의해 구성되고 있다. 사회란 단순한 인간의 집단이 아니라 인간들이 결합되어 있는 독자적인 그물망이다.

루소는 다음과 같이 썼다. “모든 사회에서 가장 오래된 단 하나의 자연적인 것은 가족이라는 사회이다. ……가족 자체도 약속에 의해서만 유지된다.”(『사회 계약론』)

가정 밖으로 발을 내딛어보면 어떨까? 교통 규제나 법률, 에티켓…… 세상은 많은 약속, 즉 규칙으로 성립되어 있다. 사회란 규칙의 다발이다.

사회란 인간과 인간이 짜서 만드는 규칙에 기초한 관계라는 생각은 비교적 새로운 발상으로 근대에 들어와 ‘발견’된 것이다. 중세까지는 사회는 신이나 왕이 만든 것이며, 규칙이나 법률은 신과 왕이 정한 것이었다.

이러한 관념을 뒤집어 놓은 것이 홉스, 로크, 루소 등의 17~18세기 철학자들이다. 그들은 개인이 자유로운 의지에 기초하여 약속함으로써 사회를 만들었다고 주장했다. 이것을 사회 계약설이라고 한다.

사회 계약설에는 세 가지 특징이 있다.

첫째, 자유로운 개인들이 계약의 당사자이다.

둘째, 함께 살기 위해 개인들의 약속(합의, 동의, 계약, 신탁)에 의해 사회 관계가 연결된다.

셋째, 사회는 인간들이 더 잘 살기 위해 만든 것이므로 상태가 나빠지면 다시 만들 수 있다. 사람들은 자신의 의지로, 자신이 살기 위해 사회를 만들거나 고칠 수 있다는 것이다.

그렇다면 이 세 사람의 사회 계약설에 대해 살펴보도록 하자.

홉스

자기 보존과 평화를 위해 : 강한 주권자를 찾는 홉스

홉스(1588~1679)가 살던 당시의 유럽은 전쟁의 시대였다. 종교 전쟁이나 내란으로 사회가 황폐해지고 많은 사람이 죽어가는 것을 자기 눈으로 본 홉스는 무엇보다도 평화의 실현을 염원했다. 그의 사상의 기본은 '사는' 것, 즉 자기 보존이다. 인간의 본성은 생명이며, 사람은 자신의 생명을 지키기 위해 자신이 가진 모든 힘을 사용해도 좋다. 사람은 자신의 생명을 존중하고 평화를 실현하기 위해 계약에 의해 '주권자'를 만들어낸다. 이러한 기본 구상으로 서술된 그의 저서 『리바이어던』(1651)은 개인의 계약에 의한 '주권자'(공공 복지, 국가) 창설의 계획이다.

사회 계약론자는 누구나 공통의 권력이나 법이 없는 자연 상태의 고찰에서 시작한다.

홉스는 자연 상태를 전쟁 상태로 보았다. 같은 수준의 능력을 가진 사람들이 같은 것을 욕구하면, 서로 적대하게 되고 죽이게 될 것이다. 자연 상태에서는 인간은 서로를 죽여서라도 자기의 생명을 지킬 권리를 가지고 있다(자연권). 그러나 사람은 살아남기 위해서는 서로 죽이기를 그만두지 않으면 안된다. "평화를 위해, ……이 권리(자연권, 타인을 공격할 권리)를 포기해야만 한다." 홉스의 사회 계약론에서는 상대를 죽일 권리의 전면 포기가 계약의 골조를 이루고 있다.

계약에 의해 모든 인간이 '주권자'라는 하나의 동일한 인격으로 결합된다. 이것이 <공공 복지(common wealth)>라고 불리는 것이다. 홉스가 말하는 '인격'이란 자신의 말이나 행위의 대리인이다. 계약에 의해 생겨난 제3의 인격(공공 복지, 주권자)의 말이나 행위는 자신의 것이며, '주권자'를 배신하는 것은 자기 자신에게 반대하는 것과 같은 것이다. 이렇게 누구도 반대할 수 없는 강력한 '주권자'가 탄생한다. 그렇지만 '주권자'는 자기 보존(생명의 존중)과 평화에 어긋나는 명령을 사람들에게 강요할 수는 없다. 이것이 홉스의 국가상이다.

자신의 노력이 보답받는 사회를 : 신흥 시민 계급의 수호신 로크

로크는 부르주아 혁명의 시대에 태어난 인물이다. 그 자신이 청교도 혁명과 명예 혁명을 두 차례나 체험했다. 그의 저서인 『통치론』(제1론 1680, 제2론 1679)은 당시 영국의 반국왕 투쟁을 정당화하고 필머의 왕권 신수설을 논박할 목적으로 쓰여졌다.

『통치론』의 특색은 소유론과 그것에 토대한 정치론이다. 로크가 상정한 자연 상태는 홉스와는 대조적으로 자유롭고 평등한 상태이다. 자연 상태에서는 공통의 재판관이 없으므로 법이 지켜지는가는 불안정하다. 불안정한 상태에 종지부를 찍는 것은 "하나의 공동 사회로 들어가 하나의 정치체제를 만드는 것에 서로 동의하는 계약뿐이다"고 로크는 생각한다.

로크는 재산이 신성 불가침하다고 주장했다. 신에게서 받은 공유물(자연)에 노동을 덧붙인 사람이 그것을 사적으로 소유할 수 있는 권리를 가진다고 생각했다. 일해서 얻은 것이 자신의 것이 된다는 것은 오늘날 우리에게는 자명하지만, 이러한 생각은 로크가 처음 주장했던 것이다.

나의 노동이 나의 소유권의 원천이다. 로크가 말하는 사적 소유권은 소유권의 사상사에서 획기적인 것이었다. 자신의 노동의 성과는 자신이 사용할 수 있는 범위 내에서, 즉 그것을 '썩이지 않는' 한에서 자신의 것이 된다는 것이다. 노동과 근면만이 아니라 화폐(썩지 않는 것)의 등장에 의해 인간은 무한하게 소유할 수 있게 된다. 이러한 로크의 소유권 이론은 발흥하고 있던 부르주아 시민 계급에게 사상적 근거를 제공했다.

사람들은 "그들의 소유물을 평화롭고 안전하게 공유"하기 위해 계약에 의해 정치적 사회(시민 사회)를 만들고, 소유권을 보호하기 위해 '신탁'(信託)에 의해 공권력(정부)을 설립한다. 로크는 입법부(의회)를 행정부(왕권)보다 우위에 두었다. 의원 내각제라는 근대의 정치 운영 방식은 로크에 의해 이론적 기초가 만들어진 것이다.

의회나 정부가 소유권의 보장과 안전의 보호라는 신탁의 목적에 반대하는 경우에 국민은 의회나 정부를 바꿀 수 있다(저항권). 정부를 해체시킬 권리는 그 뒤의 시민 혁명의 정치 이론이 되었다. 소유권을 보호하기 위해 사람들은 동의(신탁)에 의해 정치 사회를 형성한다는 로크의 정치 이론은 근대 시민 국가의 정치 원론이 되며, 생명 · 자유 · 행복 추구의 권리와 정부의 개폐(저항권)를 강조한 미국의 독립 선언에도 커다란 영향을 미쳤다.

루소

공공성의 추구, 일반 의지를 목표로: 문명의 비판자, 루소

루소(1712~1778)가 본 유럽 사회는 절대 왕정의 전제와 부패, 가난한 민중의 모습이었다. 18세기의 프랑스에서는 인구의 2%밖에 안 되는 성직자와 귀족이 여러 가지 특권을 그대로 가지고 싶어했다. 화폐 경제의 침투가 가져온 빈곤과 궁정의 낭비와 전비 조달을 위한 증세로 말미암아 농민이나 시민의 곤궁한 처지는 극에 달했을 뿐만 아니라 아무런 정치적 권리도 가지고 있지 않았다.

"인간은 자유로운 존재로 태어났다. 그리고 어디서나 사슬에 매이지 않는다. 자신이 다른 사람의 주인이라고 생각하는 사람도 사실은 그 사람 이상으로 노예이다."(『사회 계약론』)

루소는 원시 상태로서 자연 상태를 상정한다. 그것은 행복하고 자유롭고 평등한 상태이며 "평화에 가장 적합하고 인류에게 가장 어울린다"(『인간 불평등 기원론』)는 것이다. 원시 인간은 '자기 보존'의 감정과 '연민'의 정을 가지고 살아간다.

그러나 자연인이 사회 상태로 들어갈 때 그들에게 자존심이나 허영심이 생겨나고 이기심에 눈을 뜨고 소유욕 때문에 잔인한 싸움을 벌이게 된다. 자연 상태를 존속할 수 없게 될 정도로 장해가 커질 때, "인류는 생존 방식을 바꾸지 않으면" 안된다. 그것은 자유와 권리에 기초한 사회이다. 이것이 중요한 점인데, 루소는 로크처럼 권리가 자연(신)에서 유래하는 것이라고는 보지 않는다. "그것은 약속에 기초한 사회이다." 바로 그렇기 때문에 약속(합의, 동의, 계약)에 의한 사회를 구상해야 한다는 것이다.

루소에게서 해결해야 할 근본 문제는 무엇인가? 그것은 모든 생명과 재산을 공동의 힘으로 지킬 수 있는 인간의 결합 방식을 찾아내는 것이다. "그럼으로써 각자가 모든 사람과 연결되면서도, 자기 자신을 제외한 누구에게도 복종하지 않고 이전과 마찬가지로 자유로운 것", 이것을 해결하는 계획이 사회 계약이다.

사회 계약에서는 각자가 모든 권리를 공동체에게 전면적으로 양도한다. 양도는 모든 사람에게 똑같은 조건으로 행해지며, 특정인에게 어떤 권리도 주어지지 않으며, 공통의 상위자도 존재하지 않는다. 거기에서는 모든 사람이 '주권자'가 된다. 즉 평등이 실현되는 것이다.

사회 계약에 의해 사람들은 서로 약속한 규칙에 기초한 사회를 만든다. 이렇게 만들어진 사회는 각자의 권익만을 추구하는 것이 아니다. 그것은 각자의 공통의 이익을 밀고 나아갈 의지를 가지고 있다고 루소는 생각한다. 그것이 '일반 의지'이다.

루소는, "일반 의지는 언제나 올바르며, 언제나 공공의 이익을 추구한다"고 말한다. 일반 의지는 루소의 사회 계약론의 중심 개념이며 근대 시민 사회의 이념의 근간을 이루는 개념이기도 하지만, 뜻이 아주 깊어서 이해하기 어려운 면이 있으므로 몇 가지 요점으로 정리해보자.

첫째, 일반 의지란 사람들의 계약에 의해 만들어진 <정치체>의 의지이다.

둘째, 일반 의지만이 국가의 여러 가지 힘을 지도할 수 있다. 각각의 국가는 공공의 행복을 실현하기 위해 만들어진 것이므로,

"공공의 이익을 목표로 하는" 공동체의 의지, 즉 일반 의지만이 국가를 이끌 수 있다.

셋째, 일반 의지는 각자의 이해 속에 있는 공통의 것을 보호한다. "사회는 오로지 이 공통의 이해에 기초하여 다스리지 않으면 안 된다."

넷째, 일반 의지의 표명은 법률로 한다. 여기서의 일반 의지는 법률의 법률(법의 근거)이다. 루소는 법이 제안될 때 "인민에게 묻는 것은 그것이 인민의 의지, 즉 일반 의지와 일치하고 있을까 여부이다"라고 쓰고 있다.

권리의 평등이나 정의의 개념은 각자가 자신의 이익을 우선적으로 추구하는 인간의 본성을 전제로 해서 나오는 것이라고 루소는 생각한다. 루소가 일반 의지로써 추구한 것은 개인의 이익에서 출발하면서도 그것이 전체의 이익이 될 것 같은 사회의 조건을 만들어내는 것이었다. 한 마디로 말해서 공공성의 추구, 이것이 일반 의지의 본질이다. 그러므로 이 본질만이 사회 제도의 여러 모습에 대한 여러 가지 비판의 근거가 되는 것이다.

3. 무엇이 '선'일까, 끝까지 생각하면 반드시 알 수 있을까?

칸트

근엄 솔직한 칸트, 최초의 직업 철학자

칸트(1724~1804)에게는 확실히 그다운 내력이 있다. 독일의 쾨니히스베르크에서 태어나서 그곳의 대학에서 신학, 철학을 배운다. 졸업 후 여러 집에서 가정 교사를 해서 생계를 꾸렸으며, 55세에 쾨니히스베르크 대학에 시간 강사로 고용되고, 70세가 되어서야 겨우 논리학, 형이상학의 정교수가 된다. 80세까지 살았지만 평생 쾨니히스베르크 밖으로 나간 적이 없다고 한다. 정말이라면 상당히 지독하다.

아직 남았다. 그는 근대 철학자로서는 최초의 직업 철학자라고 이야기된다. 근엄 솔직한 성격은 유명하며, 매일 정해진 시간에 가까운 곳을 산책하며 사색하는 것이 습관이었는데, 너무나 시간이 정확했으므로 가까운 곳에 사는 사람들은 칸트가 길을 지나가는 것을 보고 시계를 맞추었다고 한다. 이런 에피소드는 확실히 칸트의 철학에 걸맞는 것이다.

근대 철학은 데카르트로부터 시작되어 헤겔에게서 완성된다고 할 수 있지만, 칸트는 정확히 양자의 한가운데에 있으며, 이 두 사람과 함께 세 개의 커다란 봉우리를 이루고 있다. 그가 자신의 철학의 업적을, 코페르니쿠스가 근대 천문학에서 세운 혁명적인 업

칸트

적에 견주어, 스스로 '코페르니쿠스적 전환'이라고 부른 것은 유명하다. 대단한 자신감이라고 할 수 있지만, 객관적으로 보아도 이것은 허풍이라고는 말할 수 없다.

데카르트는 오랫동안 유럽을 덮고 있던 신학적 사고를 타도하고 철학의 사고의 토대를 거의 2000년만에(!) 다시 세웠다(아리스토텔레스 이후로 하면 그렇게 된다).

이 업적은 무엇보다도 크지만, 칸트의 작업도 그 내용을 잘 이해하면 할수록 이것에 뒤지지 않는다는 것을 알게 된다.

형이상학 비판과 안티노미

그런데 그는 무엇을 했는가? 칸트가 이룩한 커다란 업적은 두 가지이다.

① 이성 비판(=철학 비판)

② 도덕 철학의 창시

각각을 설명해보자. 우선 ①의 이성 비판, 혹은 철학 비판.

이것은 『순수 이성 비판』(1781)이라는 책에서 전개된 것인데, 그 요점은 이제까지 '형이상학'이라고 불려 온 철학적 '물음' 자체에 대한 근본적인 비판이다.

예컨대 철학의 첫번째 기본 문제로 여겨져 온 것이 세계는 왜 나타났는가, 신은 존재하는가, 왜 인간은 살아가는가와 같은 형태를 취해 왔던 것은 이미 계속해서 살펴보았다.

그리스 철학에서는 이것을 인식론적인 형식으로 물었다. 즉 자연의 근본 '원리'는 무엇인가, 세계는 '동일'한가 아니면 계속 변하는 것인가, 세계의 근본적인 동인과 질서의 근거는 무엇인가……. 또한 스콜라 철학에서는 이 물음은 신의 존재에 관한 난문이나, 유명론 대 실재론이라는 문제의 형태를 취했다. 그런데 칸트는 그러한 전통적인 철학의 근본 문제를 네 가지로 정리한다.

첫째, 세계의 기원과 한계에 관해(=세계의 시간적 출발점은 있을까, 우주의 한계는 있을까).

둘째, 물질은 무한히 나누어질 수 있을까.

셋째, 자유와 자연적 인과율의 관계.

넷째, 신의 존재에 관해.

그리고 이렇게 주장한다. 지금까지 철학이 '근본 문제'로 생각해 온 이 '형이상학적 질문들'(=감각 세계를 넘어선, 세계 자체의 존재나 기원에 관한 질문)은 사실 본래 답이 없는 문제이다. 그것은 이성의 본성에 기초한 원리적인 것이며, 따라서 엄밀하게 증명할 수 있다고 한다.

이 '형이상학적 질문'의 불가능성에 관한 증명은 유명하며, 순수 이성의 안티노미(Antinomie, 이율 배반)이라고 불린다. 어쨌든 칸트의 이러한 '형이상학 비판'은 전통적인 철학에서 확실히 <천동설이 지동설로 뒤집어진 것>과 같은 정도의 충격이었다.

이제까지 수천 년 동안 많은 철학자가 그 답을 내놓으려고 계속 생각해 왔던 것을, 그러한 물음에 대한 답은 없다. 그 이유는 그러한 물음은 인간의 이성의 한계를 넘어선 물음이기 때문이며, 따라서 그러한 물음에 대해 답하려고 하는 모든 노력은 무의미하다, 그리고 이것은 바로 증명할 수 있다고 말했기 때문이다. 그리고 그 증명이 정교하게 이루어졌기 때문에, 칸트는 금방 18세기 철학의 대표자가 되어 버렸다. 그것을 약간 소개해보자.

'물 자체'란?

근대 철학의 중심 주제는 인간이 어떻게 객관 세계를 올바르게 인식할 수 있을까의 문제, 즉 '주관 - 객관'의 문제이다. 근대 인식론은 데카르트가 '코기토'라는 사고 방식으로, 또한 영국 경험론이 '경험'이야말로 모든 인식의 근거라는 사고 방식으로, 스콜라 신학의 전제를 무너뜨린 데에서 시작된다. 그러나 정확히 탈레스가 그러했듯이, 데카르트나 영국 경험론이 시작한 주장에서도 여러 가지 난문이 생겨나게 된다.

데카르트의 학설에서는 정신・신체(물질)의 이원론이 나오고, 세계 설명의 일관성이라는 관점에서는 수습이 되지 않는다. 또한 모든 것을 '경험'적 습관으로 돌리는 영국 경험론은 자연 과학과 수학 등의 보편성이나, 신이나 원인 결과와 같은 개념이 어떤 문화에서나 공통적으로 존재한다는 사실 등을 잘 설명할 수 없다. 칸트의 인식론에는 그러한 근대 철학의 난문을 일거에 해결하려는 의도가 있는데, 가장 중요한 계획이 '물 자체'라는 생각이다.

인간은 객관적 현실을 올바르게 인식할 수 있을까? 이 물음을 엄밀하게 생각해 가면 여러 가지 난문이 생겨난다. 특히 중요한 것은 인간의 인식 능력(=인식 장치)이 절대적이라고 말할 수 있는 보증이 없다는 것이다. 아직 신이라는 존재를 믿고 있던 당시의 감각으로는 완전한 인식 능력을 가진 것은 신이며, 인간의 인식 능력은 '불완전'하다는 게 일반적인 견해였다. 신만이 세계의 객관을 완전히 인식할 수 있는 존재라면, 인간은 당연히 불완전한 인식밖에 가질 수 없다, 인간은 결코 올바른 인식에 도달할 수 없다는 것이 된다. 이것은 곤란했다.

거기에서 칸트가 제출한 것이 '물 자체'라는 개념이다.

그 개요는 다음과 같다. 신과 같은 존재가 있어서, 세계의 객관(칸트의 용어로는 세계의 '본질')은 신만이 인식할 수 있다. 인간은 이성(인식)의 능력에 한계가 있기 때문에 단지 세계의 실태의 일면(현상 세계)만을 알 수 있을 뿐이다. 세계의 '본질'(=완전한 객관)을 인간은 원리적으로 인식할 수 없는 것이다. 여기에서 세계의 '본질'이란 결국 세계의 기원이나 한계, 자유 등등의 '형이상학적 문제'에 대한 완전한 답도 포함하는데, 인간의 이성은 그 본성적인 한계로 인해 이것들을 인식할 수 없다. 그러므로 이제까지 철학은 줄곧 원리적으로 불가능한 문제를 그렇게 알아차리지 못하고 탐구해 왔던 것이 된다. 칸트는 자신이 이것을 처음 알아차렸노라고 말했다.

요컨대 칸트는 세계를 신밖에 모르는 '물 자체'의 세계(=본질의 세계)와 인간이 경험에 의해 알 수 있는 범위의 세계인 '현상'의 세계로 단호하게 나누어 버렸다. 말하자면 이렇게 멋진 솜씨로 잘라냄으로써 근대 인식론의 귀찮은 난문은 굳어진 틀을 넘어서 멋있게 정리되었던 것이다. 그러나 사실 여기에서부터가 칸트의 진정한 핵심이다.

도덕은 자유이며 자유는 도덕?

세계의 끝은 어떤 것일까? 물질은 나누어질 수 있을까? 최고존재(=신)는 확실히 존재할까? 칸트에 따르면, 철학의 이러한 물음은 이제는 끝나게 되었다. 그렇다면 철학도 끝나는가? 그렇지는 않다. 사실 철학에는 더 중요한 문제가 남아 있다. 그리고 많은 철학자가 그 문제를 알아차리지 못했다고 칸트는 말한다. 이 표현이 상당히 훌륭하다. 또한 이 표현을 보고 당시에 철학을 좋아하던 사람들은 틀림없이 안도했을 것이다.

인간은 경험할 수 있는 세계의 구조나 법칙만을 알 수 있다. 이것이 자연 과학의 과제가 이루어지는 영역이다. 한편 '본질'의 세계는 신만이 알고 인간에게는 알려지지 않는다. 그래서 철학은 이제 쓸모 없다고 말하려는 것은 아니다.

인간의 이성에는 아주 중요한 본성이 있다. "이성은 눈에 보이는 불완전한 것에서 반드시 완전한 것을 생각해내려고 하는 본성을 가지고 있다." 이것은 칸트의 아주 중요한 통찰이며, 이로부터 칸트는 다음과 같이 말한다.

인간은 확실히 '본질'의 세계를 알지 못한다. 그러나 인간의 이성은 '본질'로서의 세계, 즉 이상으로서의 세계를 생각해내고, 이것을 그리워하며, 다가가고 싶어하는 능력과 본성을 가진다. 간단히 말해서 불완전한 원을 보면 완전한 원을 떠올리며, 그것이 좋다고 느끼는 능력을 본성으로서 가지고 있다는 것이다.

그래서 이렇게 된다. 혼은 불사인가? 신은 존재하는가? 최고의 선은 존재하는가? 그러한 것들은 사실상 신만이 아는 것이다. 그러나 인간에게는 완전성이나 이상 상태를 끊임없이 생각해내고 거기에 다가가려는 본성이 있다. 언제나 선한 것, 아름다운 것, 완전한 것에 다가가려는 의지의 힘을 가지고 있다. 이것이야말로 인간의 깊은 본성, '자유'라는 본성이 아니겠는가? 그렇게 칸트는 말한다.

이렇게 칸트의 도덕 철학의 기초가 세워진다. 즉 그는 선한 것을 향하는 의지와 능력의 문제, 즉 윤리·도덕의 원리를 기독교적 세계상에서 완전히 떨어져 나와서 인간의 이성 자체에 근거하여 세우려는 것이다.

무엇이 '선'인가는 끝까지 생각하면 반드시 알 수 있다

『실천 이성 비판』(1788)은 칸트 도덕 철학의 결정판이다. 실천 이성이란 의지와 욕구의 능력으로, 즉 이것은 선한 것을 향하려고 하는 인간의 능력에 관한 철학 원리를 다룬 책이다. 그 방법은 상당히 복잡하지만, 주장의 요점은 하나이다.

우선 그는 "무엇이 선인가"는 끝까지 생각하면 반드시 이성으로 알 수 있다는 것을 '증명'한다. 이어서 인간은 이렇게 해서 알게 된 '선한 행위'에 의지해야만 한다고 주장한다. 유명한 명제, '실천 이성의 근본 법칙'은 그것을 상징적으로 보여준다. 다음 테제가 그것이다.

"여러분의 의지의 규율이 언제나 동시에 보편적 입법의 원리로서 타당하게끔 행동하라."

여기에서의 '보편적 입법'이란 누구에게나 그것이 세상 전체의 평화와 조화를 추구하는 것이 되는 행위의 기준이라는 정도로 이해하면 좋다. 예컨대 물에 빠진 사람을 보았을 때 어떻게 할 것인가? 도와주는 것이 정답이다. 다투고 있는 사람들을 보았다면, 말리고 화해시키는 것이 정답이다. 지친 사람들이 있다면, 할 수 있는 한 도와주는 것이 정답이다. 이런 것들은 언제, 누구에게나 올바르고 좋은 행위로서 타당하다.

보편적 입법(보편적 도덕)이라는 사고 방식을 통하면, 무엇이 선하고 무엇이 악한가를 아주 확실히 구분할 수 있다고 칸트는 생각했다.

이것에는 시대적 배경이 있다. 17세기의 유럽은 종교 전쟁이나 왕국들 간의 싸움과 같은 커다란 모순, 대립이 있었다. 아마도 칸트의 주장은 이런 것인 듯하다. 프로테스탄트와 카톨릭 중의 어느 쪽이 옳은가? 답은 이 물음은 무의미하다는 것이다. 어느 쪽도 상대를 인정하고 친하게 지내는 것이 세상의 평화와 조화를 증진시키는 것이기 때문이다. 그러한 방향으로 밀고 나가는 것이 '보편적 입법'에 맞고 올바르다……. 즉 칸트의 발상은 새로운 '선악'의 기준을 제출해서 그때까지의 불모적인 대립을 넘어서려는 원리를 목표로 삼았던 것이다.

그런데 '규율'(maxim)이란 자기 나름의 행위의 기준으로, 예컨대 식사 뒤에는 반드시 이를 닦는다는 식의 자기만의 '규칙'이다. 칸트는 요컨대 인간이 이성적인 존재인 이상, 자신의 '맥심'을 '보편적 도덕'에 합치시켜야만 한다고 주장하는 것이다.

무엇이 '선'인가는 확고하게 생각하면 반드시 알 수 있다(=보편적 입법의 사고 방식을 따르면 좋다). 이것이 우선 중요하며, 또한 언제나 이것을 따르는 형태로 자신의 행위를 규율하면 좋다. 이것이 도덕적 행위의 본질이다. 또한 도덕적 행위를 의지(意志)하고 행위할 수 있다는 점에 인간이 다른 동물과 달리 하나의 자유로운 존재인 이유가 있다. 인간의 본질은 '자유'이다. 그리고 그것은 인간이 도덕적 행위를 할 수 있는 존재라는 것으로 증명된다. 이것이 칸트의 최종 결론이다.

칸트의 사고 방식은 그 시대를 생각하면 확실히 '코페르니쿠스적 전환'이라는 표현에 들어맞는 것이었다. 그는 '선'의 기준을 전적으로 새롭게 세웠다. 그러나 오늘날 돌이켜보면 이것은 상당히 소박한 사고 방식임을 알 수 있다. 인간은 사실 무엇이 선한가를 일반적인 방식으로 이해했다고 해도, 그것만으로는 결코 '올바른 것'을 요구하고 의지하려는 존재가 아니기 때문이다.

헤겔은 이 칸트적인 도덕설을 완전한 형태로 철저히 비판하고 있다. 철학적으로는 헤겔의 우위는 움직일 수 없는 것이다. 그러나 우선 어떤 종류의 이상 상태를 설정하고, 이어서 이성적 의지로 거기에 다가가야 한다고 생각하는 칸트의 이론은 근대적 사회 비판 이념의 기본형이 되었으며, 현대의 여러 사회 이론에도 여전히 커다란 영향을 미치고 있다.

어쨌든 칸트 철학의 두 가지 공적, 낡은 형이상학을 철저하게 타도한 것, 그리고 도덕의 근거를 기독교에서 떨어져 나와서 인간의 이성 그 자체 속에서 완전히 새로운 형태로 다시 세우려고 했던 것, 이것은 근대 철학사에서 유별나게 눈에 띄는 업적이라고 말하지 않을 수 없다.

제 7 장

독일 관념론의 전개

칸트 철학은 큰 평판을 얻었지만 몇 가지 의문을 불러 일으켰다. 하나는 인식하는 주관과 도덕 법칙에 따르는 실천적 주관 사이의 관계가 확실하지 않다는 이론적 의문이다. 또 하나는 도덕적 이념이 현실의 인간이 가진 욕망이나 자기 중심성에서 분리되게 되면 결국 인간이나 사회를 이끄는 힘이 없어지는 것은 아닌가 하는 의문이다.

이 의문들을 해결하려고 여러 가지 시도를 했던 것이 독일 관념론이다. 피히테는 자아를, 셸링은 스피노자적 실체를 원리로 삼았다. 최종적인 승리자인 헤겔은 모든 가치관이나 사회 제도는 '자유를 찾는 자기 의식'을 원리로 해서 그 성립을 해명할 수 있다고 생각하고, 그로부터 사회 계약론의 주제인 권리와 법과 자유로운 정치 제도의 이념을 근거지운다. 이것은 '사회 질서와 세계상의 철학'으로서 커다란 원리적인 성취였다.

1. '자아'의 철학과 '자연 철학'

피히테, 셸링

칸트와 헤겔을 이어주는 피히테와 셸링

피히테(1762~1814)는 칸트의 철학을 자신의 출발점으로 삼았다. 처음에 그는 칸트와 자신의 철학이 완전히 일치한다고 생각했다. 그러나 점차 자아에 대한 칸트의 이해 방식에 불만을 느끼기 시작했다. 그리고 이어서 피히테는 칸트의 자아론에는 도무지 만족할 수 없게 되었고, 그것을 넘어서는 것을 자신의 철학의 과제로 삼게 되었다. 한편 셸링(1775~1854)은 피히테의 자아의 철학을 출발점으로 삼으면서 인간과 자연의 관계에 관한 독자적인 입장을 세워 갔다. 칸트의 철학에 기초하여 자아와 자유의 문제를 철학의 근본 문제로 삼아 철저하게 생각하려고 한 피히테, 인간의 내면만이 아니라 자연을 포함한 세계 전체의 상태를, 자아를 기점으로 해명하려고 했던(초기의) 셸링 — 이 양자의 기본적인 사고 태도는 결국 헤겔에 의해 통일되고 승화되어 간다.

칸트 철학에 대한 불만과 지식의 '3원칙'

칸트에 대한 피히테의 불만은, 칸트에게서는 인식하는 이론적 존재로서의 인간과 욕망을 가지고 행위하고 실천하는 존재로서의

피히테

인간이라는 두 가지 본질이 분리되어 있어서 통일적으로 파악되지 않는다는 점에 있다. 인식하는 이론적 존재, 그리고 실천적으로 행위하는 욕망 존재라는 두 측면은 모두 인간 자아의 중요한 본질이다. 그러나 이것을 단지 나란히 논하는 것만으로는 소용이 없고, 양자의 연관성을 파악하는 논리를 찾아내야만 한다고 피히테는 생각했다.

1794년부터 1795년에 걸쳐서 발표된 『모든 지식학의 기초』야말로 피히테의 대표 저작이다. 이 저작에서 그는 자아를 기점으로 해서 인간의 자유 문제를 생각하고 있다. 그리고 이 문제의 핵심은 다음 세 가지 원칙으로 표현된다.

제1원칙 : 자아는 자아와 같다(자아=자아).

제2원칙 : 자아에 대해 절대적으로 비아(非我)가 대치된다.

제3원칙 : 자아는 자아 속에서 나눌 수 있는 자아에 나눌 수 있는 비아를 대치시킨다.

제1원칙에서는 무릇 인간은 "나는(누구의 힘도, 어떤 힘도 빌리지 않고) 나다"라는 확신에 따라 행동하려고 하는 존재라는 것이 표현되어 있다. 그러나 이러한 태도는 현실 생활 속에서는 반드시 좌절의 괴로움을 맛보게 된다. 즉 우리는 저마다 "나는 나다"라는 태도로 자신의 욕망에 충실하게 행위하려고 하지만, 금방 그것을 저지하거나 방해하는 장애나 제한에 부딪히게 되기 때문이다.

인간의 자아는 외적 사물의 성질이나 사회의 규칙이나 타자의 욕망과의 충돌이라는 제한(이것을 피히테는 '비아'라고 부른다)에 반드시 부딪히게 된다. 이것이 제2원칙으로 표현되어 있다. 그러나 이 단계에서 자아는 자신을 제한하는 장애나 제한이 왜 일어나는가, 그것은 어디에서 생겨나는가를 이해할 수는 없다. 그래서 제3원칙에서 자아가 이러한 장애로서 '비아'의 성질을 간신히 이해하려고 하는 태도가 표현되고 있다.

'자유'라고 하면 보통 우리는 자신의 욕망대로, 자기 좋을 대로 행동하는 것이라고 생각하는 경향이 크다(이것은 피히테가 말하는 제1단계에 해당한다). 그러나 이것은 애당초 무리한 것이다. 그렇다면 인간에게 자유는 허용되지 않는 것일까? 아니, 그렇지는 않다고 피히테는 생각한다.

피히테는 자아가 차차 단계를 밟아 가면서 비아를 극복하고 자신을 단련시켜 가는 모습 그 자체야말로 참된 자유의 상태라고 생각했다. 그는 행위하고 실천하는 인간의 힘의 원천으로서 자아의 작용이 우선 기본이라고 생각하여, 인식하고 이론화하는 자아의 작용은 비아의 성질을 잘 파악하고 그것을 넘어설 가능성을 찾는 것에 있다고 위치지우고 있다.

이렇게 해서 피히테는 이론과 실천이 분열된 상태였던 칸트의 자아의 이해에 하나의 통일성을 부여하고, 동시에 자유라는 것의 의미도 물었던 것이다.

셸링의 '자연 철학'

한편 셸링은 자아를 기점으로 해서 인간 존재의 바람직한 존재 방식을 찾으려고 한 피히테의 방법을, 인간 외부에 존재하는 객관적 사물, 즉 '자연'의 본질을 찾는 방법으로까지 확장하려고 했다. 이것이 셸링의 '자연 철학'이다.

그러나 여기에서의 자아의 본질은, 이미 피히테가 상정했듯이, 현실의 인간이 사물의 대상성을 극복하면서 더욱 더 힘을 키워간다고 하는 성격을 한껏 지니고 있다. 셸링이 생각하는 자아란 분명히 하자면 '신' 그 자체이며 세계에 질서를 부여하는 절대적인 것으로서 인간 내부에 깃들어 있는 것이다. 셸링의 자연 철학의 도달점은 이미 피히테의 자아 철학의 틀로는 수습할 수 없는 것이었다.

독일 낭만주의와 후기 셸링

셸링은 해가 지날수록 더욱 더 인간과 자연의 일체성의 감각을 중시하는 경향을 강화해 갔다. 그의 사고 방식에는 독일 낭만(로만)주의의 전통이 짙은 영향을 미쳤다. 낭만주의적 사고에 따르면, 자연과 인간은 무릇 일체이며, 근대의 지적 이성이 자연의 극복을 목표로 추구하면서 너무나 멀리 떨어지게 된 자연과 인간을 다시 한번 하나로 합쳐서 그 일체성을 회복해야만 한다. 그때 필요한 것은 논리적 사고가 아니라 미적 직관이나 신의 존재에 대한 감성적 직관을 잘 닦는 것이다.

이러한 낭만주의적 경향은 해가 지날수록 더욱 분명해졌다. 그래서 '후기'의 '적극 철학' 단계에 이르면, 셸링은 논리나 추론의 힘을 신뢰하고 사고를 중요시하는 것이 아니라 신의 '계시'나 '신화'를 직관하는 것이야말로 세계의 <진실>에 도달할 수 있다고 생각하게 되었다. 후기의 셸링은 철학 그 자체를 넘어서서 종교적 기원의 세계로 발을 들여놓았다고 말해도 좋을 것이다.

확실히 신의 '계시'나 '신화'에 의지하는 후기 셸링의 태도에는 "잠깐 기다리라"고 말하고 싶어지지만, 셸링이 말하고 싶어했던 것도 이해할 수 없는 것은 아니다. 왜냐하면 자신의 자아에서 장애가 되는 것을 착착 극복해서 더욱 강해지는 것이야말로 인간의 자유의 본질이라는 피히테와 같은 사고 방식은 내가 보기에도 무엇인가 '낡았다'는 느낌이 들기 때문이다. 그뿐만이 아니라 실제로 이러한 사고 방식에 기초하여 발전해 온 근대의 과학 기술이 '자연'을 극복하고 넘어서야 할 대상으로밖에 보지 않았고, 그 결과 오늘날 우리는 심각한 자연 파괴·환경 문제를 불러 일으키게 되었다는 비판도 성립되기 때문이다.

그런 의미에서 자아와 자연의 일체성, 양자의 융화를 추구하고 싶다는 셸링의 생각의 <심지> 같은 것은 오늘날 다시 한번 재검토되고 중요하게 계승되어도 좋은 것이라고 나는 생각한다.

2. 세계는 관계의 그물망이다

헤겔

헤겔(1770~1831)은 모르는 사람이 없는 근대 최대의 철학자로, 음악으로 말하자면 베토벤과 같은 존재이다. 남부 독일 슈트트가르트에서 태어났다. 젊은 시절, 기독교의 사랑의 정신이나 사회혁명이라는 이상에 강하게 매달렸지만, 그것을 서서히 사상적으로 단련시켜서 이윽고 훌륭한 철학 체계를 세우게 되었다.

헤겔만큼 많은 비판자를 가진 철학자는 아마 없을 것이다. 19세기에는 맑스, 키에르케골, 니체 등의 중요한 비판자들이 있었고, 포스트 구조주의로 대표되는 현대 사상에서도 플라톤과 함께 최대의 '적'이다. 그러나 이것은 그의 철학의 영향력의 크기를 말해주는 것이라고도 할 수 있다.

그 비판의 요점은, 우선 역사의 진행은 이성의 본성에 따라서 필연적인 방향을 가진다는 결정론적인 역사관. "이성적인 것은 현실적이다"는 유명한 명제에서 엿볼 수 있는 현실 추인(追認)주의, 나아가 왕권이나 국가를 옹호하는 입헌 군주주의의 입장 등에 대한 것이다. 그렇지만 헤겔에 대한 이러한 비판들은 정확히 말해서 커다란 오해에서 비롯된 것이기도 하다. 이제 헤겔 철학을 소개할 때, 이 오해들을 잘 이해하면서 그 사상을 설명할 필요가 있다고 생각한다.

체계가로서의 전체상

헤겔

우선 헤겔 철학의 일반상을 소개해보자. 헤겔 철학은 커다란 체계를 이루고 있다. 이것이 상당히 어려운 것인데, 가장 근본에 '절대 정신'이 있다. 이것이 변증법적으로 운동해서 세계의 존재 전체를 산출한다는 것이다. 여기에서 자연 철학, 논리학, 정신 철학이라는 커다란 세 가지 틀이 만들어진다. 세계의 모든 것을 '절대 정신'의 운동으로 파악하고, 그 세 가지 측면을 각각 체계적으로 기술한 것이라고 생각하면 좋다. 자연, 인간의 의식, 그리고 역사나 사회의 상태를 그 필연적 운동의 전체적 통일로서 파악한다는 발상이다.

이것은 그 자체로 웅대한 구상이다. 그러나 정확히 말해서 이 구상은 아리스토텔레스적 체계성(세계의 모든 것을 철학의 체계로 설명하려고 하는), 스피노자적 일원론(세계의 총체를 근본적인 하나의 원리에서 설명하려고 하는), 독일 낭만파의 자연과 정신의 일체관 등의 말하자면 철학적으로는 낡은 생각들이 축을 이루고 있는 것일 뿐이다. 무릇 '절대 정신'이라는 개념은, 오늘날의 시각에서 보자면 범신론적인 '애매함'을 없앨 수는 없다. 그래서 이 장대한 구상 자체에는 헤겔의 진가가 거의 없다고 해도 좋다.

어렵기는 해도 잘 생각하면 재미있는 『정신 현상학』

그러나 헤겔의 최대의 업적은 뭐니뭐니 해도 『정신 현상학』이다. 이것은 지금 본 체계 속에서는 서론적인 위치밖에 차지하지 못한다. 계속해서 말하자면 이 책은 이제까지 저 '절대 정신'의 자기 운동이라는 체계 속에서 이해되고, 이른바 신학적인 세계 설명의 일환처럼 해석된 경우가 많았다. 그렇지만 그러한 '체계'의 틀을 벗어나서 이 저작을 읽으면, 이것이 아주 깊은 통찰로 가득 찬 초일급의 철학이라는 것을 알 수 있다.

이 책에는 '의식의 운동'이나 '변증법'과 같은 온갖 방법상의 장치가 담겨 있어서 굉장히 어렵다. 그러나 그 구상의 중심적인 관점은 어떤 의미에서는 간단하다. 즉 그것은 "개인으로서 인간이 타인이나 사회와 맺을 수 있는 관계의 태도"에 관해 생각할 수 있는 모든 것의 유형을 찾아내서 생각해본다는 점에 있다. 중요한 것은, 정확히 개인의 자아가 필연적으로 어떤 단계적 과정을 통해 성장해 가는 것과 완전히 같은 원리로, 개인과 사회의 관계의 유형도 필연적인 단계적 과정을 가진다는 관점이다.

전체의 틀은 크게 세 가지 흐름으로 나눌 수 있다.

첫째, 개인이 '의식' → '자기 의식' → '이성'이라는 과정을 거쳐 서서히 사회적인 존재가 되어 간다는 흐름.

둘째, 인간의 사회적인 이성은 실제로는 구체적인 사회 제도라는 형태로 '현실화'되어 가는 것인데, 이 이성이 현실화되는 역사적인 흐름(그리스의 공동체적 인륜, 기독교적 이웃 사랑, 중세의 귀족적 충성심, 근대의 시민 혁명 → 시민 사회라는 과정을 거친다). 그리고 마지막으로 정신이 자신의 본질을 자각해 가는 역사로서의 종교사의 흐름.

세번째 흐름이 앞의 두 흐름과 종합되어 최종적으로 '절대 지'에 이르러 순조롭게 대단원의 막을 내리게 된다.

이렇게 보면 『정신 현상학』은 인간 세계 전체를 미리 범신론적 혹은 관념론적인 유기적 통일체로 전제해 놓고서 그 이념의 최고 지점에서 인간 정신의 발전의 필연성을 개인적, 사회적, 역사적 모습들로 써 나간다는, 장대하기는 하지만 조금 의심스러운 철학책으로 보일지도 모른다. 실제로 그러한 측면도 조금 있다. 그러나 헤겔이 이 책에서 밝히고 있는 인간과 사회의 관계에 관한 원리적 고찰은 아주 본질적인 것이며, 그것은 인간과 사회의 원리적 관계를 고찰할 때 그가 설치해두고 있는 몇 가지 전제가 대단히 탁월한 것이기 때문이다.

우선 그는 '세계'란 단순한 자연=환경의 세계가 아니라, 많은 인간의 정신이 자아내는 복잡한 인간 관계의 그물망의 총체라고 생각했다. 그러므로 세계의 전체상을 이해하려고 한다면, 우선 이 관계의 그물망을 움직이는 기본 동인을 분명하게 확정하고, 이어서 이 동인에 의한 전개의 과정으로서 세계를 그려내는 방법밖에는 없으며, 따라서 '세계' 그 자체에 대한 인식 가능성을 묻는 것은 무의미하다. 이 기본 전제가 단연 돋보이는 것이다.

이어서 세계의 관계의 기본 동인을 그는 두 가지로 생각했다. 하나는 '자기 의식의 자유'이고, 다른 하나는 '절대 본질'('절대 실재'로 번역되기도 한다)이다.

'자기 의식의 자유'

우선 인간의 본질은 '자기 의식의 자유'에 있다는 것이 『정신 현상학』의 첫번째 명제이다. 인간은 누구나 '자신'을 주인공으로 해서 삶의 이야기를 살고 있다. 사실로서는 그렇지 않을지라도 잠재적으로는 언제나 자신이 세계의 주인공이 되고 싶다고 생각한다. 그것을 헤겔은 이런 식으로 말했다. 인간은 모두 본래 자유로운 존재는 아니다. 그러나 어떤 인간이나 반드시 '자유'롭고자 하는 본성을 가지고 있다는 것이다.

바꾸어 말하자면, 기본 원칙은 아무튼 누구나 우선은 절대적인 자기 중심성을 가지면서 다른 사람들과 관계를 맺고 있다는 것이다. 도덕이나 이상을 아무런 전제도 없이 출발점으로 삼는 것은 사상으로서는 빈약하며, 이 '자기 의식의 자유'야말로 인간들이 모든 관계를 꾸려갈 때의 기본 원리로 보아야 한다는 것이다.

사실 이 생각은 근대 철학에서 획기적인 의미가 있다. 데카르트나 칸트도 착하다는 것, 올바르다는 것을 향하는 이성적인 존재로, 우선 인간의 본성을 가정했다. 이성적, 윤리적, 도덕적인 것이 인간의 본성이라는 암묵적인 전제가 있었던 것이다. 니체 식으로 말하자면, 이러한 암묵적인 전제는 소박한 낭만주의를 벗어나지 못한 것이다. 안이하게 그런 전제를 설정해 버리면, 사상은 세계의 모순이 빚어지는 참된 지점을 찾아낼 수 없으며, 종종 이념만이 앞서는 실속 없는 것이 되어 버린다. 여기에서도 헤겔은 사상의 중요한 급소를 피하지 않는다.

예컨대 헤겔은 인간 관계의 첫 부분에 '주인과 노예'의 자기 인정을 둘러싼 생사를 건 투쟁이라는 항목을 둔다.

어느 편이나 자기 중심성이 통하게 하려고 싸우며, 이긴 쪽이 주인이 되고 진 쪽이 노예가 된다. 노예는 죽음의 위협을 받으며 노예 노동을 한다. 이 결과는 아주 중대한 의미가 있다. 즉 인간 사회만이 타인을 위한 강제 노동을 만들어내며, 부나 권력 구조를 만들고, 국가 체제를 만들어내는데, 그것은 인간의 '자기 의식의 자유'라는 본성에서 비롯되는 것이다.

이것은 국가 간에서도 마찬가지로 통하는 원리이다. 국가 간에도 '주인과 노예'의 원리로 서로 싸우고, 그 결과 인간의 역사는 지배 관계나 전쟁의 역사가 되어 왔던 것이다.

그러나 인간은 잔인한 전쟁을 반복해 왔지만, 이윽고 역사에서 배우게 된다고 헤겔은 말한다. 즉 모순의 발단은 '자유'롭고 싶다는 각자의 욕망의 본성에 있지만, 자유를 실현하기 위해 가장 합리적인 방법은 각자가 자신의 자유를 서로 인정하려고 하는데 있다고 결국 사람들은 느끼게 된다. 물론 사람들은 조금씩 자각한다. 사실 인간 사회는 천천히 그러한 사회 제도의 실현을 향해 움직여 왔다. 그리고 헤겔에 따르면, 이 과정의 마지막 전개가 프랑스 혁명으로 상징되는 시민 사회이다.

인간 이성이 자기를 실현하는 과정으로서의 역사라는 이러한 생각은 『법 철학』이라는 저작에서 더욱 논리적으로 다루어지고 있다. 어쨌든 헤겔은 말하자면 이렇게 개인의 이론과 사회의 이론을 솜씨 좋게 결합시킨다. 그것이 대단히 원리적인 사상이 된 것은 처음의 원리를 설정하는 방식이 아주 뛰어났기 때문이다.

계속해서 말하자면, 『법 철학』에서는 이 '자유'의 개념을 축으로, 근대의 소유권과 인권의 기초를 일관된 방식으로 다지고 있다. 또한 시민 사회의 기본 원리가 자유의 '상호 인정'으로 다루어진다. 헤겔은 시민 사회의 원리만으로는 잔인한 경쟁 사회가 되며, 이 경쟁을 조정하는 것으로서 국가(그것도 입헌 군주 국가)를 구상했다.

이 점에서는 이른바 시대적 한계가 있지만, 그것을 이유로 헤겔을 반동적이라고 말하는 것은 사후적인 비판(결과만으로 일의 성과를 판정하는)이라고 할 수 있다. 왜냐하면 그의 생각의 원리 자체는 사회 관계의 원리론으로 현대 사회에서도 통용되는 탁월함을 가지고 있기 때문이다.

'절대 본질'이라는 인간의 본성

다른 하나의 원리적 명제는 이렇다. 인간은 '자기 의식의 자유'를 추구하지만, 즉 자신을 자신으로서 긍정하려고 하는 욕망을 가지지만, 그 최종적인 목표는 '절대 본질'이라는 것이다.

'절대 본질'이란 무엇인가? 쉽게 말하자면 절대적이고 초월적인 '참된 것'이라고 말할 수 있는데, 그러나 이것은 별로 신비로운 것은 아니다. 예컨대 서양에는 '이데아'나 '신'이라는 관념이 있었고, 동양에는 '브라만'이나 '열반'이라는 관념이 일찍부터 나타났다. 즉 이러한 것들이 시사하는 것은, 무엇이 되고 싶다는 인간의 욕망이 그 핵심에는 반드시 '절대적으로 참된 것'을 상상하고 그것을 목표로 추구하려고 하는 본성을 가진다는 것이다.

예컨대 인간의 정신이 전개되어 가는 과정을 묘사하는 도중에 헤겔은 '신앙'과 '계몽'이라는 두 가지 항목을 쓴다. '신앙'이란 절대적이고 초월적인 '참된 것'을 자신을 넘어서서 저편의 '성스러운 것'에서 상상하는 종교적 행위인데 반해, '계몽'은 '참된 것'에 대한 근대적인 바램의 형태이다. 그것은 '신'이나 '그리스도'를 대신하여 '성실'이나 '도덕'이나 '사회'나 '혁명'이라는 목표를 세운다. 그리고 '계몽'은 몇 차례나 좌절을 반복하면서 최종적으로 '양심'이라는 경지에 다가가게 된다.

'양심'(良心=전적으로 아는 것)이란, 절대적으로 '참된 것'에 대한 바램이 사실은 '정신'의 보편적 본질에서 비롯되는 것을 명확하게 자각하고 있는 정신의 존재 방식이다. 또한 이 '양심'은 종교의 존재 방식(=신앙)도 '절대 본질'에 대한 바램이 나타난 것이라고 이해한다. '절대 지'라는 것은 양심과 종교가 최고로 통합된 것으로 나타나지만, 요컨대 그것은 인간이 자신의 여러 가지 욕망이나 바램의 본질을 비할 바 없이 깊은 형태로 이해하는 것을 의미한다.

헤겔은 악한인가?

처음 문제로 돌아가 보자. 헤겔에 대한 뿌리깊은 비판은 어느 정도나 근거가 있는 것일까?

우선 헤겔의 체계는 결정론적이라는 비판에 관해서. 헤겔의 저술을 역사 진행의 절대적 필연성으로 읽지 않고 역사 진행의 기본 동인 정도로 읽으면, 헤겔의 주장은 기본적으로 성실하다고 할 수 있다. 절대 평등주의에 의해 이상 사회를 구상하지 않는 한, 자유로운 인간들의 상호 인정이라는 원리는 현대 사회에서도 충분히 적용될 수 있는 뛰어난 원리라고 할 수 있다.

헤겔은 입헌 군주제를 인정하기 때문에 현실 추인주의라는 비판은 어떤가? 헤겔의 시대는 독일의 분열기이며 사회의 혼란은 사람들의 불행의 커다란 요인이었기 때문에, 그가 안정된 국가의 성립을 심정적으로 바랬을지라도 그런 정도로 비난할 수는 없다. 나아가 그의 사회나 인권 이론의 기본형은 완전히 시민 사회적인 원리이지 결코 군주형은 아니다. 그러므로 원리론으로서 끌어내면 여기에도 반동적인 경향은 거의 없다.

전체적으로 헤겔은 자유로운 인간의 존재와 그 조건으로서 열린 자유로운 사회의 가능성에 관해 그 원리를 아주 깊게 추구한 사상가라고 평가할 수 있다. 나아가 이것에 관해서는 거의 지적되고 있지 않지만, 근대 사상으로서 더욱 중요한 공적이 있다.

사회 사상의 보편성의 원리

이미 살펴본 것처럼, 『정신 현상학』에서는 인간 이성이 자신을 현실적인 사회 제도로서 성숙시켜 가는 과정과, 개인이 자신의 '참된 것'을 찾아서 시행 착오를 범하면서 타인이나 사회와의 관계를 성숙시켜 가는 과정이 중첩되면서 서술되어 있다. 그리고 개인이 사상을 만들어내는 것에 관한 실로 깊은 통찰이 이 서술을 뒷받침하고 있다.

인간은 우선 자기 중심적으로 존재하지만, 관계 속에서 자신을 실현할 수밖에 없기 때문에, 어떤 조건만 있으면 반드시 타인이나 사회와의 '착한(善) 관계'를 바란다는 원리를 가지고 있다.

그렇다면 개인이 '착한' 존재로서 타인이나 사회와 이루는 관계의 가능한 전체상을 대체로 다음과 같이 그려볼 수 있다.

순수한 이상에 불타는 청년기의 자기 의식 → 절대적인 것을 동경하는 자기 망각 → 착한 것을 저편에 상정하는 신앙 → 선이란 세상의 어려운 사람들을 위하는 것이라는 확신 → 혁명에 대한 열정 → 예술 표현이나 사상적 사업이야말로 참된 보편성이 있다고 믿는 사회성의 의식 → 그리고 절대적인 것을 바라는 본성에 대한 깊은 이해로서의 '양심'…….

이 길에는 인간이 자신을 '착한 존재'에 다가가게 하면서 서서히 자기 중심적인 생각을 벗어나서 관계 속에서 보편성을 찾아가는 과정의 필연성이 훌륭하게 그려져 있다.

『정신 현상학』은 많은 측면을 가지고 있지만, 그 중에서도 무엇보다 중요한 것은 그것이 대체로 사회 비판의 사상이 어떠해야 하는가에 관한 기본적인 원리론이라고 할 수 있다는 점이다. 사상이 낭만주의를 넘어서 진정으로 현실적이고 보편적인 힘을 가지기 위해서 어떤 조건을 가져야 할까? 이 문제에 관해서도 헤겔은 니체와 함께 근대 철학자들 중에서 최고의 사상적 달성을 보여준다.

헤겔의 철학은 실존 철학으로서는 조금 약하다. 그러므로 키에르케골이나 니체가 등장해서 헤겔 철학을 날카롭게 비판했던 데에는 그 나름대로의 이유가 있었다. 그러나 '사회 사상의 철학'으로서의 원리적인 탁월성은 추호도 훼손할 수 없다. 그 요체는 사회 관계의 기본 동인을 자기 중심성을 가진 개체들의 규율 관계에서 찾은 점에 있다. 이 점에서 헤겔 철학은 인간이나 사회의 '원리'를 어딘가 초월적인 장소에 상정하려고 한 사고에서 처음 떨어져 나왔던 것이다.

이 점은 아마 아직도 그만큼 주목받지 못하고 있는 측면이라고 할 수 있으며, 헤겔 철학은 오히려 앞으로 더욱 더 그 중요성을 틀림없이 재평가 받게 될 것이다.

제 8 장

근대 철학의 해체

헤겔 철학을 분수령으로 근대 철학의 해체 과정이 시작된다. 하나는 키에르케골에서 시작된 실존 철학의 흐름이다. "지금 여기에 살고 있는 존재(실존)야말로 문제다. 세계나 사회, 그리고 체계적 지식, 그런 것에는 어떠한 의미도 없다"는 감각이 나타나기 시작한다. '나에게서의' 의미나 가치를 문제로 삼는 이 사상은 니체나 20세기의 하이데거로 이어져 간다. 다른 하나는 맑스와 프로이트처럼, 인간을 구체적인 사회 관계나 가족 관계 속에 자리잡은 존재로 파악하는 '관계적 인간관'의 등장이다. 이것은 빈부 격차의 확대와 신경증이라는 구체적인 어려움을 해결하기 위해 만들어진, 인간을 보는 새로운 관점이었다.

그러나 새로운 조류와 함께 세계상의 공유 가능성이나 세계상 형성의 동인이었던 근대 철학의 중요 과제도 잊혀지게 되었다.

1. 어떻게 허무주의에 대항할 것인가?

니체

진리와 도덕의 비판자 : 허무주의의 예언자

프리드리히 니체(1844~1900)는 현대 사상 · 현대 철학의 중요한 원천이다. 그 까닭은 <유일한 진리나 도덕이 존재하며, 인간은 이성에 따라서 그것에 다가갈 수 있다>는 근대적인 신앙을 그가 철저하게 비판했기 때문이다. 20세기에 들어와 진리와 정의의 이름 아래 많은 사람이 숙청되는 사건(스탈린주의 등)이 일어나고, 그것이 계기가 되어 진리와 도덕에 대한 니체의 비판은 크게 주목받게 되었다. 그러나 현대의 우리에게는 "유일한 진리나 정의 같은 것은 없다"는 것이 거의 상식처럼 되었다. 그리고 어디에서나 '절대적인' 것은 없다는 감각이 풍요 사회 속에서 삶의 권태감이나 어벙벙한 무의미감과 연결되어 있다.

사실 니체는 단지 진리와 도덕의 신앙을 비판한 것이 아니라 허무주의(니힐리즘)의 도래를 예언하고, 그것을 어떻게 해서 넘어설 것인가를 깊이 파고든 사람이다. "허무주의란 무엇을 의미하는가? 최고의 가치들이 그 가치를 빼앗겨 버리는 것. 목표를 잃는다. '무엇을 위해?'에 대한 답을 잃어버린다."(『힘에의 의지』)

"무엇을 위해 살 것인가"에 대해 답을 할 수 없게 된다면, 사람은 어떻게 될 것인가? 니체는 저서인 『짜라투스트라』에서 이미

니체

저편을 향하여 '그리움의 화살'을 쏘지 않는 '최후의 사람들'의 모습을 그리고 있다. 그것은 언제나 건강에 신경을 쓰고 잘 자는 것만을 인생의 목적으로 여기고 있는 듯한 무난하고 작은 인간들의 모습이다. 그렇다면 어떻게 허무주의에 대항해야 좋을까? 그러기 위해 니체는 유럽의 그때까지의 '최고 가치'의 본성을 찾고, 왜 허무주의가 생겨났는가를 깊이 고민한다.

진리와 도덕은 '르상티망'에서 생겨났다

유럽의 '최고 가치'의 대표격은 유럽을 오랫동안 지배해 온 기독교이다. 거기에서는 권력이나 부가 아니라 혼의 아름다움이야말로 가치 있는 것이며, 이기적인 욕망을 억누르고 타인을 위해 힘을 다하는 '이타적인' 삶의 방식이 존중되어 왔다. 그러나 이 청정한 삶의 방식을 목표로 하는 기독교는 원래 강자에 대한 약자의 '르상티망'(ressentiment, 원한)에서 생겨났다고 니체는 말한다.

기원전의 유대인들은 로마의 지배 아래 있었지만, 권력자·부자인 로마인에게 복수할 힘이 없었다. 그래서 그들은 관념 속에서 복수를 하고자 했다. 그놈들은 악인이어서 지옥에 떨어지겠지만, 힘없고 가난한 우리는 신의 사랑을 받는 선인이어서 천국에 갈 것이라고. 신약의 마태서는, "가난한 자들이야말로 행복하다. 천국이 그들의 것이다. 부자가 천국에 들어가는 것은 낙타가 바늘구멍으로 들어가는 것보다도 어렵다"고 말한다.

그러나 여기에서 기독교는 '기분 좋다'는 자연적인 쾌락이나 현세의 욕망을 모두 부정하고, '도덕적으로 착한' 것만을 가치 있는 것으로 여기는 완전히 뒤집혀진 교의를 만들어내게 되었다. 원죄와 내세라는 관념에는 그것이 잘 드러난다. 즉 누구나 살아가면서 죄를 지를 짓기 때문에 인간은 끊임없이 선인이 되려고 노력해야 하며, 그렇게 노력한 자만이 내세에서 구원받는다(노력하지 않는 자는 지옥에 떨어진다)는 것이다.

이러한 기독교에 대해 니체는, <자신을 저주받은 무가치한 존재로 간주하고, 현세의 욕망을 부정하고, 현세의 삶은 거짓이며 진실한 삶은 저편 피안에 있다고 하는 기독교는, '삶을 절대적으로 부정하려고 하는 의지'이며 '무(니힐)를 향한 의지'이며, 원래부터 허무주의이다>라고 말한다. 기독교나 불교가 동경하는 천국이나 열반은 어떤 고뇌도 없는 정지된 세계인데, 이것은 결국 죽음의 세계일 수밖에 없다. 하지만 왜 이 기독교가 오랫동안 유럽을 지배해 왔을까? 그것은 고뇌로 가득 찬 삶을 받아들이지 않는 다수의 약자에게 '사는 의미'를 제공했기 때문이다. "지금 힘들어도 마음을 바르게 먹고 살아간다면 신은 나를 구원해주신다." 거꾸로 유일한 진리이자 도덕의 근거인 신은 약자의 '자기 보존'을 위한 수단이었다고 니체는 결론짓는다.

그런데 기독교에 이어서 등장한 근대의 철학과 과학은 어떠한가? 확실히 이것들은 맹목적인 신앙을 비판하고 이성의 힘을 강조하며, 과학의 세계상은 신의 존재를 불필요한 것으로 여겼다.

그러나 니체 식으로 말하자면, 이것들도 유일한 진리를 믿고 있는 점에서 기독교를 이어받고 있다. 유일한 진리에 대한 신앙에 의해 고뇌로 가득 찬 삶을 버틴다는 구도가 기본적으로 변하지 않고 있기 때문에, "신도 진리도 존재하지 않는 것인지도 모른다"고 생각했을 때 환멸과 허무주의가 다가온다. 허무주의의 도래는 철학과 과학에서 받아들인 진리 신앙에도 드리워진 당연한 귀결인 것이다.

가치관의 원리로서 〈힘에의 의지〉

그런데 이 기독교 비판=근대 철학 비판 속에는 신과 진리나 도덕 같은 가치는 그 자체로 존재하고 있는 것이 아니라, 어디까지나 인간이 그것을 추구해서 만들어낸다는 생각이 담겨 있다.

여러 가지 가치(넓게는 세계상)를 만들어내는 것, 니체는 이것을 생명체에 갖추어진 근원적인 충동이라고 생각해서 <힘에의 의지>라고 이름 붙였다. 이 말은 '힘을 원하는 것' 정도의 뜻이지만, 니체는 어떠한 생명체나 자기 보존(개체 보존 및 종족 보존)을 꾀하는 것만이 아니라, 더욱 힘을 길러서 커 가려고 한다고 생각했다. 이 '자기 보존 및 생장'에 대한 욕구인 <힘에의 의지>가 여러 가지 생존 조건의 뿌리에 자리잡고 있음으로써 여러 가지 세계의 해석과 가치를 만들어내 가는 것이다.

이 <힘에의 의지>라는 발상은 '인식'에 관한 종래의 사고 방식을 완전히 바꾸어 버리는 획기적인 것이었다. 우리는 보통 객관적 세계가 있어서 그것을 사람들이 각자의 방식으로 받아들인다고 생각한다. 즉 인식이란 객관적 세계를 (불완전하기는 해도) 나름대로 모사하는 것이며, 바로 그 때문에 조금씩이기는 하지만 객관적 세계 그 자체에 대한 인식(진리)으로 다가간다고 생각한다.

그러나 니체의 생각은 다르다. 인식이란 단순한 모사가 아니라 자기 보존과 생장을 위해 하는 행위이다. 어떠한 생명체라도 먹을 수 있는 것/먹을 수 없는 것을 구별한다. 이렇게 삶의 유용성이라는 관점에서 세계에 '질서'를 부여하는 것, 이것이야말로 인식의 본질이다. 이 사고 방식이 단순한 상대주의는 아니라는 점에 주의해야 한다. 상대주의는 "가치는 다양하다"고 할뿐이지만, 니체는 '참된 것이나 착한 것의 의의는 살려고 하는 힘에 봉사하는 점에 있다"고 한다. 그것은 고정적인 유일한 진리나 선의 존재를 부정할 뿐만 아니라, 우리가 진리나 선을 필요로 하는 '근거'를 밝히고 있는 것이다.

〈초인〉 사상

그런데 니체는 <힘에의 의지>를 가치들을 만들어내는 원리로 생각할 뿐만 아니라, 나아가 이것이 모든 가치를 재기 위한 '객관적인 기준'이 되어야 한다고 생각했다. 여러 가지 가치의 구실이 생명체의 '보존 및 생장'에 있다고 한다면, 그때까지의 모든 가치는 그것이 인류의 '보존 및 생장'에 도움이 되는가라는 점에서 평가될 수 있다는 것이다. 니체는, <기독교는 보존에는 이바지하지만, 생장에는 이바지하지 않는다. 그것은 무난하고 성실한 선인을 만들어내지만, 고뇌하며 삶의 새로운 가능성을 찾으려고 하는 강한 인간을 오히려 억압한다>고 말한다.

그렇다면 기독교적인 가치를 대신하여 인류를 생장시키고 발전시키고자 하는 새로운 목표를 설정해야만 한다. 거기에서 <초인> 사상이 생겨난다.

『짜라투스트라』에 "인간은 동물과 초인 사이에 놓여 있는 한 채의 그물이다"는 구절이 있다. <초인>을 만들어내는 것이 인류의 새로운 목표가 되어야만 한다는 뜻인데, 그러나 초인의 구체적인 이미지는 그려져 있지 않다(아마도 그것이 하나의 고정적인 이상으로서 받아들여지는 것을 두려워했기 때문일 것이다). 그러나 니체의 사상 전체에서 생각해보면, <힘에의 의지>의 본성을 전적으로 체현하는 존재 — 르상티망에 빠지지 않고 새로운 삶의 가능성을 창조하려고 하는 힘이 넘치는 인간 — 를 염두에 두고 있었던 것은 분명하다.

그러나 이것은 뜻밖에도 엘리트주의로도 보인다. 그가 남겨놓은 초고에는 육체의 유전을 고려하고 있는 문장마저 있어서 우생 사상적인 불온한 냄새도 풍긴다. 초인이 왜 인류의 새로운 목표가 되어야 하는가? 초인 사상의 의도는 무엇인가?

<훌륭한 인간이 한 사람 태어나면, 그것을 본 평범한 인간들은 그 사람을 동경하여 용기를 갖게 되며 적어도 발전하려고 노력한다. '발전할 수 있다'는 것이 인간에게 희망이며 구원이다.> 니체는 이렇게 생각했다. 그는 기독교나 민주주의, 사회주의와 같은 '인간의 평등'을 가치로 삼는 사상에 대해 비판적이었다. 그것은 모든 사람을 똑같이 만들뿐이며 '더 발전한 것'을 만들어내지 못하고, 결과적으로 허무주의를 낳는다고 생각했기 때문이다. 그의 민주주의 비판을 정면으로 받아들일 수는 없지만 (계급 사회를 이것에서 만들 수는 없다), 그러나 초인 사상의 의도는 인간들이 서로를 발전시키려 노력할 필요를 말하려고 했던 것이다.

르상티망과 허무주의에 맞서서 살기 위해 : 〈영원 회귀〉의 사상

니체가 허무주의에 대한 대항책으로 제시한 것은 <초인>만이 아니다. "우주의 만물은 영원히 똑같은 과정을 반복하고 있다"는 <영원 회귀>의 사상이야말로, 르상티망과 허무주의에 우리는 어떻게 맞서야 좋을까라는 문제에 대답하려고 하는 것이다.

니체는 이것을 자연 과학적으로 설명하기도 한다. <우주에서는 온갖 물질이 서로 끌어당기며 부딪히고 있다. 그것들이 에너지의 균형 상태에 이르러 정지하는 것이라면, 이제까지 영원에 가까운 시간이 흘렀기 때문에, 이미 벌써 그렇게 되었을 것이다. 그러나 지금 그렇게 되어 있지 않기 때문에, 어떤 시점에서 물질과 에너지가 다시 배치되고, 그로부터 우주는 그때까지와 완전히 똑같은 과정을 반복하게 될 것이다.>

'에너지 불변의 법칙'과 시간의 영원성을 전제한다면, 확실히 그러한 상을 그릴 수 없는 것은 아니다. 하지만 결국 허구일 뿐인 이러한 이야기를 왜 니체는 만들어냈던 것일까?

우리는 언제나 강하게 앞만 바라보고 살 수는 없다. 우리는 종종 르상티망에 가득 차서 세계나 타자를 저주하는 자신을 꾸짖는다. 그러나 이 르상티망은 대체 어디에서 생겨나는 것일까?—"전에 그랬다", "지금 이렇게 밖에 할 수 없다"고 무력하게 말할 수밖에 없는 데에서 생겨난다. 고난을 받아들이고 싶지 않지만 고칠 수 있는 힘은 없다, 그로부터 심리적으로 복수하려고 하는 충동이 생겨난다. 이것이 르상티망의 본질이다. 그것은 종종 "만일 전에 이렇게 했더라면"이라는 식의 과거에 대한 한이나 후회로 나타난다.

하지만 그것은 또한 미래에 보충하려고 하는 것으로 나타나기도 한다. 우리는 종종 고통의 '의미'를 찾는다. "무엇을 위해 괴로워하는가"에 대한 대답 — 신이 부여한 시련, 이상 사회의 실현을 위해 등과 같은 대답 — 이 제공되면, 고통을 참고 살아갈 수 있기 때문이다(그리고 유일한 진리나 도덕을 찾게 되는 것도 대개는 고뇌에 의미를 부여하려고 하는 것의 충동이었다). 그러나 고통에 의미를 부여하는 것은 이 고통에 대해 '보상'을 받으려고 하는 것이다. 괴로워한 만큼 어딘가에서(내세나 미래 사회에서) 보상을 받으려고 하는 것이다.

그러나 영원 회귀는 다음과 같이 말한다. 그랬던 것 · 이렇게 밖에 할 수 없는 것은 바꿀 수 없으며 영원히 되풀이된다. "무엇을 위해 괴로워하는가"에 대한 답은 없으며, 우주는 진보도 발전도 의미도 없이 영원히 되풀이될 뿐이라고. 즉 영원 회귀는 과거에 대한 복수만이 아니라 미래에 보상받는 것까지도 불가능하다고 선언하고, 르상티망이라는 심리적 복수가 완전히 무효라고 알린다. 그리고 사람은 심리적 복수가 무효라는 것을 알게 되었을 때, "이랬다 · 이렇게 밖에 할 수 없다"는 사실에 직면하지 않을 수 없다(직면하고 싶지 않기 때문에 과거에 대한 복수 · 미래에서의 보상을 하려고 했던 것이다).

그때 다음과 같이 물을 수 있다. 당신은 "이랬다 · 이렇게 밖에 할 수 없다"는 사실을 받아들이고, 그 아래에서 힘을 다해 적어도 기쁨을 얻으려고 애쓸 수 있다. 이것을 받아들이면, 세계와 삶을 저주하며 살아갈 수도 있다. 그것은 당신의 자유이지만, 당신은 어느 쪽을 택할 것인가라고. 즉 영원 회귀의 사상은 "무엇을 위해 살아가는가"가 아니라 "당신은 지금 어떻게 살아가기를 바라는가"라는 물음을 우리에게 던지는 것이다.

그러나 그렇다고 해도 이렇게 생각할 사람도 있을 것이다. "저렇게도 괴로운 것을 받아들일 수는 없다"고. 니체는 그래서 대단히 아름다운 이야기를 우리에게 해준다. <인생은 하나로 이어진 바퀴이다. 만일 한번이라도 마음속에서 살아서 좋았다고 생각한 적이 있다면, 당신은 인생 전체를 긍정했던 것이다. 그때 당신은 '모든 고뇌와 함께 만물이여 돌아 오라, 이 삶을 나는 바란다'고 말할 수 있다.> 당신은 영원 회귀를 바라는가, 니체는 이렇게 물으면서 우리의 삶의 의욕을 북돋는 것이다.

2. 회의의 힘

프로이트, 맑스

여기에서는 프로이트와 맑스를 다룬다. 또 한 사람, 니체를 더한 세 사람은 철학의 세계에 회의의 사고를 들여온 '회의의 거장'으로 불리는 경우가 많다. 앞 절에서 다루었던 니체와 함께, 프로이트와 맑스는 전통적인 철학에 대해 이의를 제기함으로써 철학의 역사에 새로운 관점을 도입했던 것이다.

의식의 철학에서 사회 관계의 철학으로

먼저 맑스(1818~1883)의 철학이 그때까지의 의식과 주관의 우위의 철학을 뒤집는 형태로 등장했다. 맑스는 헤겔의 정신 철학에서 출발하면서 의식과 정신의 이론을 '뒤집어' 버렸다. 맑스는 철학이 그때까지 세계를 해석하는 것에만 노력을 기울여 왔지만, 필요한 것은 세계를 개혁하는 것이라고 주장했다. 이것은 이른바 '철학의 종언'을 선언한 것인데, 철학 그 자체의 종언을 선언한 것이라기보다도 주체로서의 철학자가 객체로서의 세계를 해석한다고 하는 전통적인 철학의 방법의 파산을 선고했던 것이라고 생각해야 할 것이다.

맑스는 또한 인간이란 '사회 관계의 총체'라고 말한다. 이것은 새로운 철학의 가능성을, 인간의 사회・교통 관계에서 찾아내려고 했던 것이다.

인간의 의식이 모나드와 같이 완결되어서 존재하는 것을 부정하고, 의식을 타자와의 관계라는 반대의 측면에서 고찰하려고 했던 것이다. 이것은 주체의 지고성을 부정하면서 인간의 사회적인 관계성의 우위를 주장하는 것이며, 인간의 의식이 타자와의 관계에 의해 구조화되어 있다고 하는 것을 밝히는 것이다. 프로이트도 또한 인간의 의식의 성립을 타자와의 관계성에서 찾아내려고 했다. 여기에서 맑스는 프로이트와 가깝다.

이데올로기

맑스 철학의 또 하나의 중요성은 프로이트와 마찬가지로 인간의 무의식의 힘을 밝혔다는 점에 있다. 맑스는 인간이 사회 관계의 그물망에서 어떻게 존재하고 있는가가 그 주체의 의식의 존재 방식을 규정하는 힘을 가지고 있다고 지적했다.

그러나 자신을 주체로서 인식하고 있는 인간의 의식은 자신이 사회적인 관계에 의해 규정되고 있다는 것을 인정하려고 하지 않는다. 의식은 자유롭게 자기의 인식 내용을 규정할 수 있다고 믿고 있으며, 의식이 관계에 의해 규정되고 있다는 것을 인정하고 싶어하지 않는 것이다.

맑스는 이 사태를 이데올로기(허위 의식)라고 부른다. 프로이트는 신체를 가진 인간이 성장하는 과정에서 타자와의 에로스적인 관계에 의해 규정되는 것을 지적했지만, 맑스는 사회라는 장에서 타자와의 관계성 속에서 의식이 성장하고 규정되는 것을 지적했던 것이다.

소외론의 문제와 새로운 가능성

맑스

맑스는 『자본』에서 자본주의의 구조를 분석하면서 인간이 자본주의적인 노동에서 '소외'되고 있다고 생각하게 되었다. 노동이라는 것에서 인간의 본질이 소외되고 있다는 사고 방식은 소외되지 않는 노동과 소외가 없는 사회를 찾는 혁명 운동의 원리가 되었다. 그러나 소외되지 않는 인간의 본질을 찾으려고 하는 이 원리가 이데올로기론과 함께 작용하자, 맑스주의에 기초한 혁명 운동이 절대적인 정의이며 그것을 비판하는 자는 '반혁명'으로 탄압한다는 야만적인 기능을 하게 되었다. 이 원리는 스탈린주의 사회에서 범죄적인 결과를 가져왔던 것이다.

그러나 소외론과 스탈린주의의 폐해가 이미 밝혀진 오늘날, 맑스의 사상을 소외론과는 다른 문맥에서 다시 한번 재고할 시기가 오고 있다. 맑스와 프로이트는 인간의 사고 그 자체가 타자와의 관계라는 욕망의 장에서 태어나는 것을 지적하고 있으며, 인간을 타자와의 공동성의 장에서 고찰한 위에서 공산주의(공동체주의)를 주장한 맑스의 이론은 커다란 가능성을 숨기고 있다.

프로이트의 무의식

한편 프로이트(1856~1939)는 철학적인 사고에서 무의식의 문제를 제기함으로써 맑스의 이데올로기론에 필적하는 위치를 차지한다. 근대의 철학이 '나는 생각한다'는 코기토의 명증성에서 출발

프로이트

했다고 하면, 프로이트는 그 명증성이 어디까지 근거가 있는가를 문제로 삼았던 것이다. 이것은 주관성을 지고의 근거로 삼는 데카르트 이래의 근대 철학의 기본적인 틀을 뒤흔드는 것과 같은 힘을 발휘했다.

프로이트는 정신 분석이 인간의 나르시시즘에 대한 제3의 타격이라고 말한 적이 있다. 제1의 타격은 코페르니쿠스에 의한 것인데, 이것으로 인간이 살고 있는 지구는 우주의 중심이라는 지위를 잃었다. 제2의 타격은 다윈에 의한 것인데, 이것에 의해 인간은 신과 같은 모습이 아니라 원숭이와 조상이 같은 동물에 불과한 것이 되었다. 그리고 프로이트는 인간이란 자기의 주인이 아니라 자신이 가진 욕망의 힘에 조종되는 존재일 뿐이라는 것을 밝혔던 것이다. 인간은 무의식적인 욕망이라는 길들여지지 않은 말에 올라탄 기수일 뿐이며, 기수는 떨어지지 않기 위해서 말이 바라는 장소로 끌려가지 않을 수 없는 것이다.

프로이트의 정신 분석은 이렇게 욕망의 힘을 중시하는 것으로, 철학의 이론에서 의식의 우위를 뿌리부터 뒤흔들어 놓았다. 정신 의학이나 심리학 분야에서의 프로이트의 공헌과는 달리, 이것에 의해 철학적으로 중요한 몇 가지 결과가 생겨났다.

자아의 구조

우선 프로이트의 후기 자아 이론은 의식을 통일적인 것이 아니라 구조화된 장치로 보고 있다. 국소(局所)론으로 불리는 이 이론은 인간의 의식이 거시기(Es), 자아, 초자아라는 구조를 갖추고 있다고 주장했다. 거시기란 무의식적인 욕망이며, 초자아란 양친을 모범으로 하는 도덕적인 판단이다. 인간의 자아란 이 거시기와 초자아 사이에 끼어서 위태로운 균형을 유지하며 살아가는 불안한 존재이다.

이렇게 인간의 의식이 모나드처럼 원자적인 것이 아니라 복잡한 힘이 대립하면서 작동하고 있는 역동적인 장치라고 생각하는 것은 이제까지는 해명할 수 없었던 인간의 활동을 분석할 수단이 되었다. 이것에 의해 인간의 도덕성의 기원, 양심의 메커니즘, 불안의 의미 등을 새로운 관점에서 고찰할 수 있게 되었던 것이다.

여기에서 이성은 이미 인간의 지고의 권능이기를 그만두고, 그 메커니즘을 해명할 필요가 있는 <수수께끼>가 되었다. 칸트는 『순수 이성 비판』에서 이성의 구조를 분석하면서 인간의 이성의 한계를 제시했는데, 프로이트는 칸트가 한 분석을 다시 한번 할 필요가 있음을 밝혔던 것이다.

에로스적인 존재로서 인간

나아가 프로이트는 인간 정신의 성장에서 유아기 체험의 중요성을 강조하면서, 인간이 타자와의 관계에 의해 길러지는 에로스적인 존재임을 밝혔다. 인간은 '의지할 데 없는 존재'로서 태어나기 때문에 타자에 의한 양육이 필요하며, 타자와의 관계 자체를 받아들이면서 길러진다. 이 때문에 인간의 인식 능력 그 자체도 그러한 타자와의 관계에 의해 규정되는 측면이 있다고 생각할 수 있으며, 이런 의미에서도 프로이트의 이론은 칸트의 『순수 이성 비판』에 대한 비판을 담고 있다.

또한 프로이트는 유아의 성애(性愛)를 분석함으로써, 인간은 본래 여러 가지 '도착'된 욕망을 가진다는 사실을 밝혔다. 인간이 성적으로 보아서 '정상' 행동을 하는 것은 자명한 전제가 아니라, 해명해야 할 수수께끼라는 것이 밝혀졌던 것이다. 이것은 동성애나 성 도착이라는 개념이 사회적으로 만들어진 것이며, 인간의 <자연성>이 아니라는 것을 보여주는 것이었다. 여기에서 인간의 자연적인 '본질'이라는 철학적인 개념에 심각한 타격을 가하게 되었던 것이다. 프로이트는 성 도착과 정신 질환의 증상이 인간 의식의 발전사의 음화(陰畵)이며, 인간의 무의식이 가진 힘을 이면에서 이해하게 하는 중요한 실마리가 된다고 생각했던 것이다.

죽음의 욕망

또 한 가지 프로이트의 이론이 철학적으로 중요하게 이바지한 것은 그 문명론이다. 프로이트는 양친에 대한 사랑과 미움이라는 상반된 힘에 의해 짜여진 욕망의 드라마(외디푸스 콤플렉스)가 개인의 성장사에서 중요한 구실을 한다고 지적했는데, 이 드라마는 사회의 형성에서도 중요한 요소라고 생각했다. 뒤에 레비-스트로스는 프로이트를 '스승'으로 모시면서 이 콤플렉스에 의해 생겨나는 근친 상간의 금지율이 인간 사회의 형성에서 기본적인 의미를 가지고 있음을 밝혔다. 프로이트는 인간의 성장이라는 개체 발생의 역사에서 보이는 요소는 사회의 형성이라는 장면에서 계통 발생적인 역사로 작용했던 요소를 재현한 것이라고 생각했던 것이다.

나아가 프로이트는 인간의 마음의 내부에는 무(無)로 돌아가려는 원초적인 욕망이 작용하고 있다고 생각했다. 프로이트가 이러한 사변적인 이론을 구축하게 되었던 것은 제1차 세계대전의 참화에서 주체로서 인간의 힘을 압도하는 듯한 무의식의 힘의 세기를 실감했기 때문이라고 생각된다. 전쟁터에서 서로 죽이는 인간들은 마치 자기를 파괴하고 죽음을 향해 나아가는 욕망에 사로잡혀 움직이고 있는 것처럼 보였던 것이다. 이러한 욕망이 실제로 작용하고 있는가의 문제와는 별도로, 이 죽음의 욕망이라는 이론은 프로이트가 의식과 이성의 지고성을 부정하는 무의식적인 것의 존재를 밝혔던 것의 한 가지 결과라고 할 수 있을지 모른다.

맑스와 프로이트

맑스도, 프로이트도 인간이 신체를 가지고 타자와의 에로스적인 관계, 사회적인 관계의 그물망에서 살아가는 존재라는 것을 전제로 삼으면서, 철학적인 과제를 제기했다. 인간이란 공동적인 존재라는 것이 맑스와 프로이트의 중요한 철학적 전제이며, 그것은 현대 철학의 전제이기도 하다.

3. '삶'과 '실존'을 향한 눈길

키에르케골, 베르그송, 딜타이, 짐멜

시대를 비추는 거울로서 키에르케골

19세기는 <희망>으로 가득 찬 근대가 '세기말'이라는 <절망>으로 바뀌어 간 시대였다. 덴마크에서 태어난 철학자 쇠렌 케이르케골(1813~1855)이야말로 그러한 불안과 절망의 세기말을 누구보다도 먼저 예감했던 철학자이다. <역사의 완성 단계>로서 근대라는 헤겔의 생각은 역사나 사회의 진보와 인간 문화의 완성을 믿으려고 했던 18세기말부터 19세기초의 많은 사람의 마음을 꽉 붙잡을 수 있었다. 그러나 근대를 밝게 생각할 수 있는 시기는 그렇게 오래가지 않았다. 과학적 기술에 의한 자연의 지배를 통해 발달한 여러 산업은 19세기에 들어와 더욱 더 발전한다. 그러나 그에 따라 거꾸로 여러 가지 모순이 나타난다. 정치적 주도권을 다투는 각국의 경쟁과 무력에 의한 항쟁은 이전 세기보다 오히려 더욱 격렬해지고, 대중의 빈부 격차도 더욱 커져 갔다. 이 시기의 사람들의 생활은 헤겔이 예견했던 것처럼 <역사의 완성 단계>에 살고 있다는 실감을 느낄 수 있게 하는 것이 아니었다.

키에르케골의 사상에는 <시대의 기분>이 선명하게 반영되어 있다. 그는 이러한 시대의 흐름을 배경으로, 인간이 '살아 있는 것' 자체가 안고 있는 부조리나 고뇌에서 생겨나는 '불안'과 '절망'을 철저하게 지켜보려고 했다. 비록 사회나 문화가 진보했다고 해도 '불안'과 '절망'에서 인간이 벗어날 수는 없다고 키에르케골은 생각했다. 오히려 인간이 살아 있는 것에서 생겨나는 근본 감정으로서 '불안'과 '절망'을 철저하게 느끼려고 하는 데에서, 인간이 살아가는 에너지의 원천을 찾을 수 있다. 자기의 불안이나 절망에서 눈을 돌리기 위해 일시적으로 기분을 전환하거나 향락에 빠져드는 향락적 '대중'으로서가 아니라, 절망과 불안을 끝까지 응시하는 '단독자'로서 자신이 사는 의미 그 자체를 찾으려고 한 태도야말로 키에르케골의 삶을 꿰뚫은 모습이었다.

키에르케골

반헤겔적인 입장과 '불안' 개념

그의 철학의 원점에는 헤겔 철학에 대한 근본적인 불신이 있다. 그는 다음과 같이 헤겔을 비판한다. 헤겔의 철학적 체계에서는 개성을 가진 한 사람 한 사람의 인간이 각자의 하나뿐인 '삶'을 산다는 근원적인 사실이 완전히 사고 밖으로 쫓겨나고 만다. 또한 헤겔은 모든 사상(事象)을 그의 학문 체계 안으로 끌어들이려고 했지만, 그것은 모든 일을 이미 일어나고 만 것, 완결된 것으로 생각하지 않으면 불가능하다. 헤겔의 학문은 <죽은 체계>일 뿐이다. 그러나 현실의 살아 있는 인간은 언제나 현재라는 시간을 살아가며, '이것인가, 저것인가'의 선택을 강요받으며 살아가는 존재이다. 헤겔의 체계에서는 인간이 가진 가능성은 결국 현실성으로 바껄 필연적인 이행의 길이 상정되어 있다. 그러나 인간이 가진 가능성이 반드시 현실화된다는 보장은 없다. 필연의 길 따위는 준비되어 있지 않다는 것이야말로 인간이 살아가는 현실이다. 가능성과 현실성 사이에 있는 이 깊은 구덩이야말로 인간의 자유의 원천이며, '불안'의 원천이기도 하다(이러한 인간의 존재 방식을 키에르케골은 '실존'이라고 부른다). 인간이라면 누구나 품고 있는 '불안'이란 이러한 자유의 가능성에 대한 두려움일 뿐이다.

관계성을 살아가는 '정신'으로서 인간과 '죽음에 이르는 병'

케에르케골은 인간의 자기를 '정신'으로 파악한다. 나아가 이 정신은 결코 그 자신만의 힘으로 성립되어 있는 딱딱한 개별 사물과 같은 것이 아니다. 인간의 정신은 타자나 사물과의 관계 속에 있으며, 나아가 타자나 사물의 관계를 어떤 정해진 방식으로 이해하는 자기 자신과의 관계 속에 자리잡고 있다. 그리고 이러한 정신의 뿌리에는 실질적인 것, 이 세계와 나 자신의 관계를 성립시키고 있는 '신'과의 관계 방식이 본질적 문제로서 가로놓여 있다. 키에르케골은 인간의 자기를, 거듭 거듭 중첩되는 관계성으로 매개되어 성립하는 것으로 이해했다.

'불안'이란 이러한 관계성의 그물망 속에서 끊임없이 생성되고 변화하는 정신으로서의 자기가 자신의 내부에 잠재되어 있는 '영원한 것'(='신')으로부터 갈라져 나오는 것이라는 것을 직관했을 때 느끼는 근원적인 감정이다. 이러한 불안이 자기에게서 가장 명확한 형태로 포착되면, 그것은 '절망'이 된다. 깊은 절망이란 자신의 내부에 있는 '영원한 것'에서 결정적으로 갈라져 나온다고 느낄 때 솟아오르는 근원적인 감정이다.

절망이란 '죽음에 이르는 병'이라고 키에르케골은 말한다. 그것은 단순히 절망이 "죽음처럼 괴롭다"는 뜻이 아니다. 그런 것이 아니라 인간에게서 절망이란 죽음에 이르는 그 순간까지 따라 다니는 본질적인 병이며, 그로부터 완전히 벗어나 깨달음의 경지에 이르는 것은 인간에게 불가능하다는 것이다(그의 철학을 조금이라도 훑어본다면, '최종 해설'과 같은 것이 언제나 거짓말일 뿐이라는 것을 잘 알 수 있다). <지금 · 여기>의 자신보다 <더욱> 즐겁고, <더욱> 훌륭하고, <더욱> 아름답고……. 인간은 본래 자신의 가능성을 노리고 살아간다. 그러나 현실에서 그 가능성이 그대로 실현되는 경우는 없다. 자신의 가능성이나 자신의 이상은 현실의 생활 속에서 많건 적건 좌절을 겪을 수밖에 없다. 그때 사람은 자기 자신에게 절망한다. 인간이란 이러한 가능성과 현실성 사이에서 계속 떨어져 나오면서 살아갈 수밖에 없는 존재이다.

절망의 심연에 던져진 사람은 그 절망의 상태에 어떻게든 융화할 수 있도록 해주고, 살아 있다는 것을 긍정할 수 있는 기분을 가지도록 해주는 존재에 매달리게 된다. 그것이 신이다. 깊은 절망의 한복판에서야말로 자신의 안에 있는 진정한 '이상', '영원한 것', 즉 신에 대한 '신앙'이 자신의 <내부> 자체에서 솟아오른다. 모두가 교회를 다니기 때문에, 혹은 기독교도가 아니고서는 세상에서 살아가기 어렵기 때문에, 우선 형식적으로는 믿는 태도를 가지자 — 이런 세속인의 태도를 키에르케골은 철저하게 혐오한다. 또한 그러한 세속인의 태도를 사실상 허용하면서 중세 이래의 자신의 권위에 매달리고, 사회적 권력을 견지하려고 한 카톨릭 교회에 대해서는 철저한 사상적 싸움을 벌인다. 당시의 교회에서 본다면 그만큼 반기독교적인 인물은 없었다. 그러나 그 자신은 어떤 권위에도 매달리지 않고 자신의 힘만으로 참된 '기독교도'가 되려고 했던 것이다. 인간의 가능성과 현실성의 괴리라는 근원적 문제에 관해 키에르케골은 최종적으로는 <예수에 대한 믿음>에 의한 혼의 구제라는 구원의 길을 택하려고 했다. 그의 철학은 이윽고 20세기에 들어와 그 신학적 색채가 엷어진 형태로 하이데거와 사르트르의 실존 사상의 핵심으로 받아들여지게 된다.

키에르케골과 '삶의 철학'

키에르케골의 철학은 19세기말에 전개된 '삶의 철학'의 선구로 자리매김 된다. 삶의 철학이란, 키에르케골처럼 인간에게 고유한 체험성을 중요시하고 인간이 고유한 생명 활동의 주체라는 것을 기본으로 하여 세계와 인간의 관계를 유기적으로 파악하려고 하는 철학적 조류이다. 니체를 대표자로 해서 베르그송, 딜타이, 짐멜 등이 유명하다(니체에 관해서는 이 장 1절 참조).

베르그송 : 과학 비판과 삶의 약동

베르그송(1859~1941)의 철학적 모티프는 근대적 지성의 비판적 검토를 통해 인간의 자유로운 활동의 본질을 밝히는 것이다. 당시의 최신 과학의 지식을 충분히 공부하면서 내린 그의 결론은, 당시 지배적이었던 기계론적 · 인과론적 인식으로는 생명 활동 자체 및 인간 정신의 역동성을 파악할 수 없다는 것이었다. 왜냐하면 이러한 근대적 지성의 원리로는 생명을 그 활동의 운동 자체의 차원에서 있는 그대로 '쓰는 것'이 불가능하기 때문이다.

예컨대 근대적 지성에서 시간은 수직선과 같이 앞뒤로 늘어나는 시간축에 잇닿아 과거 · 현재 · 미래라는 형태로 이해된다. 시간은 그렇게 현재를 중심으로 앞뒤로 등질적인 넓이를 가지는 공간으로 바뀌어서 이미지화된다. 그러나 이러한 공간적 표상으로 바뀌어 '양적'으로 이해되는 물리학적인 시간 개념으로는 '질적'으로 다양한 인간의 삶의 경험의 핵심을 이루는 시간을 충분히 파악할 수 없다고 베르그송은 생각했다.

베르그송

베르그송은 인간의 심적 생활을 있는 그대로 파악하고, 그로부터 인간에게서 자유의 의미를 이해하려고 한다. 그때 가장 주목해야 할 사실은 인간의 심적 생활을 특징지우는 본질이 끊임없이 흐르는 '의식'이라는 것이다. 우리의 의식은 끊임없이 흐르며, 한번도 같은 모습을 띠지 않는다. 이러한 있는 그대로의 의식의 흐름을, 그는 '지속'이라는 말로 표현한다. 즉 의식의 본질은 지속에 있으며, 지속이란 시간 자체일 수밖에 없다.

이러한 관점에서 만년에 그는 '삶의 약동'(élan vital)이라는 생각을 제창한다. '삶의 약동'이야말로 생명 존재의 본질이며, 무엇보다도 인간의 본질이다. 질적 존재로서 인간은 자신의 생명의 약동을 깊이 느낌으로써 생명 그 자체의 절대적이고 창조적인 활동을 파악할 수 있다. 그리고 이것은 분석적인 지성이 아니라 삶의 '직관'에 의해 가능하게 된다고 베르그송은 생각했다.

딜타이 : 삶의 객관화와 정신 과학

딜타이(1833~1911)는 헤겔의 이성주의, 주지주의에 대항하여

딜타이

인간의 본질을 '삶'의 '직접적인 체험성'에서 찾았다. 그리고 인간의 역사나 사회를 '삶의 객관화'로 파악하고, 그것의 구조 연관의 기초를 '해석학'의 입장에서 밝히려고 했다. 자연 과학의 경우처럼 대상을 인간의 삶에서 떨어져 있는 외적 사물로 보고, 자신들의 삶에서 분리시켜놓고 분석하는 수법은 역사나 사회의 과학에는 적절하지 않다고 그는 생각했다.

그러한 자연 과학의 수법과는 다른 독자적인 방법적 태도를 기르지 않는다면, 인간의 사회나 역사는 이해할 수 없다고 그는 생각했다. 그 때문에 우선 딜타이는 학문의 대상인 역사나 사회를 인간의 삶의 과정 그 자체가 객관화·외화해 온 형상으로 보았다. 계속해서 그 구조 연관의 내실을 삶의 체험이라는 측면에서 이해하고 해석하는 방법적 태도가 중요하다고 생각하고서, 그러한 학문이야말로 역사나 사회의 과학에 걸맞는다고 그는 생각했다. 그러한 학문을 딜타이는 '정신 과학'이라고 이름붙였다. 베르그송과 마찬가지로, 딜타이도 또한 생명 활동의 과정으로서 운동의 역동성을 중시함으로써 철학을 <죽은 체계>로 완결지우는 것을 '거부'하는 태도를 가지려고 했다.

짐멜 : 삶과 형식의 괴리

짐멜(1858~1918)은 딜타이의 삶의 철학으로부터 커다란 영향을 받고, 인간의 삶의 운동이 만들어내는 역사나 사회를 '삶의 형식'이라고 부른다. 딜타이와는 다른 그만의 문제 의식은 사회나 역사라는 인간 삶의 객관화된 형상과 각각의 인간이 자신의 고유한 삶을 산다는 실존적인 측면 사이에서 볼 수 있는 어긋남이나 모순을 더욱 깊게 생각하려고 했던 점에 있다.

짐멜

짐멜에 따르면, 인간 '삶'의 운동과, 그것이 만들어내는 사회의 규율이나 문화 · 역사의 질서 등의 '삶의 형식' 사이에는 '비극'이라고도 할 수 있는 긴장 관계가 반드시 생겨난다. '삶의 형식'으로서 여러 가지 사회적 형상은 처음에는 삶을 뒷받침하는 것으로 나타나지만, 결국 그 형식 자체의 논리를 가지고 삶에 대립하게 된다. 따라서 '삶' 그 자체와 '삶의 형식'은 끊임없는 긴장 관계에 놓이게 되며, '삶'으로부터 '형식'의 <괴리>가 극한까지 진행되면 새로운 삶의 형식이 생겨날 수밖에 없게 된다. 그러나 '현대'(그가 살았던 19세기 말)의 '위기'는 이 시대의 삶에 어울리는 삶의 형식 자체를 아직 찾아내지 못한 데에서 비롯된다고 그는 생각했다.

짐멜의 기본적인 생각은 사람들이 자신을 살리는 가치나 목적을 가지고 산다고 하는 실존적인 측면을 지탱해서 살리는 사회적인 규율이나 제도야말로 사회나 역사의 존재 의의이며, 결코 그 반대(즉 사회나 역사의 존속을 위해 개인의 삶이 존재하는 것)는 아니라고 하는 것이다. 그러나 동시에 그러한 형태의 사회나 역사의 실현은 매우 어려우며, 삶의 운동의 역동성에 의한 삶의 형식의 끊임없는 쇄신에 의해서만, 그러한 가능성에 다가갈 수 있다는 것을 짐멜은 원리적으로 보여주려고 했다.

제4부
현대 철학

현대철학

삶의 철학

베르그송(1859~1941)
짐멜(1858~1918)

프라그마티즘

제임스(1842~1910)
듀이(1859~1952)

현상학

훗설(1859~1938)
↓
하이데거(1889~1976)
↓
사르트르(1905~1980)
메를로 - 퐁티(1908~1961)

언어학

소쉬르(1857~1913)

영미계 논리 실증주의

럿셀(1872~1970)

비트겐슈타인(1889~1951)

현대사상

구조주의

레비 - 스트로스(1908~1992)
라캉(1901~1981)
바르트(1915~1980) 외

바타이유(1897~1962)

포스트 구조주의

데리다(1930~)
푸코(1926~1984)
들뢰즈(1925~1995)

레비나스(1906~1995)

현대 철학 개설

근대 철학의 완성자는 19세기 초의 헤겔이다. 헤겔의 철학 이념의 핵심은 개인과 사회의 관계에서 조화의 가능성의 원리를 철학 체계로 세운 점에 있다. 시대의 제약을 생각하면 그의 철학적 사색은 대체로 생각할 수 있는 최고의 성과에 이르렀다고 해도 좋다. 그러나 19세기에서부터 20세기에 걸쳐서 세계는 격동한다. 낡은 신분 사회의 모순을 넘어서려는 시도로 나타난 시민 사회, 국민 국가, 그리고 자본주의는 그러나 그때까지는 예상할 수 없었던 커다란 모순을 분출시켰다. 그 때문에도 헤겔 철학을 넘어서려고 하는 몇 가지 사상의 흐름이 생겨난다.

우선 헤겔 변증법의 생각을 이어받으면서도 사회 변혁의 사상을 제창한 맑스. 헤겔 철학에 결여되어 있던 실존의 철학을 전개한 키에르케골. 유럽 근대 철학의 인식론을 근본적으로 비판하고 새로운 의미와 가치의 철학을 제창한 니체. 또한 철학이라고 할 수는 없지만, 서양 근대의 이성주의, 의식(意識)주의에 대항한 심층 심리학의 창시자 프로이트의 이름을 여기에 덧붙일 수 있다.

현대 철학은 헤겔 철학을 넘어서려는 시도로 나타난 이러한 사고, 사회 사상, 실존 사상, 인식론 비판, 심층 심리학 등에서 비롯된다고 할 수 있다. 이 관점에서 보자면, 현대 철학으로서 커다란 비중을 차지하고 있는 것으로 훗설에서 하이데거로 이어지는 현상학, 실존론의 계보, 비트겐슈타인의 논리학적 관점 및 소쉬르의 언어학에서 비롯되는 근대 인식론 비판의 계보, 프로이트 이래의 심층 심리학, 그리고 맑스주의의 비판적 계승으로서 등장한 구조주의 계보 등을 들 수 있다. 프로이트 사상은 구조주의의 원류이기도 하다.

훗설 현상학의 목표

우선 훗설 현상학의 개요에서 시작해보자.

현상학의 과제와 목표는 다양해서 그 개요를 한 마디로 말하기는 어렵다. 그러나 굳이 말하자면, 철학이라는 방법에 관한 원리론이라고 부를 수 있을지 모르겠다. 훗설 자신의 표현으로는 "엄밀한 학으로서의 철학"의 기초를 다시 세우기 위한 학이라는 것인데, 이 표현은 오해를 불러 일으키기 쉽다. 보통 엄밀한 학이라고 하면 누구나 기하학이나 수학을 떠올리는데, 왜냐하면 현상학은 수학적인 엄밀한 방식으로 세계를 인식하는 독자적인 방법이 아니기 때문이다. 그러한 생각은 오히려 럿셀로부터 시작되는 논리실증주의의 철학적 발상에 가깝다.

'철학'이란 어떤 '방법'인가를 생각해보자. 서론에서 살펴보았듯이, 그것은 ① '이야기'를 사용하지 않고 추상 개념을 사용하며, ② '원리'를 파악하여 사고 방식의 규칙을 정하고, ③ 언제나 가장 근원적인 지점에서 다시 시작한다. 이런 식으로 세계의 여러 문제에 관해 누구나 좋은 생각을 교환할 수 있는 열린 언어 혹은 언어 공간을 만들어내는 방법을 가지고 있었다. 그리고 실제로 역사의 곳곳에서 뛰어난 철학자들은 사고 방식의 규칙을 만들어낼 만큼의 근원적인 사고의 출발점을 재건해 왔다. 예컨대 근대 철학의 노력은 특히 상징적인데, 그것은 데카르트가 스콜라 철학의 독단론적 전제(신과 창조된 세계가 존재한다)를 철저하게 의심하는 것에서 새롭게 출발하게 되었다.

그렇지만 여기에서도 커다란 문제가 남아 있다고 훗설은 말한다. '주관 · 객관' 문제, 즉 '인식 문제'의 수수께끼가 해결되지 않았다는 것이다.

철학은 원래는 자연 과학과 방법을 공유했다. 하지만 자연 과학의 응용인 심리학, 사회학, 역사학 등의 근대의 여러 학문은 현대에 들어와 예외 없이 여러 학설의 대립을 낳게 된다. 이것은 사실 '인식 문제'가 전혀 해결되지 않았다는 것을 분명하게 보여준다. 따라서 데카르트가 세운 방법의 원리를 다시 한번 더욱 근원적인 형태로 재건할 필요가 생겨난다. 그에 따라 비로소 철학만이 아니라 근대 과학 전체가 빠져 있는 학문에 대한 불신, 상대주의, 회의주의 등등을 넘어설 수 있다……. 이것이 훗설 현상학의 기본 구상이다. 그렇다면 어떤 식으로 철학적 방법의 원리를 다시 세울 것인가? 훗설은 대체로 다음과 같이 생각한다.

데카르트는 코기토라는 개념으로 여러 가지 회의를 없애 간다는 독자적인 합리주의적 사고 방법을 찾아내고, 그것으로 종래의 독단론적 방법을 완전히 무너뜨렸다. 이 방법의 확실성은 '주관 · 객관' 사이에 존재하는 인식상의 장애물을 하나씩 없애 갈 수 있다는 사고 방식에 의거하고 있다. 그렇지만 사실 이 '주관 · 객관'이라는 구도 자체가 하나의 믿음(doxa)일 뿐이다!

인식되어야 할 대상으로서의 '객관 그 자체'가 존재한다. 이것이야말로 근대 철학 전체를 관통하고 있던 누구나 의심하지 않은 테제이며, 또한 지금까지도 근대 과학의 기초가 되고 있는 관념이다. 그렇지만 이 관념이야말로 다시 생각해볼 필요가 있다…….

사실 조금 앞서서 니체도 이것을 "객관이라는 것은 없다"는 표현으로 지적했던 것이지만, 훗설이 문제를 더욱 엄밀하게 파고들었다. 그의 생각의 핵심을 간결하게 정리하기는 어렵지만, 그 요점은 객관이나 대상물은 그 자체로 존재하는 것이 아니라 '의식 상관적인 존재'라는 것이다.

무엇인가 '존재한다'고 하는 경우에, 그것은 원리적으로는 반드시 '~에 관해', 혹은 '~때문에'와 같은 상관적 항목을 필요로 한다. 훗설은 이 문제를 따지고 나서, 인식 문제의 본질을 '정확한 인식 조건의 탐구'에서 '확신하게 되는 조건의 탐구'로 바꾸었다. 이것으로 철학적 사고의 더욱 깊은 근원성이 재건되었다고 말할 수 있다.

상세한 내용에 관해서는 훗설의 절로 미룰 수밖에 없지만, 그 발상이 기본적으로 타당성을 가지는 것은 이어지는 현상학의 목표의 놀랄만한 폭이 잘 보여준다. 그 첫번째 주자는 무엇보다도 하이데거의 '존재론'이다.

하이데거의 존재론과 메를로-퐁티, 사르트르의 프랑스 현상학

이제까지 철학은 여러 사물이 어떤 존재인가를 물어 왔지만, "도대체 존재란 과연 무엇인가'"에 대해서는 결코 묻지 않았다. 이것이야말로 철학에서 가장 근원적인 물음이다……. 이것이 하이데거의 '존재론'의 선언이다.

사실 "존재 그 자체가 무엇인가"라는 물음은 하나의 '형이상학', 즉 대답할 수 없는 물음이 될 가능성이 있다. 그러나 하이데거는 '존재 그 자체'에 대한 물음의 이전 단계로서 '인간 존재'(=현존재)

란 무엇인가라고 물었다(인간 존재의 본질을 고찰한다). 이것은 인간 '실존'의 존재 방식을 찾는 철학으로서 유례없는 영역을 열었다고 할 수 있다.

하이데거의 실존론에서 두드러지는 점은 인간에게서 '죽음'의 의미의 본질을 찾아냈다는 것이다(=죽음의 현존재 분석). 인간은 사회 관계 속에서 객관적인 존재로서 살아가지만, '죽음'은 개개인의 삶에 고유한 일회성과 교환 불가능성을 부여한다. 이것이 객관적인 관계로서는 파악되지 않는 인간 삶의 독자적인 본질을 가져온다……. 철학에 이 주제를 처음 들여온 사람은 키에르케골이지만, 하이데거는 그 방법을 훨씬 더 이론적인 형태로 확립했다고 할 수 있다.

하이데거 실존론의 뒤를 이은 것은 프랑스의 현상학파, 장 - 폴 사르트르와 메를로 - 퐁티이다. 사르트르는 맑스주의를 보완하는 인간학으로서 실존론을 구상하고, 메를로 - 퐁티는 실존의 뿌리로서 '신체'라는 새로운 철학적 주제 영역을 열었다. 특히 메를로 - 퐁티의 '신체론'은 근대 이후의 '심신 이원론'의 문제에 대해 '심신 합일' 혹은 '상호 침투'라는 새로운 이미지를 제시했다. 하지만 그 본령은 '의식'이 아니라 오히려 '신체' 전체가 실존의 뿌리라는 본질적인 관념을 제출했던 것에 있다. 그의 신체론은 한때 포스트구조주의에 밀려 흘러가 버린 느낌이 있지만, 그 문제의 깊이는 아직 유효성을 잃지 않았다.

비트겐슈타인의 회의

훗설이 철학적 방법의 원리론으로 수행한 것을, 논리학적인 방향에서 수행한 사람이 비트겐슈타인이다. 그의 철학의 발상은 초기의 『논리 철학 논고』와 후기의 『철학 탐구』에서 완전히 다르게 나타난다. 초기는 논리 실증주의의 기초를 다지는 것이었으나, 후기는 그것을 완전히 뒤집어엎는 것이었기 때문이다.

훗설의 '현상학적 환원'과 비트겐슈타인의 '언어 게임'은 언뜻 보기에 완전히 대립되는 사고 방식이라고 할 수 있다. 그렇지만 양자는 '객관', '인식', '진리'와 같은 전통적인 주관·객관 문제의 구도를 뒤집어엎는 것이라는 점에서는 사상적 직관으로서 서로 깊이 연결되어 있다. 즉 훗설 현상학은 주관·객관의 일치를 묻는 '인식 문제'에서 출발해서 종래의 '객관'이나 '진리'의 관념을 다시 썼던 것인데 반해, 비트겐슈타인은 논리학에서 출발해서 종래의 언어관이나 객관 인식의 관념을 바꾸어 놓았던 것이다. 그런 의미에서 양자의 사고는 그 핵심부에서 흥미로운 일치를 보이고 있다.

비트겐슈타인의 가장 본질적인 작업은 『철학 탐구』에서 볼 수 있는데, 여기에서 그는 전통적인 언어나 인식의 관념을 철저하게 회의해 보인다. 그 힘은 파괴적이며 다음과 같은 상식적인 관념을 확실하게 부숴 버린다. "언어는 사물의 명사이다", "언어는 현실을 올바로 그려내는 수단이다", "의미는 언어를 규칙대로 사용함으로써 올바로 전달될 수 있다" 등등……. "언어는 현실 인식의 수단이며, 올바른 언어 사용은 올바른 현실 인식을 가져온다"는 사고 방식은 철저하게 회의되며, 이른바 언어에 관한 깊은 수수께끼가 남는 것이다.

자신의 철학의 결론을 명시적으로 드러내지 않는 것이 비트겐슈타인의 작업 스타일인데, 그렇기는 해도 그의 작업은 언어나 논리에 관한 아주 본질적인 관념을 독자에게 제공한다. 그 키워드는 '언어 게임'이다. 언어를 그 규칙이 만든 사물처럼 끊임없이 변화하고 있는 하나의 게임으로 이해하라는 것이다.

이 사고 방식의 목표는 아주 깊고 넓다. '언어 게임'은 인간 사회의 관계의 기본이다. 왜냐하면 일상 생활에서 인간 관계만이 아니라 사회 관계의 기초 구조가 이 언어 게임의 존재 방식에 따라 규정되기 때문이다.

비트겐슈타인은 보통은 럿셀이나 카르납으로 대표되는 논리 실증주의나 그것을 받아들인 분석 철학에 중요한 영향을 미친 것으로 알려지고 있다. 그러나 현대 철학으로서는 오히려 데리다 등의 포스트 구조주의에서 반실증주의, 반논리주의와 호응하여 현대적 회의론의 최고봉이라는 형태로 이해되는 측면이 있다. 하지만 그가 이룬 업적의 가능성은 그런 평가로는 아직 불충분하며, 여전히 검토되어야 할 많은 것을 남겨두고 있다.

소쉬르 언어학과 현대 기호론

소쉬르가 언어 연구에서 끌어낸 통찰의 핵심도 사실 비트겐슈타인의 그것과 아주 유사하다. 그 어디에서 들어가도 언어는 '세계의 객관'을 정확히 그려내기(=인식하기) 위한 도구가 전혀 아니라는 통찰에 다가가게 된다. 하지만 소쉬르 언어학의 획기성은, 언어를 철저하게 형식화해서 고찰한다는 새로운 '방법'을 열어 젖히고, 그로부터 라캉이나 레비-스트로스로 대표되는 구조주의, 나아가 야콥슨, 벤베니스트, 에코, 롤랑 바르트 등의 현대 언어학, 기호론의 원류가 되었다는 점에 있다.

아무튼 훗설, 비트겐슈타인, 소쉬르, 이 세 사람의 기본 업적은 근대 철학 이래의 인식론이나 언어관을 뿌리부터 비판했다는 점이다. 그들이 서로 영향을 주고받지 않았다는 사실도 아주 흥미로운데, 여기에서 현대 철학의 기본 성격이 여실히 상징되고 있다고 생각할 수 있겠다.

구조주의에서 포스트 구조주의로

지금 되돌아보면, 맑스주의는 근대적인 인식의 발상에 이의를 제기한 현대 철학의 기본적 틀에서 보면, 오히려 이단적이라고 할 수 있을지도 모른다. 그것은 철학적으로는 헤겔적인 변증법적 인식론이나 역사 필연론에 훨씬 가깝다.

그러나 맑스주의의 본령은 어디까지나 사회의 구조를 객관적으로 파악하고 나서 그것을 변혁하는 계획을 세우는 것에 있다. 그리고 그 의도에서는 자신들의 모티프를 분명하게 관철시켰다고 할 수 있다. 그렇지만 맑스주의의 사상으로서 한계는 그것이 극단적인 도그마주의나 이데올로기적 결정론에 빠지기 쉬운 점에서 상징적으로 나타난다.

구조주의는 맑스주의의 이데올로기적 색책를 탈색시키려는 모티프를 가지고 등장했다. 정신 분석의 라캉, 문화 인류학의 레비-스트로스, 구조주의적 맑스주의의 알튀세르, 기호학의 롤랑 바르트 등이 구조주의의 대표자이다.

구조주의의 요체는 인간의 마음이건, 사회 관계이건, 탐구해야 할 대상에서, 현상으로서는 파악하기 어려운 이른바 '숨겨진 구조'를 찾아내려고 하는 관점에 있다. 친족의 숨겨진 구조를 찾아낸 레비-스트로스의 업적이나 현대 사회의 모드의 구조를 분석한 바르트의 업적은 그 새로운 발상으로 사람들을 놀라게 했다. 그러나 구조주의가 예컨대 프로이트나 맑스의 방법에 대해서 어느 정도나 근본적인 새로운 방법 원리를 가져왔는가에 관해서는 이제는 의문도 나오고 있다.

즉 구조주의는 여러 가지 현상에서 '숨겨진 구조'를 찾아내려고 한다는 점을 강조하지만, 그 현상을 다루는 방식은 상당히 자의적이다. 그 때문에 천차 만별의 구조에 관한 해석이 등장하고, 여러 논자가 이것이야말로 '숨겨진 구조'라고 논란을 빚는 경향이 나타나게 되었다.

포스트 구조주의는 구조주의의 이러한 방법 원리의 약점에 대한 비판을 핵심으로 하고 나타났다. 포스트 구조주의의 최대의 사상적 원류는 니체이다. 데리다, 푸코, 들뢰즈 등의 포스트 구조주의 3인방은 프로이트와 하이데거의 영향도 크지만, 무엇보다도 니체의 인식 상대주의, 형이상학 비판, 힘의 사상을 그 기초 개념으로 받아들였다.

포스트 구조주의의 최대의 모티프는 맑스주의 사상의 이데올로기성과 도그마성을 비판하면서, 그것을 대신할 사회 비판의 사상적 기초를 세우는 것이었다. 어떤 의미에서 구조주의를 니체적으로 철저하게 밀고 나간 것이라고 할 수 있다. 그러나 전체적으로 보면 그 작업의 크기에 비해 참으로 근본적인 방법 원리가 제출되었는가에 관해서는 의문이 남는다.

포스트 구조주의의 사회 이론이 현대 사회를 이른바 자동 증식하는 지배 시스템으로 생각했던 것은 잘 알려져 있다. 그러나 이 상은 사회 비판의 관점은 보장할지라도, 어떻게 사회를 변혁할 것인가에 관한 원리론을 제출하지 못하는 흠이 있었다. 그로부터 프랑스의 포스트 구조주의를 대신할 새로운 사상으로서 롤즈나 노직으로 대표되는 미국 사회학의 계보가 등장하게 된다. 그러나 이 사상도 나타난 지 얼마 되지 않았기 때문에 그 평가는 아직 미정이라고 하지 않을 수 없다.

제9장

근대 이성에 대한 회의

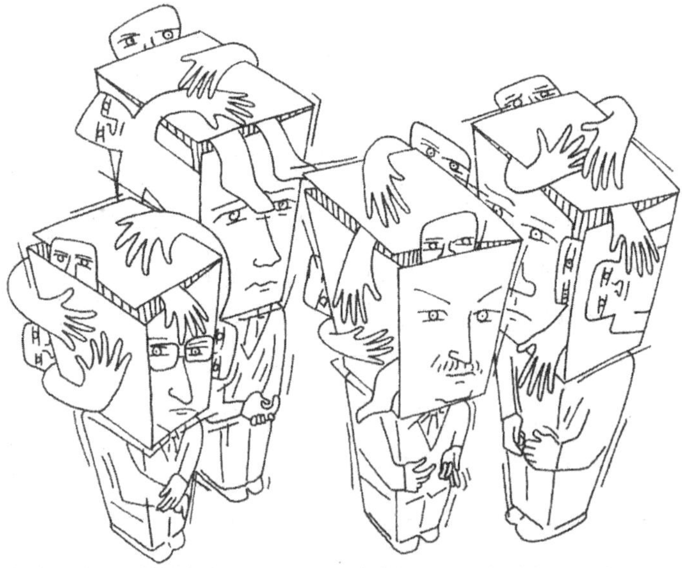

현대 철학은 현대 사회가 분출시킨 모순들에 의해 이성적인 유럽이라는 이념이 위기를 맞게 되는 데에서 시작된다. "올바른 이성의 사용으로 인간과 세계에 관해 객관적이고 올바른 인식이 가능해지는 것이다"라는 근대 철학의 기본 전제가 의심받고, 인식이나 논리에 관한 새로운 원리론을 찾게 된다.

'인식 문제'의 근본적인 재편으로서 현상학, 정합적인 논리학을 철저히 회의한 비트겐슈타인, 그리고 실존하는 인간 존재의 학으로서 하이데거의

1. 확신의 성립을 찾는다

훗설

에드문트 훗설(1859~1938)은 20세기 전반에 독일에서 활약했던 유대계 철학자이다. 수학과 논리학의 기초(수의 관념은 어떻게 해서 생겨났는가 등)의 연구에서 시작했지만, 점차 철학의 방법과 내용을 근본적으로 혁신할 필요를 통감하고서, 결국 '현상학'을 구상하게 되었다. 직접적인 제자로 독일의 하이데거가 있고, 프랑스에서도 사르트르나 메를로-퐁티 등의 현상학자들이 등장했다시피, 현상학이 20세기의 철학과 사상에 끼친 영향은 지대하다.

그러나 현상학이란 무엇이며, 그 본질적인 '기여'는 어떤 것인가에 관해서 사람들의 의견이 꼭 일치하지는 않는다. 그렇기는커녕 현상학을 절대적인 진리의 인식을 찾는 한 시대 이전의 철학으로 간주하고 비판하는 논자도 있다.

확실히 훗설은 <철학은 참된 의미에서 '엄밀한 학문'이어야만 한다. 현상학이야말로 그것을 가능하게 한다>고 되풀이해서 말하고, 나아가 <현상학이 여러 학문의 기초를 다지고(여러 학문의 올바름의 근거를 제시하고), 그로써 학문은 전체로서 그 신뢰성을 되찾게 된다>고 전망했다. 이것은 이성에 의해 절대의 진리에 도달할 수 있다는 근대적인 이성주의·진리주의에서도 들을 수 있는 말이지만, 무릇 그가 생각한 학문의 장애는 대체 무엇을 의미했던 것일까?

훗설

학문의 위기

만년의 명저 『유럽 학문의 위기와 초월론적 현상학』(1936)에서 훗설은 유럽 학문의 위기에 관해 말하고, 그 개혁의 필요성을 정열적으로 설파했다. 그가 강조한 것은 학문이 '삶'의 문제를 다루지 않고 있다는 것이다.

원래 근대 학문의 사상은 "의미 있는 모든 문제를 학적인 방식으로 다루려고 한다"는 것이었지만, 현대에는 학문이 선과 미와 같은 가치의 영역 — 사는 것과 직접 관련된 문제 — 에 관해 모든 것을 말하지는 않게 되었다. 왜 그렇게 되었을까? 그 까닭은 학문의 '객관성'이라는 것이 대단히 좁은 방식으로 이해되었기 때문이라고 훗설은 말한다.

<학문의 객관성은 주관적인 가치 판단을 배제한 뒤에 객관적인 자료나 데이타에 근거하여 확실하게 추론하는 데에서 성립한다>고 가정하는 이 사고 방식은 심리학, 사회학, 역사학과 같은 인문 · 사회 과학(당시에는 '정신 과학'이라고 불리고 있었다)이 진정한 과학이 되기 위해서는 자연 과학을 닮아야 한다는 풍조에서 생겨난 것이었다. 훗설은 이것을 학문의 '실증주의적' 경향이라고 불렀는데, 그러나 이것은 삶의 의미나 가치에 관한 물음이 학문의 대상에서 완전히 배제되는 것을 의미한다. 학문에 대한 젊은이들의 적의(학문 따위는 사는데 아무런 도움도 주지 않아!)도 그로부터 생겨났다고 그는 말한다.

이 '실증주의'가 유행한 배경에는 자연 과학과 달리, 정신 과학

의 영역에서는 서로 다른 학설들이 대립하여 결론이 내려지지 않고, 결정적인 이론이 분명하게 확립되지 않는다는 사정이 자리잡고 있었다. '실증적 데이타에 근거한 객관적 이론'이라는 기준은 사변적이고 애매할 뿐만 아니라 결론이 나지 않는 정신 과학의 영역을 말쑥한 과학으로 만들려는 의미를 담고 있었다.

삶의 의미와 가치에 관한 물음의 배제와 정신 과학에서 여러 학설의 대립, 이것이 학문의 '위기'인 이유는 <자연, 사회, 정신에서 온갖 곤란이나 수수께끼에 맞서서 해결하려고 한다. 그것은 학문적인 방식으로 가능하다>는 근대 초엽에 품었던 학문의 이상이 근본적으로 좌절되고 만 것을 의미하기 때문이다. 훗설은 이 좌절의 뿌리를 파고듦으로써 삶의 문제를 포함한 온갖 문제에 맞설 힘을 학문에 되찾아주려고 한다. 학문에 대해 그가 생각했던 장애는, 사람들이 서로 협력하면서 어려움을 해결하려고 하는 전망의 장애였다.

주관 · 객관의 문제

이 좌절의 뿌리는 학문의 객관성이나 진리성으로 불리는 것이 무엇을 의미하는가가 확실하지 않다는 데에서 생겨난다고 훗설은 생각한다.

근대 학문의 대표 주자인 물리학자들은 <객관적 세계는 수학적 법칙에 의해 지배되는 전체이며, 그 법칙성은 실험과 수학적 기법을 이용하여 파악할 수 있다>고 생각했다. 즉 인식의 객관성은 '객관 그 자체'와의 일치에 의해 측정된다는 것이다.

그러나 우리가 근대 철학의 장에서 살펴보았듯이, 이 발상에서는 해결할 수 없는 것으로 보이는 문제가 생겨나게 되었다. 데카르트는 <주관은 주관 밖으로 나가서 주관적인 앎(知)과 객관 그 자체를 결코 일치시킬 수 없다. 그렇다면 어떻게 해야 인식의 객관성을 보증할 수 있을까>라는 난문이 발생하는 지점을 알아차렸고 로크, 칸트, 헤겔 등의 여러 철학자가 이 문제를 해결하려고 시도하였다. 그러나 결국 해결하지 못한 채 이 문제는 방치되었으며, 결과적으로 학문의 세계에서는 자연 과학적 · 실증주의적 방법만이 유일한 객관성으로 통용되게 되었다.

학문의 위기를 해결하기 위해서는 이 난문을 해결하고 객관성이나 진리성을 다른 방식으로 이해해야만 한다. 그렇다면 어떻게 해야 할까?

훗설은 이렇게 생각했다. <인식의 객관성이나 진리성이라는 것을, 주관 밖에 존재하는 객관과 일치하는 것으로 생각할 필요는 없다. 확실히 데카르트의 말처럼 주관은 주관 밖으로는 나갈 수 없지만, 그렇다고 해도 전혀 문제가 될 것은 없다. '이것은 참이다, 객관성이 있다'는 확신은 주관 내부에서 생겨나기 때문이다.>

'참'은 어떻게 체험되는가?

이것은 언뜻 보기에 뜻밖이라 생각할 수도 있지만, 그렇지 않다. 그가 말하고 있는 것은 '체험'의 장소에서 생각하라는 것이기 때문이다. <우리는 참(올바름)이라는 것을 실제로 여러 가지 방식으로 체험한다. 진리성이나 객관성의 의미는 이 체험을 다시 응시함으로써 이해하게 되는 것이다.>

확실히 우리들은 '참이라는 확신'을 여러 방식으로 가지거나 버리며 살아간다. 저 멀리에 있는 무엇인가를 보고 '사람'이라고 생각했으나, 가까이 다가가서 보면 '마네킹'인 경우가 있다. 이렇게 직접 보거나 접촉하는 것(지각)에 확신이 있다. 이 지각에서 확신은 동시에 같은 장소에 있는 한, 복수의 인간들 사이에서 거의 확실하게 일치한다. 우리는 또한 타인에게서 정보나 의견이나 학설을 들을 때에도 "확실히 그렇다", "조금 이상하다"고 생각한다. 그때 수학과 같이 누구나 "확실하게 2×7=14"라고 일치하는 분야도 있지만, 신이나 사후의 세계에 관한 종교적 이야기처럼 상당히 일치하기 어려운 분야도 있다.

이렇게 생각해보면, 당연한 것이지만, "확실하게 ~다, 정말이다(眞)"는 것은 "멋지다(美)"라거나 "좋다(善)" 등과 같이 체험 속에서 생겨나는 확신이다. 우리는 의식이나 체험의 완전히 '외부'에 존재할 것으로 추정되는 객관에는 닿을 수 없으며, 그것을 생각하는 것조차 불가능하다. 사물, 타자, 자기 자신에 관한 이미지, 수나 기하학적 도형, 신, 사회, 우주, 여러 가지 학문적 이론—이 모든 대상은 주관(의식) 속에서 등장해서 체험되고, 거기에서 "확실하게 ~다"거나 "멋지다"는 식의 여러 규정을 받게 되는 것이다.

그렇다면 체험 그 자체를 주시함으로써 진뿐만 아니라 선이나 미에 관해서도—나아가 덧붙이자면 불안·공포·즐거움과 같은 감정에 관해서도—그 본질을 파악할 수 있다. 진선미라는 가치, 감정, 욕망 등의 본질은 직접 체험함으로써 더욱 잘 알 수 있다. 이것이야말로 훗설의 통찰의 핵심이었다.

체험 자체를 주시함으로써 거기에서 진선미 등의 본질을 찾아내려고 하는 새로운 종류의 학문, 이것을 훗설은 '현상학'이라고 불렀다. 객관 그 자체의 존재(물 자체)를 생각하는 것이 아니라, 어디까지나 주관적 체험(현상)을 주시하는 것이기 때문이다. 나아가 그는 현상학을 하기 위한 방법상의 요점을 두 가지 말로 정리하고 있다.

① 현상학적 환원. 주관 밖에 객관적인 사물이나 세계가 존재하는가, 또한 그것이 어떻게 존재하는가에 관해서는 전혀 생각하지 않는다(긍정도 부정도 하지 않고 판단을 중지한다). 그런 다음에 모든 대상 및 세계의 확신은 주관적 체험의 연속 속에서 성립한다고 생각한다(주관이라는 체험의 영역 속으로 모든 대상을 '환원'시킨다).

② 본질 직관. 예컨대 지각 체험이나 불안이라는 감정에는 어떤 주관에나 공통적인 것(공통 본질)이 있다. 체험을 주시하면서 그 공통 본질을 끌어내서 서술하는 것을 본질 직관이라고 한다. 이 서술은 누구나 자신의 체험을 반성함으로써 그 정확함을 확신하거나 덧붙일 수 있다.

즉 현상학이란, "진리란, 정의란, 미란, 사랑이란 무엇인가"와 같은 삶의 의미와 가치에 관한 물음을 계속 생각하기 위한 방법과 기초를 제시하는 것이라고 할 수 있다. 그러나 이것은 이제까지 철학자들이 수행했던 방법을 자각적으로 끌어내는 것이기도 하며, 그런 의미에서 현상학은 철학적 사고법의 정수라는 성격을 가진다고 할 수 있다.

그러나 실제로 훗설은 오로지 "진리란 무엇인가"만을 문제로 삼았다. 지각에서의 참, 수학에서의 참, 자연 과학의 참이라는 식으로 '참이라는 확신'에도 여러 가지 종류가 있지만, 그것들의 '질'적 차이나 그것들 사이의 '근거 관계' — 과학의 참과 지각의 참에서 어떤 것이 더 근본적인가 — 를 이해함으로써 학문의 객관성·진리성을 근본적으로 다시 이해하는 것이 그에게는 최우선의 과제였기 때문이다.

그렇다면 "현상학은 절대적인 진리를 인식하려는 것이다"는 비판의 오해는 명백하다. "어디에 진리가 있으며, 그것은 어떻게 해서 획득되는가"라는 식으로 현상학은 묻지 않는다. 그것이 아니라 참이라는 '확신'은 어떻게 해서 성립되는가라고 묻는 것이다.

지각 · 세계 · 상호 주관성

그가 우선 힘을 쏟은 것은 '지각 체험'의 구조를 명확히 하는 것이었다. 실제로 보거나 접촉하는 체험인 지각은 사물의 존재(있다 · 없다, 어떻게 있는가, 무엇인가)에 관한 확신을, 더 나아가서는 객관적 세계의 존재에 대한 확신을 주는 가장 기본적인 체험이라고 할 수 있기 때문이다.

그렇다면 <책상 위에 희고 둥근 것이 있는 것을 알았다. '아, 야구공이구나' 하고 생각한다. 그것을 집어들고 돌려가며 살펴보았다.> 이 예에 관해 생각해보자.

의식에는 둥글거나 지저분하거나 우툴두툴하다는 등의 여러 가지 것들이 차차 새롭게 나타나게 된다. 그러나 그것들은 서로 떨어진 흐름이 아니라, 모두 '이 공'의 여러 가지 '측면'으로서 의식된다. 의식은 여러 가지 색이나 형태를 수동적으로 비추어내는 스크린 같은 것이 아니라 어떤 대상을 향한 작동이며, 이 작동에 의해 실제로 나타나는 여러 가지 것이 동일한 대상으로 '종합'되어 가는 것이다. 이 대상을 향한 작동을 <지향성>이라고 훗설은 불렀는데, 이 '지향성을 통한 종합'이라는 구조는 지각만에 그치지 않고 독서나 계산 같은 온갖 인식 체험에 공통된, 의식의 기본적인 특성이라고 할 수 있다.

지각의 '종합' 작동을 다른 식으로 표현하면, 의식은 실제로 보이는 한 측면을 통해 공의 '전체상'을 암암리에 그려낸다고도 할 수 있다. <이것은 야구공이다. 그러므로 꿰맨 줄이 안으로 들어가

있다. 겉은 가죽으로 만든 것이 틀림없다.> 우리는 사물의 지각은 대상 전체를 '그대로' 받아들이고 있다고 생각하는 경향이 있지만, 그러나 지각은 실제로 받은 것(말하자면 소재)을 근거로 해서 전체상을 그려내는 작동이다.

그러므로 사물이라는 대상은 실제로 그 전체가 주어지는 것이 아니며, 사물을 다 아는 것도 있을 수 없는 일이다. 사물이 소재를 근거로 해서 그려진 전체상인 이상, 반드시 거기에는 무엇인가 '예상'했던 것이 포함되어 있기 때문이다. 차차 의식에 나타나는 것이 이 예상과 합치될 때에는이 대상의 확신이 더욱 더 강화되지만, 나타난 것이 합치되지 않을 때에는 이 확신이 수정되고 만다. <표면의 느낌이 달라. 아냐, 가볍잖아. 뭐지, 발포스티롤제 공의 모형인가>라는 식으로.

그렇다면 이어서 시각을 대상에서 주위로 옮겨보자. 이 공이 책상 위에 있다는 사실이 새롭게 의식된다. 그러나 공이 책상 위에 있으며, 여기는 자신의 서재이고, 서재는 자택에 있고……라는 것은 공을 지각할 때에도 암암리에 알고 있는 것이다. 즉 사물의 지각은 완전히 단독으로 성립하는 것이 아니라, 공간적 · 시간적인 전체 질서, 즉 '세계' 속에 자리잡고 있는 것이다. 더 정확하게는 세계의 이해와 개별 지각은 서로 지탱해준다고 할 수 있으며, 모든 지각은 시간적 · 공간적 질서(세계)를 전제로 해서 생겨날 뿐만 아니라, 이 질서 속으로 끌려 들어가 위치를 부여받는 것에 따라 이 질서를 조금씩 바꿔 써 가는 것이다.

그런데 이 '세계'란 어떤 것일까? 우선, 공간적 · 시간적 전체 질서라고 했지만, 이제 이 질서의 파악 방식(세계 이해)이 사람에 따라 크게 다르다는 것을 우리는 알고 있다. 그러나 동시에 <누구나 같은 하나의 세계를 살고 있는 것>에 관해서는 의심할 수 없다.

우리가 살고 있는 세계는 타인과 공유하고 있는 세계이다. 그렇기 때문에 타인이 "저기에 담배가게가 있다"고 하는 말을 우리는 무시할 수 없다. 우리는 공유된 동일한 세계가 있는 것을 믿고 있기 때문에 타자가 말하는 지각 내용을 받아들이는 것이며, 또한 실제로 서로의 지각이 나름대로 일치하기 때문에 동일한 세계의 존재를 의심하지 않는 것이다.

이렇게 우리는 자신의 지각에 의해서만이 아니라, 타인과 끊임없이 이야기함으로써, 세계의 질서를 만들고 고쳐간다. 이렇게 타자와의 소통을 통해 세계나 사물의 확신을 만들어 가는 것을 후설은 <상호 주관성>이라고 부른다.

학문의 근거로서의 생활 세계

지금 우리가 문제로 삼고 있는 '세계'는 우리가 거기에서 실제로 생활하고 있는 장소였다. 즉 가정과 직장이 있고, 가족과 친구들이 있고, 보거나 접촉하고 있는 익숙한 세계이다. 이런 의미에서의 세계를 후설은 <생활 세계>라고 부른다.

그러나 다른 한편에서 우리는 완전히 다른 세계의 개념, 즉 물리학적인 법칙이 지배하는 <객관적 세계>의 상을 가지고 있다. 그리고 우리는 자주 생활 세계에서 우리가 체험하는 사물은 모두 '주관적'이며, 원자나 분자나 전자파가 운동하고 있는 객관적 세계야말로 세계의 진실한 존재 방식이라고 생각한다. 생활 세계에서 들을 수 있는 소리는 사실은 '특정 주파수의 공기의 진동'이며, 생활 세계에서 느끼는 빛은 사실은 '입자 · 파동으로서의 빛'이라는 것이다.

그러나 후설은 거꾸로 과학이 말하는 객관적 세계 전체가 오히려 생활 세계를 근거로 해서 이루어진다고 주장한다.

왜냐하면 과학은 원래 생활 세계 속에서의 실천적인 관심에서 생겨난 것이기 때문이다. 예를 들어 "고등어는 쉽게 상하지만 삶아두면 얼마 동안은 괜찮다"는 식의 경험에서 배운 법칙적인 지식을 우리는 이용하며 살아간다. 미래에 대한 예측이나 대처를 위해 어떤 문화나 저마다의 방식으로 경험적인 지식을 쌓아두고 있는데, 자연 과학도 원래는 그런 예측과 대처의 필요성에서 생겨났다는 것이다.

그러나 과학이 그때까지의 경험적 지식과 다른 것은 그것이 대단히 수미 일관된 체계적인 법칙적 지식으로서 정비되었다는 점이다. 근대의 자연 과학자들은 <세계 전체는 엄밀한 수학적 법칙의 지배를 받는다>고 보고, 실험을 통해 그 법칙성을 찾아내려고 노력함으로써 객관적 세계의 상을 형성했다. 그러나 세계 전체가 수학적 법칙에 의해 구석구석까지 지배되고 있는가는 증명할 수 없다. 자연 과학이란, 세계는 수학적 법칙이 꿰뚫고 있다는 (그 자신으로서는 증명할 수 없는) 전제 위에 여러 가지 지각할 수 있는 생활 세계적 사실에서 법칙성을 끌어내려고 하는 작업이며, 결코 '세계의 객관적 진실'을 고스란히 복사하고 있는 것은 아니다. 확실히 과학은 나름대로의 '객관성'을 가지지만, 객관성이란 많은 사실을 일관되게 설명함으로써 많은 사람을 설득할 수 있는 것을 뜻한다.

자연 과학은, ① 원래 생활 세계에서 실천적인 예측의 필요로부터 생겨나고, ② 생활 세계에서 지각된 사실에 근거한다는 이중의 의미에서 생활 세계에 그 근거를 두게 된다. 그러나 이것은 잊혀지고 오로지 세계의 객관적 진실을 모사하는 것이라고 생각되어 왔다. 이것을 후설은 '생활 세계의 은폐'라고 부르고 있다.

우리는 그의 고찰을 한 걸음 전진시켜 다음과 같이 말할 수 있을 것이다. 사회학이나 심리학을 포함한 '학문'은 객관적 현실을 복사해내는 것이 아니라, 생활 세계에서 어떤 필요(어려움과 의문)로부터 생겨나며, 될 수 있는 한 많은 사람을 설득시킬 수 있는 보편적인 사고 방식을 만들어냄으로써 그것에 답하려고 하는 작업이다. 그러므로 심리학이나 사회학에서 이론이 대립하여 결말이 나지 않을 때에는 "어느 쪽이 객관적으로 옳은가"라고 생각해서는 안된다. 양쪽의 이론이 어떤 필요나 사실에 의해 형성되었는가를 새롭게 의식할 때, 대립을 풀 가능성도 볼 수 있게 된다.[3)]

세계상과 욕망 이론으로

이렇게 훗설의 현상학은 지각과 생활 세계, 자연 과학이 말하는 객관적 세계, 수학적 세계와 같은 여러 가지 확신의 영역의 성립을 해명하고, 그것들의 근거 관계를 명확하게 하였다. 이것의 성격을 한 마디로 말하자면 '학문의 성립 근거'의 이론이라고 할 수 있다.

이것은 종교나 신화 같은 것을 포함하는 '세계상 일반의 성립 원리'의 이론에 한 걸음 뒤처진 정도까지 다가간다. 그러므로 거기에서 보면 훗설에 빠져 있는 점도 지적할 수 있다. 그의 이론은 대범하며 여러 가지 세계상의 최종적인 근거를 '지각'에서 찾는 것이라고 할 수 있다. 즉 지각에 근거하여 여러 학문의 세계상이

3) 그런데 논리학・기하학・수학과 같은 영역 — 구체적인 지각 체험에 의해 좌우되지 않고, 이른바 영원한 진리를 지키는 것처럼 보이는 것 — 에 관해 훗설은 어떻게 생각했을까? 기하학에 관해서는 역시 측지술이라는 생활 세계의 필요에서 생겨나고, 그로부터 순수한 기하학의 체계가 성립했다는 것을 앞의 『위기』에서 설명하고 있다. 논리학에 관해서는 구체적 지각에서 그것이 '발생'했다고 생각하고 그 과정을 설명하려고 했지만, 유감스럽게도 여기에서는 그것을 살펴볼 여유가 없다.

형성되어 간다는 구도로 되어 있다.

그러나 지각 중심의 발상으로는 사후의 세계나 신과 같은 관념의 영역을 왜 인간이 만들어내는가를 해명할 수 없다. 그 때문에 세계상을 생성하는 동인을 필요나 관심이나 욕망 같은 개념(니체는 '힘'이라고 불렀다)을 가지고 생각할 필요가 있다. 과학의 성립 근거를 물을 즈음에 훗설도 생활 세계적 '관심'이라는 말을 사용했지만, 그러나 그것은 아직 세계상 생성의 근본 동인으로 파악되지는 않았다.

이것을 한 걸음 더 밀고 나간 사람이 하이데거이다. 하이데거 이후, 현상학에서는 눈에 띄는 진전을 볼 수 없지만, 죽음에 대한 공포, 정체성, 지고한 것을 향한 욕망과 같은 것, 즉 인간적 욕망의 특질을 일관되게 추구한다면, 현상학은 '세계상과 인간적 욕망의 원리론'으로 발전할 가능성을 감추고 있다.

2. 인간 존재의 더욱 깊은 원리로

하이데거

하이데거(1889~1976)는 20세기 최대의 철학자로 잘 알려져 있다. 프랑스 현상학파를 시작으로 여러 분야에서 현대 사상에 압도적인 영향을 미치고 있기 때문이다. 그렇지만 그의 사상은 수수께끼 같은 성격을 강하게 지니고 있으며, 나치즘에 대한 협력 문제도 연결되어 있어서 여러 가지 의미에서 '문제적'인 인물이다.

니체는 프로테스탄트의 가계였지만, 하이데거는 카톨릭 가계이며, 학생 시절에 신학과 철학의 선택으로 고민하고, 결국 신학에서 철학으로 옮겼다는 점에서도 이 두 사람은 닮았다. 뒤에 보듯이, 이 경위는 하이데거 철학에서 아주 중요하다. 아마도 그의 중심적인 작업은 『존재와 시간』으로 대표되는 실존 사상과 일종의 비교(秘敎)적이라고도 할 수 있는 후기의 '존재' 사상일 것이다. 철학으로서는 당연히 앞의 실존 사상이 뛰어나다. 우선 이것부터 살펴보자.

존재론이란 무엇인가?

하이데거의 『존재와 시간』(1927)은 독자적인 매력으로 인해 출판 후, 곧 제1차 세계대전 뒤의 유럽에 널리 알려지게 되었다. 하이데거는 여기에서 자신은 이제까지 누구도 깊게 생각하지 않았던 철학상의 근본 문제를 제출하여 고찰한다고 선언했다.

그는 이제까지 누구나 "세계와 사물은 어떻게 존재하는가"라고 물어 왔지만, 참으로 중요한 것은 "도대체 존재란 무엇인가"라는 물음이며, 자신이 이것을 독자적인 방법으로 물어보겠다고 주장한다. 이것은 상당히 흥미로운 착상이다. 하지만 결과적으로 말하자면, 하이데거가 이 물음에 충분히 답했다고 보기는 어렵다. 오히려 여기에서 그가 이룩한 커다란 업적은 "인간 존재란 무엇인가"에 관한 본질적 통찰, 즉 '실존'의 철학을 아주 깊이 파고들었다는 점이다.

'실존'이란 무엇인가? 인간은 모두 같은 세계 속에서 살아간다는 의미에서 누구나 떨어질 수 없는 관계로 연결되어 있다. 세계의 '객관성'이라는 것, 또한 객관적인 학문이 성립하는 것도, 이 사실에 근거하고 있다. 그렇지만 다른 한편에서는 누구나 모두 같은 하나의 세계에 살고 있어도, 각자의 '삶의 세계'는 모두 떨어져 있고 완전히 다른 것이라고도 할 수 있다. 누구의 삶도 한 번뿐이며(삶의 일회성), 또한 다른 누구의 삶과도 바꿀 수 없다(교환 불가능성). 그리고 이러한 각자의 삶의 단독성과 고유성에 관해서는 객관적 학문으로는 잘 생각할 수 없다(종래에 이것은 종교가 다루는 영역이었다). 실존론의 철학은 분명히 이 문제를 중심 테마로 삼는다.

그런데 실존 철학이라는 점에서는 하이데거가 진정한 선구자가 아니라, 키에르케골과 니체라는 거대한 선행자가 있다. 하이데거의 실존론에서 정말 기억해야만 할 점은 뭐니뭐니 해도 이 '방법적 자각'이다.

그는 이렇게 논한다. 조금 복잡하지만 중요한 점이므로 해설해 보겠다.

문제는 우선 인간의 '존재'(존재 방식)의 '본질'을 파악하는 것에 있지만, 그 방법이 무엇보다 중요하다. 이제까지 철학도, 종교도 인간의 본질을 설명하는 데에서 말하자면 '이야기'를 사용해 왔다. 그래서는 쓸 데 없고 중요한 점은 두 가지이다.

하이데거

하나는 인간의 '존재 본질'이 사실 살고 존재하고 있는 이상, 어떤 사람도 그것을 '알고 있는' 것이라고 생각하는 것. 하지만 이 '알고 있는' 것은 막연한 앎이며, 이것을 계속 파고들어 명확한 앎으로 발전시키는 방법을 취한다. 하이데거의 이 방법에는 대단히 중요한 의미가 있는데, 그것은 인간 존재의 본질을 임의의 이상이나 이념에서의 연역을 금지한다는 점에 있다. 분명히 하이데거가 말한 것처럼, 이제까지의 종교나 철학의 인간학에는 그러한 성격이 강했다. 그러므로 여러 이상 모델이 대립해서 결국 수습할 수 없게 된다.

다른 하나는 이 '막연한 앎'을 계속 파고들어 명료한 앎을 끌어내는 수단으로서 오로지 현상학의 방법을 사용한다는 것. 이것에는 커다란 이유가 있다.

실존의 사상이란 요컨대 세계를 '객관 관계'로 보는 것을 일단 멈추고, '각자의 삶에서'라는 관점으로 되돌아가 생각하는 것을 의미한다. 현상학은 확실히 세계의 객관 관계를 일단 에포케(Epoche, 현상학의 용어로 판단을 보류하는 것. 판단 중지라고도 한다)하고 모든 것을 '의식에서'라는 관점으로 환원하는 방법이었다. 즉 세계를 자명하고 객관적인 인과 관계로 전제하지 않고, 각자의 삶의 의식에서 그때마다의 '의미나 가치의 연관'으로 다시 파악하는 것, 이것이 현상학의 방법을 사용한 하이데거 실존론의 방법 원리이다.

실존론이란?

세계의 모든 것을 객관 관계로 보는 것을 일단 멈추고, '바로 인간의 삶에서'라는 관점에서 다시 보는 것. 『존재와 시간』에서 일관되게 추구하고 있는 것은 이러한 방법이다. 이 방법은 아주 원리적이고 엄밀한 것이지만, 처음에 읽으면 약간 이해하기 어렵다.

예컨대 여기에서 '도구'라는 개념이 나온다. 하이데거에 따르면, 실존하는 인간(=현존재)에게 '주위 세계'의 모든 사물은, '사물'이라는 더욱 추상적인 수준에서의 '도구'라는 존재 의미를 가지고 있다. 여기에 한 개의 컵이 있다. 보통 컵은 물과 주스 따위를 마시기 위한 그릇으로 이해된다. 하지만 그것은 사실 단순한 '마시기 위한 도구'가 아니다. 어떤 때에는 종이가 바람에 날리지 않도록 눌러주며, 화가 나서 집어던지는 것이 되기도 하며, 유사시에는 불을 끄기 위한 도구가 되기도 한다. 즉 그것은 객관적으로는 '컵'이라는 물체이지만, 실존적으로는 어떤 인간의 욕망이나 관심(이렇게 하고 싶다, 이것이 필요하다)에 따라서 여러 가지 '존재 의미'(나 존재 가치)를 가지는 어떤 것으로서 존재한다. 즉 하이데거가 말하는 '도구'란 그런 의미에서의, 각자의 욕망・관심에 대응하여 그 용도성을 드러내는 존재자를 의미한다.

그런데 그런 방식으로 하이데거는 사물만이 아니라 세계의 여러 가지 존재 방식을 실존론적 방법으로 다시 보려고 했지만, 거기에서 최대의 주제는 '죽음'이다.

‘죽음’이란 무엇인가? 객관적으로는 그것은 신체 기능의 정지, 또는 천국으로 가는 것, 또는 유전자가 실려 있는 몸을 바꾸는 것 등으로 보인다. 그러나 실존적으로는 죽음이 무엇인가를 그렇게 간단히 말할 수 없다. 하이데거는 ‘죽음’의 본질을 대강 다음과 같이 정리한다.

우선 죽음은 경험 그 자체의 끝이라는 의미에서 누구도 경험할 수 없는 것이다. 더욱이 누구나 다른 사람과 교환할 수 없는 자신만의 일대사로서 그것을 안고 있다(경험 불가능성, 교환 불가능성). 또한 그것은 어떻게 피해보려고 해도 완전히 예방할 수 없으며, 가능성으로서는 바로 다음 순간에도 찾아올 수 있는 것이다(절박성, 불가피성). 그리고 그런 무서운 가능성 때문에 바로 해와 같이 누구나 직시하지 못하며, 그것을 은폐하거나 길들이려 한다. 그리고 이것이 중요한데, 이 ‘은폐’는 잠재적인 불안의 기분으로서 인간의 근본 기분을 만들어낸다…….

즉 이렇게 된다. 인간에게서 ‘죽음’은 하나의 무서운 가능성의 관념으로서만 존재하는데, 그 때문에 그것은 말하자면 인간의 무의식을 불안이라는 기분에서 근본적으로 규정하게 된다. ‘죽음’은 사실 인간의 일상적인 욕망이나 관심의 동기를 무의식 속에서 움직이게 한다. 왜 인간은 늘 자신의 자아를 확대하려고 하며, 여러 가지 세속적 쾌락뿐만 아니라 걸핏하면 이룰 수 없는 권력욕이나 지배욕에 사로잡히는 것일까? 그 이유는 근본적으로는 자신의 삶의 일회성과 죽음의 불안을 없애려는 암암리의 충동에 의해 움직여지기 때문이라고 한다.

하이데거에 따르면, 이렇게 인간은 ‘죽음’이 자신에게서 고유하고 불가피한 것임을 심리적으로 없애려고 해서 세속적인 삶의 관심 속으로 자신을 던져 넣게 된다. 이러한 일상적인 인간의 존재 방식을 그는 '퇴락'이라고 부르는데, 바로 여기에서 하나의 중대한 주제가 나타난다. 즉 그것은, 만일 각자가 자신의 죽음의 상태를 깊이 자각한다면(실존의 자각), 인간은 세속적인 일상 생활에서의 '퇴락'에서 벗어나서 자신에게 진정한 삶의 방식(본래적인 실존 가능성)을 찾을 수 있지 않겠는가 하는 테마이다.

그런데 '죽음'이라는 문제를 실존론적인 관점에서 다시 보고, 거기에서 인간의 삶의 방식에 관한 근저적인 기준을 찾아내려고 하는 하이데거의 방법은 보기 드문 독창성을 가지고 있었다. 그 요체는 두 가지이다. 하나는 어떤 이상 상태를 설정해서(예컨대 신, 최고 선, 득도자) 그것을 인간의 삶의 방식의 기준으로 삼는 것이 아니라, 보통 인간의 존재 방식에서 '본래적인 삶의 방식의 가능성'을 찾아낸다는 방법을 취했던 것. 다른 하나는 실존론이라는 관점을 세움으로써 인간과 세계의 관계의 본질을 객관적인 실재로서가 아니라 늘 변해가는 의미의 그물망의 연관으로 파악했다는 것.

이로써 『존재와 시간』은 인간 관계에 관한 아주 뛰어난 원리론이 된다고 할 수 있다. 인간은 타인과의 사이에서 끊임없이 의미와 가치를 찾아내는 존재인데, 하이데거의 실존론은 이 의미와 가치의 생성의 원리론으로서 '기분', '불안', '죽음'과 같은, 인간 실존에서의 근본적인 요인을 기초 개념으로 설정하고 있기 때문이다.

후기 '존재' 사상과 유럽 비판

1927년의 『존재와 시간』 이후, 1929년의 『형이상학이란 무엇인가』나 30년의 『진리의 본질』이 출판되고, 여기에서 이른바 하이데거 사상의 '전환'이 시작된다. 그러나 '전환' 이후의 하이데거의

'존재' 사상이 이상하게 난해하고 수수께끼 같다는 점에 관해서는 많은 논자가 일치하고 있다.

요점은 이런 식이다. 『존재와 시간』에서는 현존재(=실존하는 인간)의 본질이 '존재'의 본질의 근거로 이야기되었다. 즉 여기에서는 사물, 일의 '존재'가 인간 존재의 존재 방식과 관련되어 그 의미와 가치를 생성한다고 생각되었다. 이렇다면 '존재'라는 개념이 객관론적인 그것에서 실존론적인 그것으로 산뜻하게 변하게 된다. 이것은 쉽게 이해할 수 있는 뛰어난 생각이다.

그렇지만 '전환' 이후에는 이 뉘앙스가 거꾸로 된다. 『존재와 시간』의 역점은 오해의 여지가 많아도, 사실 오히려 '존재' 그 자체가 현존재의 본질을 규정한다고 생각해야 한다는 것이다. 그러나 이렇게 생각하면, '존재의 본질'을 찾아내는 방법을 누구도 확실히 알지 못한다는 문제가 생겨난다. 현존재의 본질은 막연한 형태로는 '누구나 알고 있기' 때문에 여기가 사고의 출발점이지만, '존재'의 본질은 무엇을 출발점으로 해서 그것을 끌어내느냐에 관한 방법적인 틀이 없으며, 그렇기 때문에 어쩐지 하이데거만이 비밀을 알고 있다는 뉘앙스를 강하게 풍긴다.

이 문제가 후기 하이데거 사상의 최대의 요점으로, 철학의 원리적 방법으로서는 분명히 커다란 파탄이 있다. 그러나 주의해야 할 것은 후기 하이데거에게서는 그것을 대신이라도 하려는 듯이 그의 사상적 메시지가 전면에 나온다는 점이다. 그 중심을 한 마디로 말하자면 '유럽 비판'이다.

퇴락의 역사를 되돌리는 것

유럽의 사상은 심각한 타락 상태에 있다. 예컨대 유럽 사상은 그리스 이래로 '자연'을 그 본연성에서 파악하지 않고 인간의 일방적인 이용 가능성의 관점에서만 파악해 왔다. 이것이 근대 유럽의 인간 중심주의적인 합리주의, 기술주의, 물심 이원론을 낳았던 원흉이다. 그 발단은 플라톤이 '이데아'라는 개념으로, 세계를 '감각적인 것'과 '초감각적인 것'으로 양분했던 데에서 유래한다. 근대 철학의 데카르트나 칸트도 마찬가지 죄를 범했는데, 사악한 근대 합리주의나 근대 이원론도 정신 원리와 물질 원리를 완전히 이질적인 것으로 나누었던 그들의 철학의 필연적인 결과이다…….

후기 하이데거의 이러한 메시지는 철학으로서의 원리성은 어떨지라도 아주 명료한 것이었으므로, 전쟁이나 식민지의 비참함에 직면해서 유럽 문명에 대해 의문을 품고 있던 당시의 젊은 지식인들에게 그 난해하고 신비로운 문체와 함께 대단히 커다란 영향을 미쳤다. 지금도 하이데거 사상을 오로지 근대 비판, 유럽 비판의 메시지의 측면에서 받아들이는 사람이 상당히 많다.

그러나 내 생각을 말하자면, 이러한 생각은 철학으로서는 원리적 사고의 지지를 받는 것이었다고는 도저히 말하기 어렵다. 『존재와 시간』에서의 실존론은 매우 원리적인 사고였지만, 후기 하이데거의 '존재' 개념은 오히려 어딘가 신비롭고 초월적인 개념으로 바뀌고 말았다. 즉 그 구성 자체가 거의 신학적인 '이야기'에 가까운 것이 되었다.

자연과 인간 세계(혹은 물질과 정신)는 본래 하나였으나 인위적으로 나뉘어졌으며, 이것을 본래의 상태로 되돌리는 것이 중요하다는 생각도 그 자체로는 노자 이래로 아주 오래 전부터 있어 온 사고 방식 중의 하나라고 할 수밖에 없다. 이해하기 쉽기는 하지만, 이원론적으로 분열된 세계에서 본원적인 일체성의 회복이라는 낭만주의적 '이야기'에서 벗어나지 못한다.

그러나 하이데거의 이러한 근대 비판의 '메시지'는 당시의 자본주의가 드러낸 말기적 증상에 관해 우려하는 많은 젊은 지식인에게 큰 호소력을 발휘할 수 있었다. 하지만 이 문제에서 무엇보다 필요한 것은 자본주의 사회의 모순의 원인을 경제, 정치, 사회적 관점에서 원리적으로 파악하고, 거기에서 그 극복의 원리적 조건을 찾아내는 것이라는 사실은 분명하다.

하이데거는 오히려 현대 사회의 곤란에 관해 독특한 '이야기'를 만들어내서 사람들의 심정에 호소한다는, 말하자면 종교가 전통적으로 취해 온 방식을 본뜨고 있으며, 여기에서는 철학의 방법은 죽었다고 말할 수밖에 없다.

그러나 아무튼, 그렇다고 해도 하이데거가 현대의 최대 철학자 중의 한 사람이라는 것은 움직일 수 없는 사실이다. 무엇보다 현상학을 토대로 한 그의 실존론의 방법은 인간 세계를 철저하게 '의미'와 '가치'의 관계의 세계로 보는 관점을 제시하고, 그것으로써 인간 관계에 관한 근본적인 원리론의 가능성을 열었다고 할 수 있다. 이 점은 아마도 새로운 세기의 철학적 과제를 개척한 공적으로 기억될 것이다.

3. 전후 프랑스 사상의 빛나는 두 개의 별

사르트르, 메를로 - 퐁티

독일에서 태어난 현상학은 전후 프랑스에서 독특하게 전개되고, 한때 특히 프랑스에서 절대적인 영향력을 행사하게 된다. 그 양대 인물이 '실존의 철학'으로 인간의 자유와 주체성의 근거를 캐물었던 장 - 폴 사르트르(1905~1980)와 '양의성의 철학'으로 신체의 중요성을 가르친 모리스 메를로 - 퐁티(1908~1961)이다.

생 제르망 디 프레 일대와 1945년의 실존주의

제2차 세계대전의 종결을 '레지스탕스의 승리'로 받아들인 프랑스는 나치 독일의 점령으로부터의 파리 해방에 취해 있었다. 사람들은 자유를 구가하고 자유의 의미를 온몸으로 표현했다. 그러나 다른 한편에서 그것은 꼭 희망으로 가득 찬 시대는 아니었다. 나치의 강제 수용소, 히로시마와 나가사키에 대한 미군의 원폭 투하 등의 사실이 알려짐에 따라, '인류의 희망'을 이야기하는 것은 무의미하게 생각되어 갔다. 거기에는 불안의 어두운 그림자가 드리워져 있었던 것이다.

나아가 식량난, 연료 부족이 계속되면서 젊은이들에게는 점령도, 해방도 어른들이 만들어낸 세계의 일이라는 기분이 강해졌다. 그러한 참을 수 없음, 시시함, 한 마디로 말해서 부조리는 자유,

불안과 함께 파리의 생 제르망 디 프레 일대에 괴상한 복장을 하고 모여든 젊은이들에게 공통된 감정이었다. 사르트르도 그 주변을 자주 드나들며 카페 '르 호로르'에서 원고를 쓰거나 젊은이들과 토론을 벌이거나 하며 하루를 보내면서 '생 제르망 디 프레의 교황'으로 불렸다.

사르트르

부조리, 자유, 불안, 실존이라는 말은 확실히 한편에서 사르트르가 전시부터 독자적으로 고찰해 온 것이었지만, 또한 다른 한편에서 생 제르망 디 프레의 '실존주의자들'의 것이기도 했다. 그러므로 사르트르는 처음에 '실존주의'라고 불리기를 거부하고, 스스로 '실존의 철학'이라고 이름붙여서, 그 차이를 강조했다. 하지만 뒤에 적극적으로 그 호칭을 받아들여 소설가, 희곡가이자 철학자 사르트르의 '실존주의'는 순식간에 '유행 사조'가 되었다.

『존재와 무』: 인간은 돌멩이와 어떻게 다른가?

'현상학적 존재론의 시도'라는 부제를 달고 있는 사르트르의 주저 『존재와 무』(1943)는 인간 존재의 특이성을 밝히려고 한다. 그러기 위해 우선 사르트르는 사물 존재를 가리키는 '즉자 존재'와 의식으로 정의되는 인간 존재를 가리키는 '대자 존재'를 구별한다. 예컨대 길거리의 돌멩이는 그 자체로 자족하는(돌멩이는 자신이 돌멩이인가를 물으려고 하지 않는다) 사물이다. 그것을 사르트르는 그 자체에서 그대로 굳어버린 존재라는 의미에서 즉자(卽自)라고 이름 붙였다.

이에 대해 대자(對自)란 자기의 존재 방식에 대해 언제나 되물으며, 자기에 대해 '터무니없는' 부정의 계기를 포함하고 있는 '의식'의 존재 방식이다. 이 존재는 언제나 현재의 자기를 부정하고 미래를 향해 자기를 뛰어 넘으려고 한다. 의식 존재로서의 인간은 그 자기 초월의 가능성, 언제나 이미 미래를 향해 자기를 내던질 가능성에서 정의된다. 그리고 그러한 존재 방식을 피할 수 없게 된다. 즉 인간은 "자유이어야 한다고 선언된다"는 것이다.

자유로운 대자는 타자를 만난다. 사르트르는 만남의 구조를 '눈길'의 분석으로 밝힌다. 개인은 타자의 눈길에 의해 대상화('물화') 된다. 예컨대 "너는 도둑이다"거나 "너는 진실하지 않다"는 식으로 나의 존재는 타자의 판단에 맡겨진다. 그러나 나는 그러한 일방적인 결정을 참을 수 없을 것이다. 그러므로 나는 "그렇지 않다"고 말해서 그것과는 다른 자기를 만들어낼 수 있으며, "그렇다"고 말해서 그것을 받아들일 수도 있다. 나는 그러한 선택의 자유를 가지고 있다. 즉 나는 타자에 의한 일방적인 결정("타인은 지옥이다")에서 영원히 벗어날 수는 없지만, 그것을 거꾸로 받아들여 자기 자신의 가능성을 되던질 때 그것을 뛰어 넘게 된다. 그때에 나는 타자가 아닌 방식으로 자기 자신을 경험한다. 나는 자유롭다.

'상황' 속에 던져진 인간 존재

사르트르는 하이데거의 '세계내 존재'라는 것을 '상황' 속에 던져진 인간 존재로 바꿔 읽고, 인간의 '자유'를 '상황' 속에서의 뛰어 넘기로 파악했다. 따라서 사르트르에게서 자유는 정치적 상황에 대한 '앙가쥬망'(engagement, 참여)이라는 모습을 띤다. 1945년 10월, 사르트르는 보바르, 메를로-퐁티와 함께 『현대』(Le Temps Moderne)지를 창간하고 스스로 편집장이 되어 '사회 참여' 활동을 왕성하게 전개하고, 대중 매체의 대스타가 되었다. 사르트르는 논쟁가이기도 했다. 그 때문에 활동 과정에서 몇 사람인가의 동지들과 결별해야 했다.

메를로-퐁티

혁명과 반항을 둘러싼 '사르트르-까뮈 논쟁'(1952)에서 알베르 까뮈와 완전히 헤어졌다. 『현대』지의 이론적 지주(실질적인 편집장)이었던 모리스 메를로-퐁티는 『변증법의 모험』(1955)에서 사르트르의 공산주의적 정치관을 비판하고서 『현대』지에서 떠났다.

'맑스주의'(그것은 사르트르뿐만 아니라 프랑스 인텔리에게 '뛰어 넘을 수 없는' 사상, 혹은 거꾸로 '뛰어 넘어야 할' 사상이었다)와 거리를 두는 방식 등, 사르트르의 앙가쥬망 방식은 여러 가지로 바뀌어 갔지만, 정치나 사회의 상황에 대한 인간의 주체성의 근거를 어디에서 찾을 것인가라는, 사르트르의 전후 사상가로서의 모티프는 끝까지 살아남았다. 1980년 3월, 죽기 직전에 가진 대담의 제목은 '지금 희망이란'이었다.

심신 이원론을 뛰어 넘기

메를로-퐁티는 사르트르의 화려함과는 달리, 그 활동이나 문장 스타일에서 차분한 사람이었다. 1961년에 『볼 수 있는 것과 볼 수 없는 것』을 집필하던중, 파리의 집에서 심장 마비를 일으켜 급서했다. 그것은 마치 유성이 스쳐 지나가며, 긴 꼬리를 남긴 채로 지평선 저쪽으로 떨어지는 것과 같았다.

메를로-퐁티에게서 일관된 문제는 '마음'과 '신체'의 뒤얽힘의 구조를 어떻게 이해할 것인가였다. 그는 인간에게서 '자연'과 '의식'의 관계를, 종래의 심신 이원론을 뛰어 넘어서 새롭게 규정하려고 했다. 『행동의 구조』(1942)에서 그는 행동이 단순한 육체적인 메커니즘을 긁어모은 것이 아니고, 단순한 정신적인 활동도 아니라는 것을 밝히고, '구조'로서 서술했다. "구조는 이념과 존재의 분별하기 어려운 결합이며, 소재가 우리의 눈앞에서 의미를 가지기 시작하는 우발적인 배열이다."

양의성의 철학

『지각의 현상학』(1945)에서 메를로-퐁티는 '의식'이 세계를 경험의 의미로 구성해 갈 때, 그 의미의 구성이 언제나 이미 '신체'에 의해 침식되어 있다는 것을 상세히 설명한다. 우리와 세계의 관계는 '지각'이라는 지평에 의해 구성되고 있다. 신체는 순수한 사물도 아니고, 순수한 의식도 아니다. 신체란 우리가 세계와 관계를 맺는 방식을 뿌리에서부터 뒷받침해주는 조건, 체험되는 현상의 총체이다. 따라서 신체의 경험에는 뛰어 넘을 수 없는 양의성(兩義性)이 포함되어 있다. 양의성은 '심신 합일', '상호 침투'라는 말로도 표현되지만, 거기에서는 의식과 신체의 가르기 어려운 관계가 강조된다. 그리고 그 사고 방식은 '신체로서의 말'이라는 언어론으로까지 넓혀져 간다. 언어는 '사고의 옷'(이미 만들어진 사고를 표현하는 것)이 아니라, '사고의 신체'(사고를 만들어 가는 것)

이어야만 한다. 그래서 처음으로 '제도화된 언어'를 사용하면서도 그것을 바꾸어서 '시원의 침묵'에게 '말하도록' 시킬 수 있게 될 것이다.

세계의 살

만년의 미완의 저작 『볼 수 있는 것과 볼 수 없는 것』을 쓰던 것과 동시에 「연구 노트」(1959~61)에서는(후기 하이데거적인) '존재론으로 귀환할 필요성'이 다시 설명되며, 다른 한편에서 훗설이 찾았던 길의 연장선상에서 훗설의 '생활 세계' 개념을 독자적으로 발전시켜 '야생의 존재', '생생한 존재'(『지각의 현상학』에서는 '시원의 침묵'으로 불렀다)를 밝히려고 애쓰고 있다. 메를로-퐁티는 『볼 수 있는 것과 볼 수 없는 것』에서 '세계의 살', '존재의 살', "내 신체와 세계는 똑같이 살로 만들 수 있다"고 말한다. 여기에서 '살'이란 스스로를 잡아당겨 찢으면서도 접어 갠다는 식으로 반전적으로 증식하는 움직임을 가리킨다. 메를로-퐁티는, 세계의 탄생은 그러한 살의 찢어짐이라고 생각했던 것이다. 메를로-퐁티는 '새로운 존재론'을 향해 걸음을 옮기기 시작한 그 지점에서 삶을 마쳤다.

4. 언어를 치료한다
비트겐슈타인

루드비히 비트겐슈타인(1889~1951)은 20세기 전반기에 영국과 미국의 철학에 커다란 영향을 미쳤지만, 최근에 그 '언어 게임'의 사고 방식이 널리 알려지면서, 현대의 철학이나 사회 과학에도 영감을 주고 있다. 그는 유대계로 비인에서 태어났지만, 스무 살쯤에 논리학과 수학에 흥미를 느껴 영국의 캠브리지로 건너가 럿셀의 제자가 되었다. 그 뒤에 영국에서 활동을 계속했다.

비트겐슈타인의 주저는 전기의 『논리 철학 논고』(1921)와 후기의 『철학 탐구』(1936~49에 걸쳐 집필)이다(이하 각각을 『논고』, 『탐구』로 부른다). 『논고』는 그로부터 '논리 실증주의'로 불리는 학파가 생겨날 정도로 강렬한 영향을 주위에 미쳤다. 그러나 그는 『논고』의 사고 방식이 잘못되었다고 해서, 그것을 대신할 한 권의 책을 써 나갔다. 『탐구』는 그런 미완성의 초고 중의 하나이다.

'말할 수 없는 것'에는 침묵해야만 한다

그런데 청년 비트겐슈타인은 논리학과 수학에 흥미를 느낀 것과 함께, 인생의 의미나 가치에도 큰 관심을 가지고 있었다. 그러나 그는 <인생의 의미나 선악을 정확하게 생각하거나 말하는 것은 원래 불가능한 것이 아닐까>라는 생각을 가지게 되었다. 다른 한편에서 <그렇다면 정확하게 유의미하게 말할 수 있는 것은 어디까지일까>라고 생각하게 되었다. 유의미하게 말할 수 있는 것과 그렇지 않은 것을 구분하는 것, 이것이 『논고』의 모티프였다.

비트겐슈타인

그때 그는 <사고가 언어에 의해 이루어지는 이상, 언어의 본질을 명확하게 함으로써 이 과제는 달성될 수 있다>고 생각했다. 언어에 주목함으로써 잘못된 지식이나 무의미한 물음을 없애려는 '치료적 태도', 이것은 비트겐슈타인의 생애를 관통하는 기본적인 태도이기도 하다.

그렇다면 『논고』에서는 어떤 지식이 '유의미'하다고 보았을까? <세계의 사실에 관해 말하면서, 참이거나 거짓일 수 있는 것>이라는 것이 그의 답이었다. 그것은 예컨대 "어느 꽃은 붉다"와 같이, 세계의 단순한 사실에 관해 직접 말하는 명제이다. 이것은 실제로 보아서 붉다면 참이며, 희다면 거짓이라는 식으로 직접 진위를 확인할 수 있다. 이러한 명제를 그는 '요소 명제'라고 부른다.

요소 명제는 말하자면 유의미한 지식의 '원자'로서, 복수의 요소 명제를 '그리고 (∧)', '또는 (∨)', '이라면(⊃)'과 같은 논리적 조작으로 조합시켜 '복합 명제'를 만든다(예 : "어떤 꽃은 붉다" 그리고 "이 꽃은 희다"). 이 복합 명제의 진위는 그 뿌리인 요소 명제의 진위에서 일의적으로 결정되는 것이기 때문에 복합 명제도 또한 "세계의 사실에 관해 말하고 참이거나 거짓일 수 있는" 것으로서 유의미한 지식이라고 할 수 있다. 종합하자면, "세계의 단순한 사실에 관해 적접 말하는 요소 명제와 그것들로부터 합성되는 복합 명제만이 유의미한 지식이다"는 것이다.

이 기준에서 본다면, 인과율(무엇인가가 생겨나면 반드시 그것에는 원인이 있다)은 각각의 사물에서 그 진위를 확인할 수 없기 때문에, 진리가 아니라 '신념'이 된다. 자연 과학의 법칙도 여러 가지 사실을 통일적으로 말하기 위해 만들어진 '가설'일 뿐이다. 즉 이 기준은 과학이 객관적 세계를 해명하고 있다는 소박한 신앙을 비판하는 것이기도 했다.

그렇다면 '인생의 의미' 등에 관한 명제는 어떨까? <인생의 의미에 관해 사람은 이렇게 저렇게 말하지만, 그러나 그것은 세계와 인생의 '외부'에 세우려고 하는 것이다. 그러나 사람은 세계와 인생(이것은 하나의 것이다)의 내부에만 있다. 사람은 기껏해야 세계 속에서 사는 사실에 관해 진위의 판별을 할 수밖에 없다.> 따라서 예로부터 철학자들이 물어 왔던 인생의 의미, 선악, 신의 존재 등은 모두 '말할 수 없는 것'의 범주에 들어간다. 비트겐슈타인은 그것들을 대단히 중요한 것이라고 생각했지만(삶이 주어진다는 것 자체가 하나의 기적이며, 그로부터 신의 존재가 암시된다고 생각했던 때도 있다), 그러나 인간은 그것에 관해서는 원리적으로 알 수 없다고 주장했던 것이다.

"이것으로 정리되었다"고 생각한 비트겐슈타인은 일단 철학을 그만두고 초등학교의 선생이 되었다. 그러나 그 동안 슐릭, 카르납과 같은 과학에 강한 관심을 가진 비인의 철학자들은 『논고』를 성전처럼 다루면서 '논리 실증주의'를 만들어냈다. 그들에게는 과학적 지식이 중요하며, 『논고』는 '검증 가능성'이라는 점에서 과학적 지식과 의사(疑似) 과학적 지식을 나누는 기준을 분명하게 보여준 책으로 받아들여졌다. 이것은 비트겐슈타인의 느낌과는 아주 다른 것이었지만, 확실히 『논고』에서 생겨난 하나의 귀결이다.

말의 의미란 언어 체계에서의 그 용법이다

『논고』에서의 언어관은 객관이 우선 있고 그것을 말이 그려낸다는 것이었다. 그러나 철학 활동을 재개한 비트겐슈타인은 이것이 아주 소박한 가정이라고 느끼게 되었다.

예컨대 "이 꽃은 붉다"는 명제. 『논고』에서는 세계 속에 붉음의 실체가 있어서 그것에 이름을 붙인 것이 '붉다'는 말이며, 즉 대상과 말이 1대1로 대응한다고 생각했다. 그러나 "이 꽃이 붉다"고 말한 그 순간, "이 꽃은 희다, 노랗다 ……고는 할 수 없다"는 것이 동시에 함의되고 만다! 왜냐하면 세계 속의 그것(무엇인가의 색)은 '색의 체계', 즉 "붉다/희다/노랗다……"라는 기준에 비춰서 측정하게 되는 것이기 때문이다.

말은 그 자체가 하나의 체계를 이루고 있으며, 이 체계에 의해 대상이나 사실이 말하자면 서로 떨어진다. 즉 언어와 무관하게 대상이나 사실이 있는 것이 아니라, 그것들은 언어 체계에 의해 윤곽을 부여받고 있는 것이다.

외적 대상만이 아니라 내적인 감정이나 감각에 관해서도 마찬가지로 말할 수 있다 — 이것은 충격적인 발견이었다. 그로부터 비트겐슈타인은 말이나 글의 의미를 객관적인 대상·사실과의 대응이나, 감각과 같은 심적 상태와의 대응에서 생각하는 것이 아니라, 언어라는 자율적인 체계 속에서 말이나 글이 어떤 식으로 사용되는가에 관해 생각하는 방향으로 옮겨갔다.

그와 더불어, 언어는 '사실의 모습'이 아니라 체스에 비유하여 이미지되어 간다. <'황색'이라는 말의 의미가 이해되는 것은 여러 가지 규칙으로 이루어진 체스라는 게임에서 왕이라는 패의 이동 방식을 아는 것과 비슷하다.> 언어도 체스와 마찬가지로, 여러 가지 규칙의 속박(문법)으로 이루어진다. 말의 의미란 문법 속에서 그 말이 차지하는 위치이며, 말의 의미를 안다는 것은 말의 사용 규칙(용법)을 아는 것이 된다. 이것은 소쉬르(다음 절 참조)의 언어관과 깊이 통하는 것이었다.

언어는 '언어 게임'으로 존재한다

『탐구』에서 비트겐슈타인은 체스의 비유에 그치지 않고, 더 구체적인 여러 가지 언어 사용 장면에 눈을 돌린다. 재료를 써서 건물을 짓는 게임, 사고파는 게임, 아이들에게 물건의 이름을 가르치는 게임. 이렇게 '언어 게임'은 우리가 행동하는 제도 일반을 이루는 언어로 확장되었다. <나는 또한 언어와 그것이 들여온 행위 전체도 '언어 게임'으로 부르고자 한다.>(『탐구』 7절)

그런데 언어 게임이라는 생각은 어떤 새로운 시각을 가져왔던 것일까? 크게 세 가지 점으로 정리해서 설명해보겠다.

① 언어는 행위로서 존재한다

언어를 '언어 게임'으로 파악하는 것은 언어의 본질을 인간의 활동 내지 행위로 파악하는 것이다. 우리는 타자에게 위로의 말을 건네거나, "정신차려야 해"라고 자신에게 타이르기도 한다. 우리는 말을 함으로써 타자나 자신이나 사물을 향해 작용한다. 이렇게 말이나 글의 의미도 문법 속에서의 말의 사용 규칙이라는 정적인 파악 방식에서 구체적인 장면에서의 말이나 글의 사용으로서 동적으로 파악하게 된다.

이것은 근대 철학이 전제해 온 언어관을 크게 바꾸는 것이었다. 근대 철학은 사실의 '인식' 가능성을 커다란 주제로 삼아 왔기 때문에, 사실을 그려내는 도구로 언어의 본질을 보는 경우가 자주 있었다(확실히 『논고』가 그랬다). 분명히 우리는 사실을 언어로 기술하는데, 그러나 이것은 단순히 그려내는 것이 아니라, 어떤 필요에 근거한 행위일 것이다(예컨대 사고 현장의 모습을 전해서 지원을 요청하기 위한 것이라거나). 그때 어디에 초점을 맞출 것인가, 어떤 정도 상세히 그릴 것인가 등도 기술의 목적에 따라 정해질 것이다. 이렇게 해서 어떤 인식도 객관적 사실을 전부 그대로 그려내는 것이 아니라, 어떤 목적이나 관점에 따라 이루어진 기술이 된다. 이 통찰은, 니체가 인식의 본질을 삶에서의 유용성이라는 관점에서 세계에 '질서'를 부여하는 것이라고 본 것과 비슷한 것이다.

② 규칙보다 게임이 선행한다/규칙에 절대적인 근거는 없다

언어 게임이라는 말은 원래 언어의 존재 방식을 체스의 비유를 통해 파악하려는 데에서 생겨났지만, 여기 『탐구』에서는 양자의 차이도 분명히 자각되고 있다. 체스에서는 명확한 규칙이 사전에 제시되어 알려져 있지만, 언어에서는 그렇지 않다는 것이다.

언어에서는 문법(소쉬르에게서는 '랑그')보다 실제로 이렇게 저렇게 말하는 행위(소쉬르에게서는 '파롤')가 선행한다. 우리는 규칙의 전체상을 이해하지 않은 채 각각의 규칙을 '몸에 익혀' 가며, 그런 다음에 게임 전체를 자연스럽게 해 나가게 된다. 어느 정도까지는 규칙을 사후적으로 정리하고 끌어낼 수도 있지만, 실제로 사용하는 규칙을 모두 밝히고 의식화할 수는 없다.

또 한 가지. 각각의 게임이 그 고유한 규칙을 가지는 이유는 미리 어딘가에 절대적인 이유가 있기 때문이 아니다. 예컨대 체스의 규칙이 그렇게 해야 할 필연성이 어디에도 없듯이, 언어의 규칙이

나 학문의 규칙이 현행의 것이어야만 할 절대적인 이유는 없다. 모든 문화 활동(언어 · 학문 · 법률 · 그밖의 제도)에는 그것을 밖에서 뒷받침하는 근거가 있는 것이 아니며, 언어 게임은 어느 것이나 일상적인 행동 · 관습을 최종적인 근거로 삼아 스스로를 뒷받침한다고 비트겐슈타인은 생각했다.

③ 모든 비판은 일련의 신념에 근거한다

훗설은 모든 확신이 생겨나는 근원(원리)으로서 주관이라는 '체험의 영역'을 생각했지만, 비트겐슈타인에게는 언어 게임이 같은 의미를 가진다. 우리는 일상적으로 말을 교체하면서 진위를 판단하며, 또한 학문이라는 형태로 여러 가지를 논증하는데, 이는 그 모든 것이 언어 게임으로 생각되기 때문이다. 그런데 그때 진위의 판단은 무엇을 근거로 해서 가능하게 되는 것일까? 비트겐슈타인은 만년에 그것을 문제로 삼았다.

진위를 문제로 삼는 언어 게임은 그 기반에 '일련의 의심할 수 없는 것'이 있으며, 그것이 진위의 판단을 가능하게 한다고 그는 말한다. 예컨대 "지구는 예로부터 존재해 왔다", "나는 뇌를 가지고 있다"라는 식의 명제는 형식상으로는 경험적으로 확인할 수 있는 명제인 것처럼 보이지만, 실제로는 의심받지 않고 오히려 다른 것의 진위를 판단하는 '근거'로 작용한다. 그러한 일련의 것이 우리의 '세계상'을 만들고 있다. "내 세계상은 내가 그 올바름을 받아들였기 때문에 내 것이 된 것은 아니다. ……이것은 전통으로서 받아들여지는 배경이며, 내가 참과 거짓을 구별하는 것도 이것에 근거하고 있다."(『확실성에 관하여』)

그렇다면 완전한 논증도 절대적인 진리도 있을 수 없다. 논증이라는 것 자체가 애초부터 '의심할 수 없는 전제'에 근거해야 하는 것이다. 학문은 진리를 목표로 한다는 통념을 이것은 철저하게 파괴했다.

언어 게임의 '동인'?

헤겔과 니체는 '정신'과 '힘에의 의지'라는 개념으로 사회 제도와 세계상을 움직이는 '근거'를 생각했다. 즉 그들은 언어 게임의 '동인'을 생각하려고 했던 것이다. 그러나 비트겐슈타인에게는 그것이 사물의 배후에서 근본 원인을 찾으려는 철학자의 좋지 않은 습관으로 여겨질 것이다. <언어 게임은 어디에서도 그 필연성이 없으며 관습에 의해서만 뒷받침된다>고 그가 말할 때, 언어 게임의 동인을 묻는 것은 금지되며, 다만 언어 게임의 그때마다의 상태를 주시하는 것만이 허용된다. 이 철학관은 결벽한 것이기는 해도, 대단히 좁다고 나는 생각한다.

내 생각에는 언어 게임이 관습에 의해서만 뒷받침되는 것은 아니다. 예컨대 학문이나 여러 가지 사회 제도의 게임은 사람들이 거기에서 즐거움이나 필요를 발견하는 것에 의해 뒷받침되며, 또한 바뀌어 간다. 그렇다면 <그 게임들은 우리에게 어떤 가능성과 난관을 주는 것일까, 우리는 그 규칙들을 어떻게 고칠 수 있을까>라고 물을 수 있다. 언어 게임론은 욕망이나 필요라는 관점과 연결되어 있으며, 바로 이 점에서 거대한 가능성을 가지는 것이다.

5. 언어관의 리셋 스위치를 누른 사람들

소쉬르, 프레게, 럿셀, 화이트헤드

스위스의 언어학자 페르디낭 소쉬르(1857~1913)는 언어를 이를테면 사물에 부착된 이름표와 같은 것으로 생각하는, 종래의 상식적인 언어관(명칭 목록관)을 처음 의심한 사람이다.

확실히 언어는 언뜻 보기에 사물에 부착된 이름표 같은 것으로 생각된다. 그러나 이러한 생각으로는 표현 행위를 포함한 언어의 생물 같은 불가사의한 성질을 완전히 설명할 수 없다. 거기에서 소쉬르는 언어의 본질을 파악하기 위해 독창적인 발상으로 언어를 분석하려고 했다. 그것은 언어를 몇 가지 측면에서 2항으로 나누는 방법이다.

이것을 정리하면 다음과 같다.

① 시니피앙(signifiant, 기호 표현) — 시니피에(slgnifié, 기호 내용)

② 랑그(langue, 언어 규칙) — 파롤(parole, 각자의 말)

③ 통시(diachrony) — 공시(synchrony)

④ 생타금(syntagme, 통사) — 파라디금(paradigme, 범례)

모두 흥미로운 분석이지만, 여기에서는 ①과 ②만 다룬다. ③과 ④도 근본적으로는 ①, ②와 같은 발상이기 때문이다.

제 멋대로인 생물로서 언어

우선 ①에 관해서. 이것은 소쉬르 언어학의 가장 중요한 개념이며, 언어 기호(signe)는 시니피앙(기호 표현=문자나 음의 모습)과 시니피에(기호 내용=의미나 개념)이라는 두 가지 측면을 가진다는 것이다(이제부터 시니피앙은 SA, 시니피에는 SE로 적는다). 예컨대 '링고'라는 말(시늬)은 'RINGO'라는 음의 모습(SA)과 '둥글고 붉은 과일'이라는 의미(SE)를 가지고 있다.

그런데 소쉬르는 이렇게 나눈 다음에, 이 시니피앙과 시니피에의 관계를 '자의적'이라고 말한다. 이것은 무슨 뜻일까?

우리는 'RINGO'라는 말을 들으면 '링고'라는 의미를 그대로 받아들인다. '호박'을 떠올리지는 않는다. 이렇게 보통은 언어에서 SA와 SE의 결합은 강력하고 필연적인 것처럼 보인다. 그러나 잘 생각해보면, 과일로서 '링고'가 'RINGO'라는 음(시니피앙)으로 불리게 된 데에는 특별한 근거가 없으며, 그 결합 자체는 우연, 즉 자의적(제 멋대로)이다. 이것은 말에 관한 몇 가지 중요한 현상을 잘 설명해준다.

말이 시대를 경과하면서 서서히 변하는 것은 누구나 알고 있다. 예컨대 일본어 'あわれ'(아와레)는 현재에는 슬프다거나 동정한다는 의미이지만, 전에는 정취가 깊다는 뉘앙스로 사용되었다. 즉 SA와 SE의 결합 방식이 어느 사이엔가 변한 것이다.

이런 경우도 있다. 이것은 마루야마(丸山圭三郎)가 든 예인데, 전에 잘 사용하던 '야마이누'(山犬)라는 말은 이제는 잘 사용하지 않는다. 그런 경우에 이 말이 전에 표시하고 있던 개념은 현재는 '이리'나 '들개'라는 말로 포괄되며, 그 결과 '이리'나 '들개'라는 말은 현재에는 이전보다 더 많은 개념을 포함하게 된다. 이러한 예들은, 언뜻 보기에 엄밀하게 움직이기 어려워 보이는 말의 SA와 SE의 결합이, 본질적으로는 변하는 것이며 자의적인 것이라는 사실을 분명히 보여준다.

소쉬르

언어는 상습적인 규칙 파괴범

그렇다면 이어서 ② '랑그'와 '파롤'이라는 구분에 관해 생각해보자.

랑그란 단어의 의미나 문법, 그 용법의 규칙과 같은 언어의 규칙을 의미하고, 파롤은 그것에 따라서 행해지는 구체적인 발화 행위를 가리킨다. 즉 우리는 이미 체계로서 존재하고 있는 랑그에 따라서 파롤을 행한다.

그런데 랑그를 배우지 않고 파롤을 정확히 구사할 수 없는 것이 상식이지만, 이것도 잘 생각해보면 각각의 파롤은 언제나 랑그를 조금씩 빠져 나오고 있음을 알 수 있다. 그 단적인 예는 시어나 개그나 재담이나 말놀음이며, 거기에서는 의식적 혹은 무의식적으로 일반적인 언어 규칙(랑그)에서 벗어나는 용법이 사용되며, 오히려 그것으로 새로운 표현을 하는 것이다. 즉 현실로서는 각각의 파롤의 실천은 언제나 랑그의 체계를 뛰어 넘어 그것을 바꾸고 있다.

다시 말하자면, 언어의 규칙과 실제의 발화는 언제나 어긋나는 것이다. 즉 언어의 규칙이라는 것은 우리가 보통 생각하는 교통규칙처럼 확고한 것이 아니라, 말하자면 엄밀한 근거를 가지지 않는 느슨한 것이며, 그렇기 때문에 늘 파롤이 랑그를 뛰어 넘는다고 하는 생물과 같은 성격을 가지고 있는 것이다.

그러나 이러한 소쉬르의 고찰이 언어의 본질 구조를 훌륭하게 해명했다고 생각하는 것은 큰 잘못이다(많은 소쉬르 연구자들은 종종 그렇게 생각한다). 사실 소쉬르가 한 형식적 분할에 의해 언어의 비실체적이며 수수께끼 같은 본질 성격이 처음 밝혀졌다. 이것이 종래의 실체적 언어관을 근원부터 뒤엎었으므로, 소쉬르의 방법이 언어를 형식적 구조로서 완전히 해명했다고 생각하는 것은 완전한 본말 전도이다.

근대 철학의 인식틀을 바꾼 소쉬르

다시 한번 요약해보자. 이제까지 언어를 형식화해서 분석하는 것으로 두 가지 중요한 일이 일어났다. 우선 SA - SE의 결합은 본질적으로 '자의적'이라는 것. 이어서 파롤은 랑그에 의해 규정되지만, 그럼에도 불구하고 언제나 랑그를 뛰어 넘는다는 것(통시 - 공시, 생타금-파라디금이라고 해도 같다).

이러한 분석은 아주 큰 사정 거리를 가지는 것이다. 무엇보다 중요한 것은 객관적인 질서가 앞서고 그것이 말로 나타나는 것이 아니라, 오히려 말을 하는 행위가 '객관적 질서'를 만들어낸다는 생각을 가져왔다는 것이다. 이것은 주관이 과연 객관을 올바로 인식할 수 있을까라는 근대 인식론의 근본적인 틀을 무너뜨리는 새로운 관점이었다. '객관' 그 자체가 말에 의해 이미 규정되어 있다면, 그것은 올바로 인식될 수 있는 동일하고 절대적인 대상이라고 할 수는 없기 때문이다.

소쉬르의 언어학은 이렇게 근대적인 언어의 관념에 커다란 충격을 주고, 언어라는 것의 깊고 수수께끼 같은 성격을 처음 밝혀냈다. 그렇게 해서 현대 사상은 객관 인식의 가능성과 같은 문제가 아니라, '언어의 수수께끼'를 새로운 문제의 대상으로 삼는 것에서 출발한다.

논리학 쇄신의 공로자들 : 프레게, 럿셀, 화이트헤드

데카르트의 '코기토'의 자각으로 시작된 근대 철학은 '의식'이 세계를 확실히 인식한다고 생각해 왔다. 그에 대해 독일의 수학자이자 철학자인 프레게(1848~1925), 영국의 논리학자 럿셀(1872~1970), 화이트헤드(1861~1947) 등은 '의식'이 아니라 '언어'나 '논리'가 확실한 인식의 최종적인 기반이라고 생각했다.

그때까지 일반적이었던 것은 어떤 인식도 일면적이지만, '의식'에 의해 인식이 깊어짐으로써 반드시 전면적인 진리로 나아갈 수 있다는 사고 방식이다(헤겔주의). 그러나 그에 대해 그들은 인식의 도구인 말 그 자체의 본성을 생각하지 않는다면 인식 그 자체의 근거를 찾을 수 없다고 생각했다. 이것은 앞에서 살펴본 소쉬르의 생각과 깊이 연결된다.

이렇게 인식 문제를 '의식'의 확실성에서 '말'이나 '논리'의 확실성으로 이동시킨 그들은 '언어 기호'와 그것에 의해 세워진 '논리'를 정밀하게 고찰하는 것이야말로 철학의 유일한 일이라고 해서 유럽적인 형이상학을 비판했다.

우선 프레게는 "말의 의미는 문맥에서 물어야만 하며, 따로 떼어내어 물어서는 안 된다"고 쓰고, 말은 단독으로는 의미를 가지지 않고, 문맥(논리) 속에서만 의미를 가진다고 했다. 이어서 럿셀에 따르면, 전통적인 논리학의 구별, 예를 들어 "이것은 붉다"를 '주어'와 '술어'로 나누어 의미를 규정하려고 하는 식의 구별은 다른 모든 명제와의 관계를 고려하지 않고서는 영원히 진위를 판정할 수 없다. 거기서 이것을 '집합'과 집합의 '요소'라는 구별로 바꾸어서 분석적인 형식 논리에 의해 진위를 판정할 수 있다고 생각했다.

정확히 단순한 원소가 모든 물질을 구성하는 것처럼, 독립된 단순 명제에 지식의 기초가 있다고 생각해보자. 그러면 모든 지식은 단순 명제로 논리적으로 구성되는 것이며 그 진위는 일의적으로 결정된다. 이러한 원자론적인 지식 구성의 사고 방식을 '논리적 원자론'이라고 한다. 이렇게 그들은 우선 언어의 구조를 엄밀히 특정화하고, 그런 다음에 그것이 어떤 조건을 가진 경우에 참인가를 정의하고, 그것에 기반하여 추론의 올바름을 정의했다.

이러한 발상으로 그들은 논리학이 다룰 수 있는 추론의 범위를 크게 넓혀(수학도 논리학의 한 분야가 되었다), 수학의 논리적 기초와 논리학의 변화를 시도했다(화이트헤드와 럿셀이 함께 쓴 『수학 원리』는 아주 유명하다). 그들의 사고 방식은 지식을 모두 논리적으로 재구성하고, 그리고 그 기초를 감각적 경험에서 찾으려는 '논리 실증주의'로 이어졌지만, 그러나 이러한 이른바 엄밀한 논증주의도 결국 소쉬르 사상이 암시했던 언어 이론상의 여러 가지 어려움을 만나게 된다.

제 10 장

원리의 재건을 위해

근대 사회의 여러 모순의 근본적 해결책으로 기대된 맑스주의가 그 한계를 드러내자, 이것을 대신할 새로운 세계 사상에 대한 기대가 커졌다. 그 기대에 따라 등장한 것이 구조주의, 포스트 구조주의와 같은 프랑스의 새로운 사조이다.

하지만 이들은 모두 맑스주의의 약점을 극복하려는 의도가 강하여, 원리적 사고로서 근대 철학이 맞부딪친 난관을 충분히 뛰어 넘을 수 있는 것인가에 대해서는 답하기 어렵다. 인간과 사회를 생각하기 위한 '원리'를 다시 한번 가능한 한 근본적으로 생각하는 것. 현대 철학은 그런 과제를 다시 한번 눈앞에 두고 있다.

1. 구조라는 사상

레비 - 스트로스, 라캉, 바르트, 알튀세르

구조주의와 주체의 이론

구조주의에 관해 생각할 때, 전후 프랑스의 사상 상황을 염두에 둘 필요가 있을 것이다. 독일 점령 아래서 전개된 저항 운동과 프랑스 해방 운동에 관계해 온 프랑스의 지식인은 사르트르로 대표되는 주체적인 결단과 실존의 사상에 매혹되었다. 어떤 상황에서도 아무튼 주체적인 결단을 내린다는 실존적 주제가 사상적인 중요성을 지녔던 것이다.

그리고 실존주의에서 그 결단의 가치를 결정하는 것은 '역사'라는 이념이었다. 인간의 역사는, 예컨대 인간의 해방과 소외의 극복 같은 특정한 목적을 추구하는 운동이며, 이 역사의 방향에 따라서 결단하고 행동하는 것이 참된 의미에서 인간의 자유라고 생각하게 되었던 것이다.

그러나 윤리적으로 치장한 맑스주의의 경향이 있는 실존주의에 곧 심각한 의문이 제기되기 시작했다. 인간이 직면하는 복잡한 상황에서 주체적인 결단만으로 문제가 해결될 수 있는가 하는 것이 커다란 의문이 되었기 때문이다.

레비-스트로스

사회의 무의식적인 구조

이 실존주의에 대해 가장 먼저 의문을 표명한 사람은 문화 인류학자인 끌로드 레비-스트로스(1908~1992)였다. 레비-스트로스는 소쉬르와 야콥슨의 언어학의 방법을 배우고, 미개 사회의 혼인과 신화를 분석하면서 사회는 인간의 의지적인 결단보다 무의식적인 구조에 의해 구성되고 있음을 밝혔다. 미개 사회에는 근친 상간의 금지 규칙에 기반을 둔 복잡한 혼인 규칙이 있는데, 레비-스트로스는 『친족의 기본 구조』에서 언어학의 음운론에 기반을 둔 분석 방법을 이용하여 이러한 규칙에 하나의 구조가 있음을 분명하게 밝혔던 것이다.

이러한 혼인 규칙은 하나의 사회가 내부에서 닫혀 있는 것이 아니라, 다른 사회와 교류할 필요성에 기반을 두고 구축되었다는 것을 보여주지만, 이 규칙의 배경에 있는 구조는 사회의 내부 성원에게는 의식되지 않고 존재한다. 레비-스트로스는 프로이트의 이론에 기반을 두면서 이러한 사회의 구조 차원에 있는 규칙이 사회의 성원에게는 무의식적인 것이 된다는 것, 그리고 이러한 사회에서는 주체의 결단이나 역사의 목적보다 사회의 구조가 행하는 기능이 중요한 의미를 가진다는 것을 밝혔다.

레비-스트로스의 역사 비판

레비-스트로스는 이렇게 사회에서 인간의 행동이 무의식적인 요소에 의해 규정되는 것을 보여줌으로써 실존주의의 주체적인 결단이라는 이념에 대해 의문을 드러냈다. 나아가 『야생의 사고』에서는 실존주의의 기본인 역사의 목적이라는 개념을 엄중하게 비판했다. 지구에 존재하는 다수의 사회는 서양적인 문명을 가진 역사의 목적론과는 무관하게 존재하고 있으며, 이러한 역사와는 무관하게 보이는 사회에도 서양 사회와 같은 존재 의의가 있다는 것이 문화 인류학자 레비-스트로스의 신념이었다.

레비-스트로스는 이 책에서 사르트르의 『변증법적 이성 비판』을 비판하면서 인문 과학의 목적은 인간을 '구성'하는 것이 아니라, '해체'하는 것이라고 주장했다.

학문은, 역사의 목적을 따르면서 상황 속에서 주체적으로 결단하는 인간을 대상으로 하는 것이 아니라, 이러한 주체적인 결단을 내리는 삶 그 자체를 가능하게 하는 사회의 구조(시스템)를 대상으로 해야만 하며, 여기서 주체로서 인간의 개념은 '해체'되어야 한다고 생각했던 것이다.

구조주의와 주체 개념

이러한 레비-스트로스의 비판은 서양의 형이상학이 전제로 삼은 인간의 이성과 역사의 목적론 개념을 비판하는 것이었다. 이 인간 '해체'의 선언은 구조주의적인 방법의 개시를 알리는 것이었다고 생각해도 좋을 것이다.

이 '구조'라는 개념은 서양의 형이상학에서 주체 개념과, 주관과 객관의 대립에 근거한 인식론의 체계에 대한 날카로운 비판을 전개하는 것이었다. 구조라는 개념이 사람들을 매혹시켰던 이유는 인간을 주체로 간주한 그때까지의 인간주의적인 관점으로는 해독할 수 없었던 인간 삶의 모습을 문제로 삼게 되었기 때문이라고 할 수 있다.

이 주체 개념에 대한 비판은 레비-스트로스만이 아니라 신화학, 사회학, 역사학 등의 분야에서도 함께 진행되고 있었으며, 프랑스의 사상계에서는 구조주의가 실존주의를 뒤이은 중요한 사상적 조류가 되었다. 이 조류에 동조한 사상가 중의 누구를 구조주의자라고 부를 것인가는 어려운 문제이지만, 여기서는 정신 분석 분야에서 라캉, 문학 분야에서 바르트, 맑스주의 진영의 알튀세르에 관해 살펴보겠다.

라캉의 정신 분석

프로이트의 정신 분석을 비판적으로 계승한 쟈끄 라캉(190~1981)은 헤겔의 사상을 자유롭게 전개하면서 구조주의적 정신 분석 이론을 구축했다. 레비-스트로스와 마찬가지로, 라캉도 프로이트의 무의식 이론에 의거하면서 인간의 무의식은 언어와 같은 구조를 갖추고 있다고 생각했다.

주체의 무의식에서 말하는 것은 의식하는 주체가 아니라 타자의 언어라고 생각했던 라캉은 『에크리』에서 의식의 주체가 가능해지기 위해서는 의식이 현실계/상상계/상징계의 세 영역으로 구조화할 필요가 있다고 지적했다. 이것은 거시기/자아/초자아라는 프로이트의 자아 국소론(局所論)을 확장한 것이며, 인간 의식의 보편적인 구조를 밝힌 것이다.

특히 유명한 것은 라캉의 거울상 단계 이론이다. 아이는 생후 6개월부터 1년 반 사이에 거울에 비친 자신의 신체를 보고서, 자기의 신체적인 통일을 확립한다는 게 이 이론이다.

실제로 거울에서 자신의 모습을 보는가가 문제가 아니라, 그때까지 분열된 상태였던 자기의 신체가 통일성을 가진다는 사실을 자기 또는 타자의 상을 보고 인식하게 되며, 이로부터 통일적인 자아가 형성된다는 것이 중요하다.

이 자아의 장에서 말을 할 수 있게 되며, 상징계와 사회적 관계가 형성되게 된다. 라캉은 이것을 인간에게서 보편적인 구조라고 생각했다.

바르트

롤랑 바르트와 텍스트 이론

롤랑 바르트(1915~1980)는 여러 분야에서 기호론을 활용한 구조 분석을 주창했다. 바르트는 구조 분석을 하나의 '주의'로서가 아니라 소설, 신화, 사회의 풍속 및 양식 등의 다양한 대상을 분석하는 하나의 수법으로 구사했다. 바르트가 흥미를 가졌던 것은 대상 그 자체에 내재하는 구조라기보다는, 분석하는 대상에서 '의미를 만들어내는' 인간이며, 자연이나 문화에서 형성되는 '의미'에 갖춰져 있는 구조였다.

이렇게 보면 바르트는 구조주의에서 레비-스트로스의 정반대편에 자리잡고 있는 사상가로 생각할 수 있다. 바르트는 역사에서 결단하는 실존적인 인간이 아니라, 역사에 의미를 부여하고자 하는 인간의 행위가 하나의 '장치'처럼 기능한다는 사태를 중시했던 것이다.

특히 바르트는 '작가의 죽음'이라는 개념을 제기하면서, 고전적

알튀세르

문학 비평의 '작품' 이론을 비판했다. 전통적인 문학 비평 이론에서 중요한 것은 작품과 그 작품의 작가이며, 텍스트의 분석에서 작가의 전기적 고찰로 나아가는 경우가 많았다.

이에 대해 바르트는 텍스트에서 작가는 외재적이며, 중요한 것은 텍스트를 읽는 독자라고 생각했다. 텍스트를 신과 같은 창조자의 위치에 있는 작가가 만들어낸 작품으로서가 아니라, 그 텍스트가 놓인 문화에 고유한 여러 가지 '인용의 짜집기'로 읽을 필요가 있다고 생각했다. 텍스트는 독자가 새로운 의미를 만들어내기 위한 '장치'인 것이다.

알튀세르의 맑스 분석

이렇게 구조주의는 언어학, 문학, 신화학, 사상사 등의 분야에서 하나의 방법으로 활용되었지만, 이 방법이 애초의 '적'이었던 맑스주의에도 적용되었던 것에 주목하고 싶다.

프랑스의 과학 인식론 분야에서 활동한 루이 알튀세르(1918~1990)는 맑스주의를 인간의 실존이나 결단이라는 측면에서가 아니라, 과학적인 인식론으로서 생각하려고 하는 경향을 강하게 띠고 있었기 때문에 구조주의자로 불리는 경우가 많다.

알튀세르는 당시 사회주의의 인간주의적 경향을 단죄하면서, 초기 맑스의 이론을 비판한다. 초기 맑스는 '소외'나 '물신화'를 해소해서 전체적인 인간성을 회복하는 것을 목표로 삼았지만, 알튀세르는 인간주의적인 초기 맑스의 사상을 '인식론적으로 단절'하여 『자본』 시기의 맑스의 사상 구조를 분석할 필요가 있다고 생각했다.

이 '인식론적 단절'이라는 개념은 프랑스 과학 인식론에서 바슐라르의 개념을 이어받은 것이며, 하나의 사상을 그 전체의 체계에서 파악하려면, 그 사상의 역사적 발전을 어떤 시기에서 '단절'해서 고찰하고, 하나의 완결된 전체로서 생각할 필요가 있다고 주장하는 것이다. 이 과학 인식론의 '단절'이라는 개념은 프랑스 구조주의의 원천 중의 하나로 생각할 수 있다.

또한 알튀세르는 인식론에서 주체로서 인간이 객체로서 대상을 인식한다고 하는 전통적인 사고 방식을 비판했다. 인간은 사회적 관계의 그물망 속에서 살아가는 존재이며, 언제나 중층적인 결정을 받고 있으며 전통적인 인식론으로는 사회에서 인간의 삶을 고찰할 수 없다고 생각했다.

개인은 가정의 일원으로서, 지역의 주민으로서, 직장의 일원으로서, 국민으로서, 여러 가지 이데올로기와 인과 관계의 규정을 받으며 중층적으로 살아가고 있다. 알튀세르는 이러한 개인을 직선적인 인과 관계로 규정할 수 없으며, 구조론적인 인과 관계로 생각할 필요가 있다고 주장했다.

구조주의에서 포스트 구조주의로

이 사상가들에게서 공통적으로 볼 수 있는 것은 전후의 실존주의에 대항하면서 인간의 자유로운 결단으로 좌우되지 않는 요소, 그러한 결단 자체를 가능하게 하는 조건, 결단이 이루어지는 메커니즘 등을 주체로서 인간과는 다른 장소에서 찾으려고 하는 경향이다.

구조주의는 주체 개념을 부정하면서 인간에 관한 새로운 고찰을 가능하게 하는 방법이라고 할 수 있겠다. 그러나 이들 중 누구에게도 이것은 사색의 한 가지 '경향'에 그치지 않았으며, 경우에 따라서는 본질적인 경향이었는지도 모른다.

구조주의는 전후 프랑스의 실존주의와 맑스주의에 대항하는 형태로 등장했던 하나의 조류이며, 거기에는 여러 가지 경향이 포함되어 있다. 각각의 경향이 발전하고, 혹은 그것에 비판이 더해짐으로써, 이윽고 포스트 구조주의의 사상이 탄생하게 된다.

2. 포스트 구조주의의 3인방

푸코, 들뢰즈, 데리다

미셸 푸코(1926~1984), 질 들뢰즈(1925~1995), 쟈크 데리다(1930~)는 전후 프랑스 사상의 제3세대에 해당한다. 그들은 전후 프랑스의 맑스주의, 실존주의, 그리고 구조주의가 절대적인 영향을 미치고 있던 지적 풍토 속에서 청년기를 보내고, 그 계승자이자 그로부터 벗어나려고 했던 사상가들이다. 그 때문에 '구조주의 이후'라는 의미에서 그들을 흔히 '포스트 구조주의'라고 일괄해서 부른다. 그것을 슬로건 풍으로 말하면, 포스트 구조주의가 구조주의의 흐름을 타고 등장했기 때문에 '반인간 중심주의', '반서구 중심주의', '반이성 중심주의'가 되었을 뿐이며 구조주의와 큰 차이는 없다. 즉 그 기본틀은 유럽 근대를 꿰뚫어 온 '인간의 앎'의 존재 방식을 근본적으로 의심하고 다시 보려는데 있다.

역사가로서 미셸 푸코

초기의 저작 『(고전주의 시대) 광기의 역사』(1961), 『말과 사물』(1966), 『지식의 고고학』(1969) 이래, 푸코에게는 언제나 두 가지 문제권이 있었다. 한편으로는 '주체'가 어떻게 형성되고 해체되는가이고, 다른 한편으로는 '권력'이 어떻게 작용하는가가 그것이다. 그리고 푸코는 그 유례없는 비판 정신과 실증 정신을 발휘하

푸코

여 이 문제들을 탐구해 갔다. "나는 철학자가 아니라 역사가이다"는 푸코 자신의 말도 방대한 자료와 정교한 논증을 구사하는 그의 수법을 표현하는 것이라고 할 수 있을 것이다.

『광기의 역사』에 따르면, 르네상스 시기까지 '광기'는 일상적으로 허용되고 있었지만, 17세기 전반부터 '광인의 대감금'(대대적인 가두기)이 유럽 전체에서 일어났다. 여기에서 광기의 선별과 배제가 시작되었다. 광기와 이성의 근본적인 분리이다. 그러나 문제는 거기에서 그치지 않는다. 18세기 말부터 19세기에 걸쳐서 영국과 프랑스에서 '광인 해방'이 행해진 것이다. 광인은 전용 시설로 옮겨지고, 족쇄 등이 폐지되고, 광인에 대한 폭력이 금지되었다. 즉 이 시대에 비이성으로 환원되었던 광기가 마음에 고유한 병, 정신병으로서 심리학화하고, 도덕적 죄의 내면성에 의해 심리학화했다고 푸코는 말한다. 여기에서는 니체적 주제(도덕과 결합된 내면성의 발견)가 반복되고 있다.

에피스테메란 무엇인가? 『말과 사물』과 '인간의 죽음'

니체의 계보학도 푸코의 역사 비판에 그림자를 드리우고 있다. 그는 '근대'라는 시대의 문제를 묻지 않고 오히려 그 '기원'을 물으려고 한다. 『말과 사물』에서 푸코는 근대의 확립을 세 개의 시기(① 르네상스 · 바로크기, ② 고전주의 시대, ③ 19세기 이후의 이른바 '근대')로 나누어 각각의 '에피스테메'(épistémès)를 논한다.

에피스테메란 어떤 특정한 시대의 문화 전체의 뿌리에 있는 '지식'의 존재 방식이라고 생각할 수 있다.

고전주의 시대에 말과 사물이 분리되고 말이 기호가 되었지만, 양자의 '표상 관계'는 투명했다. 그러나 '근대'로 들어오자 이성은 '불투명한 어둠'에 맞닥뜨리게 되었다. 거기에서 인식의 주체이자 객체(주제)인 '인간'이 등장하고, 인간에 관한 인간의 학적 인식이 가능해졌던 것이다. 그리고 그것은 결국 사라질 운명이라고 푸코는 말한다. "인간은 다음 파도에 씻겨 나갈 모래 위에 그린 얼굴처럼 결국 사라질 것이다." 푸코의 이 문장은 '반인간 중심주의'의 슬로건으로서 전성기였던 구조주의와 호응하여 당시 사람들의 마음을 뒤흔들었다.

『지식의 고고학』에서 푸코는 '언설'(discourse, 담론)이라는 개념을 사용하여 몇 개의 지층이 겹쳐진 것으로서 '앎'의 역사를 파악하고, '역사' 개념을 비중심화한다. 역사에 의미를 부여하는 특권적인 관찰자('인간')라는 중심, 그 중심이 '역사'라는 이야기를 만들어내기 때문에, 그것을 비판하는 푸코의 언설은 이제는 '사고하는 주체'(코기토)의 언설은 아닐 것이다.

판옵티콘과 자기 자신의 '복속=주체화'

『감시와 처벌』(1975), 그리고 『성의 역사』 제1권 『앎을 향한 의지』(1976)는 권력의 분석을 한층 더 밀고 나갔다. 여기에서 권력은 복합적인 힘, 유동적인 전략, 관계의 그물이라는 뜻이며, 더욱 중요한 것은 권력이 어떻게 내면화되었는가라는 푸코의 물음이다. 푸코에 따르면, '광인 해방'과 거의 같은 시기에 벤담에 의해 제안된 판옵티콘(panopticon, 원형 감옥의 일망 감시 시설)은 '내

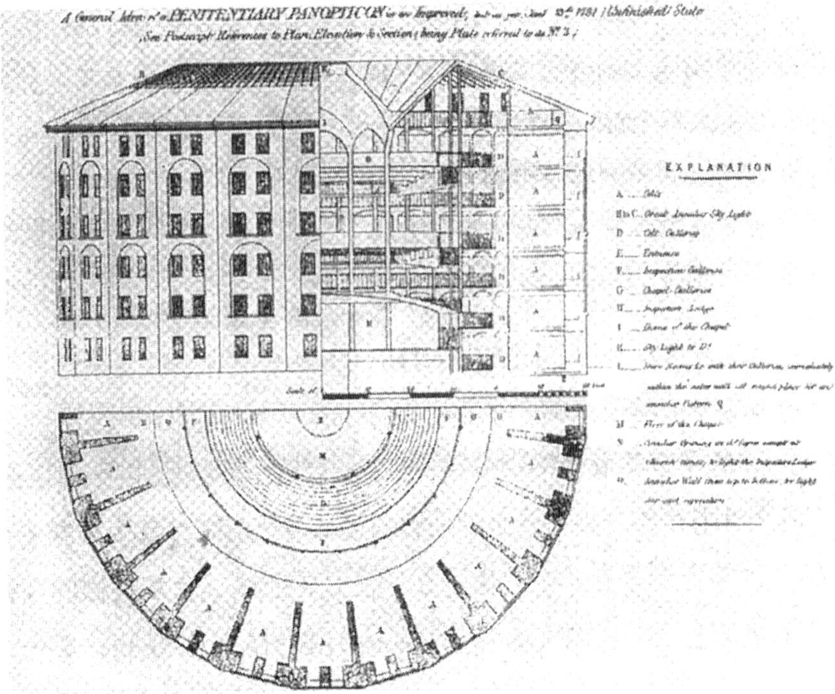

벤담에 의한 판옵티콘 설계도
주위의 원형 건물의 구분된 방에 죄수가 들어가고, 중앙탑에 감시인이 서 있다. 감시인은 죄수의 모습을 확실하게 볼 수 있지만, 죄수는 감시인의 모습을 전혀 볼 수 없다.(Bentham, J., 1943. *Works, Vol. 4*)

면화'를 위한 '건축학적 형상'이다. 감옥 속에 가두는 방식에서 볼 수 있는 곳에 두는 방식으로 옮아감으로써 개인은 '규율'을 스스로 받아들이고, 복종의 자발성으로서 권력을 내면화한다. "자신이 가시성의 장에 놓여 있다는 것을 알고 있는 사람은 권력 관계를 내면화하여 동시에 두 가지 구실을 하게 된다. 그는 자기 자신의 복속=주체화의 원리가 되는 것이다."

『성의 역사』에서의 자기 통치와 '생존의 미학'

『성의 역사』 제2권 『쾌락의 활용』과 제3권 『자기에 대한 배려』(모두 1984)는 8년 동안의 침묵 끝에, 푸코가 죽기 직전에 간행되었다. 1976년 이후 크게 변한 어조가 사람들을 놀라게 했다. 심플한 문체로 쓰여진 『쾌락의 활용』에서는 고전고대 그리스에서의 성 문제를 분석하고, 『자기에 대한 배려』에서는 그리스의 도덕성이 '아름답게 살기' 위한 자기 통치를 중심 주제로 해서 전개되었던 것을 밝힌다. 이 책들에서 푸코가 탐구하고자 했던 것은 이제까지 푸코 자신의 '권력'론과도 다른 '권력'론의 모색, 성과 윤리와 진리의 관계에 대한 모색이었다. 즉 '앎의 권력'과 어떻게 싸워야 하는가라는 종래의 발상에서 완전히 벗어나서 생존 그 자체를 아름다움으로 보려고 하는 '권력'론으로 옮아가고 있었던 것이다.

히피 철학자 질 들뢰즈는 '탈주'한다

들뢰즈는 철저하게 반헤겔주의자였다. "성인이 되는 것"을 가르친 헤겔에 대해 "언제까지나 어린이이고 싶다(기보다 언제까지나 어린이가 '되고' 싶다)고 했던" 들뢰즈로 생각하면 아마 이해하기 쉬울 것이다. 들뢰즈는 『니체와 철학』(1962)에서 니체를 새롭게 독해하면서 변증법과 거기에 뒤엉켜 있는 헤겔주의의 망령을 쫓아 버리기 위해 일어서게 된다. <니체의 '옳다'는 변증법의 '아니다'와 대립하고, 긍정은 부정과, 차이는 변증법적 모순과, 즐거움과 향락은 변증법적 노고와 대립한다.>

변증법적 노고는 르상티망의 이데올로기이다. 즉 지배받는 약자가 현실의 비참함을 부정하려고 짜낸 '금욕주의적 이상'이라고 들뢰즈는 '계보학자' 니체가 되어 말한다. 그리고 "세계의 모든 것을 알려고 한다"는 근대적인 '앎'의 욕망은 허무주의에 기원을 두고 있다고 생각했다. 거기에서 그는 르상티망 속에서 방향을 잃고 부정적이 되어 버린 '힘(을 향한) 의지'의 경향을 긍정적으로 '탈주'시키려고 유혹한다(근대적인 지식과 '투쟁한다'는 것은 변증법적 노고를 계속 쌓아 가는 것을 신조로 하는 정주자의 표현 방식일 것이다).

'리좀', '다수 다양체', '욕망하는 기계', '기관 없는 신체'

탈주와 유목민(nomad)이 전면에 나온 것은 1970년대에 들어와서 펠릭스 가타리와 함께 작업을 하면서부터이다. 말 그대로 "두 사람이 쓴" 『자본주의와 분열증』(제1부 『앙티 외디푸스』, 1972; 제2부 『천 개의 고원』, 1980)은 '리좀', '다수 다양체', '욕망하는 기계, '기관 없는 신체' 등과 같은 종래의 철학 용어와는 아주 다른 말을 사용하여 속도감 있는 문장을 길게 늘어놓고, 이질적인 것이 이 영역에서 저 영역으로 가로지르고, 교섭하고, 섞이고, 증식해 가는 운동과 흐름을 마치 우당탕 희극이나 팝 아트처럼 그려낸다. 그리고 거기에서 비인칭적인 욕망의 영역을 찾아내고, 그것이 현실의 삶을 창조하는 힘이라고 해서 욕망의 긍정성을 강조하고 탈주하라고 유혹한다. 그것은 과격하기까지 한 선동이었다.

쟈끄 데리다는 '로고스 중심주의'를 '해체'한다

데리다는 하이데거가 시작했던 작업을 이어받으면서 독자적으로 '차연'(差延)이라는 새로운 개념과 '해체'라는 새로운 전략을 이용해 사고의 기원에 관해 사고한다. 초기의 저작 『'기하학의 기원'에 대한 서설』(1962)과 『소리와 현상』(1967)은 훗설의 현상학에서 기호의 의미의 '순수성', 순수한 '현전'(직관이 의식에 부여되는 것)을 문제로 삼는다. 훗설은 의식의 '있는 그대로'를 말로 표현할 수 있다고 생각했지만, 데리다는 이 '있는 그대로'가 이상하다고 생각했다.

데리다

왜냐하면 사람은 '있는 그대로'를 말하려고 할 때 '말'(예컨대 이 컵은 희다)이라는 기호를 사용해야만 한다. 하지만 거기에서 기호가 '참된 것'(근원적인 것)을 다만 단순히 '재현전'시키는(이러한 사고 방식을 데리다는 '현전의 형이상학' 혹은 '로고스(음성=이성) 중심주의'라고 부른다) 것이 아니다. 오히려 <이 컵은 희다>는 직관 자체가 우선 "이 컵은 희다"는 기호의 반복 가능성에 의해 성립되는 것이라고 데리다는 말한다.

'현전'은 부동의 '동일성'이 아니라, 오히려 언제나 이미 '차이'화되어 있다(즉 기호의 반복 가능성에 의해 오염되어 있다). 그리고 그러한 차이의 운동을 데리다는 '차연'이라고 부르고, '동일성/차이'라는 이항 대립 앞에서 그것을 성립시키는 유동적인 기원을 생각했다.

데리다는 그렇게 해서 형이상학을 말하자면 '안에서부터 비판'한다. 형이상학의 내부로 들어가서 그 내부에서 형이상학의 문제 설정 그 자체를 스스로 행하면서 그 불가능성을 밝혀서 어긋나도록 만든다. 그 전략이 '해체'이다.

'쟝르의 규칙' 깨기의 다양한 파층류

이러한 발상과 전략은 『그라마톨로지에 관하여』(1967)에서 레비-스트로스의 '자민족 중심주의'나 루소의 '위험한 보상', 『글쓰기와 차이』(1967)에서 푸코의 '광기'나 쟈베스의 '책', 레비나스의 '절대적 타자' 등에 대한 주목에서도 완전히 똑같이 채용되고 있다. 데리다는 철학적 텍스트만을 특권적으로 다루지 않으며 인류학, 유대교, 문학 등의 여러 쟝르의 텍스트를 끌어들여 논한다. 『산종』(1972)에서는 플라톤과 말라르메를 논하고, '괴이한 책'이라고 할만한 『조종』(1974)에서는 쟝 쥬네와 헤겔을 같은 쪽에서 교차적으로 논하고 있다. 그 이후에 그 경향은 더욱 강해져서 아다미의 회화론, 피터 아이젠만의 건축론, 「성차」, 「철학과 교육과 정치」, 『맑스의 유령』(1993) 등 그칠 줄 모른다.

현상학과 유대 사상

전후 프랑스 사상에서 엠마뉴엘 레비나스(1905~1995)를 빼놓을 수 없다. 그는 사르트르와 메를로-퐁티 세대의 현상학 이해에 큰 영향을 미쳤을(『훗설 현상학에서 직관 이론』, 1930) 뿐만 아니라, 유대 사상을 서구의 철학 용어로 말해 프랑스라는 풍토에 이식한(『탈무드 4강의』, 1968) 희귀한 사상가이다.

3. 독일의 현대 사상
아렌트, 아도르노, 호르크하이머, 하버마스

이 절에서는 전후 독일의 주목할만한 철학자들을 소개하려고 한다. 전후의 독일 사상은 "세계대전과 파시즘을 어떻게 볼 것인가"라는 무거운 과제에서 출발한다.

두 차례의 세계대전은 "이성을 통해 인류는 진리와 정의를 향해 진보한다"는 근대적 신념에 대한 심각한 회의를 가져왔다. 이성의 성과인 과학 기술은 대량 살륙 무기를 만들어내고, 자유와 평등의 실현을 목표로 하는 근대 국가는 자국의 이권을 위해 국민을 총동원해서 서로 싸웠기 때문이다.

독일에서는 더욱이 파시즘이 큰 상처가 되어 남았다. 많은 독일인이 나치즘을 지지하고, 유대인 학살에 협력하지 않았더라도 묵인했다. 나치즘에 의해 박해받은 쪽도, 그것을 묵인한 쪽도 나치즘이 생겨난 이유에 관해 깊이 생각하지 않을 수 없게 되었다. 이 두 가지 과제는 결국 '근대' 그 자체에 대한 근본적인 의심이라는 방식을 취해 가게 된다.

공공 영역의 소멸

하이데거의 제자였던 유대인 여성 철학자 한나 아렌트(1906~1975)는 나치가 독일에서 승리를 거둔 1933년에 독일에서 파리로

탈출했으며, 전후에는 미국에서 활약했다. 저서에 『전체주의의 기원』(1951), 『인간의 조건』(1958)이 있다. 그녀는 파시즘과 같은 '전체주의'는 근대에 들어와 '공공 영역'이 몰락했기 때문에 생겨났다고 생각한다.

아렌트

고대 그리스의 폴리스에서는 정치나 예술이 생생하게 살아 있는 '공공 영역'으로서 존재했다.

거기에서 사람들은 다른 사람들에게 말하고 행동하며, 다른 사람들이 그것을 받아줌으로써 사람들은 세계와 자기 자신의 현실성을 확신할 수 있었다.

아렌트는 이 공공 영역을, 사람들이 빙 둘러앉은 하나의 탁자에 비유한다. 탁자는 사람들을 연결하는 동시에 떨어뜨리는데, 공적 공간도 사람들의 의견의 다양성 · 다원성을 인정하기 때문에 사람들에게 자유와 현실성을 보장할 수 있다는 것이다.

그러나 근대에 들어오면 생생하게 살아 있던 타자와의 소통의 구실은 경시되고, 생명의 유지와 확충을 위해 소비재를 생산하는 '노동'만을 중요시하게 된다. 노동을 기초로 하는 근대 사회는 예측 가능성 · 계산 가능성이라는 단 하나의 관점으로 이루어진 획일적인 세계이며, 각자는 세계에서 자신의 개별적인 내면으로 물러나지 않을 수 없게 된다. 이렇게 해서 세계와 자기 자신의 현실성이 사라지고, 거기에 거대한 폭력으로서 전체주의의 가능성이 잉태된다고 아렌트는 말한다.

이렇게 아렌트는 현대 사회를 노동만을 중심적인 가치로 삼는 것으로 비판하고, 정치와 예술을 생생하게 살아 있는 소통의 공간으로 소생시키기를 바랬다.

호르크하이머

계몽적 이성에서 야만이 생겨난다

역시 유대인 철학자인 테오도르 아도르노(1903~1969)와 막스 호르크하이머(1895~1973)는 제2차 세계대전 직후에 출판한 『계몽의 변증법』(1947)에서 처음부터 계몽적인 이성에서 야만과 폭력이 생겨난다고 주장해서 전후의 독일 사상계에 대단히 큰 영향을 미쳤다. 이 두 사람을 중심으로 한 그룹은 맑스와 프로이트를 지주로 삼았는데, 프랑크푸르트의 사회 과학 연구소에 모였기 때문에 '프랑크푸르트 학파'라고 불린다.

그런데 이성에 의한 '계몽'의 과정은 오로지 야만에서 문명으로 진보한다고 생각해 왔다. 확실히 이성은 무서운 자연을 합리적으로 이해함으로써 통제할 수 있게 하고, 그와 동시에 자기 자신의 내부에 있는 여러 가지 충동이나 욕구, 또 자연과 융합하려는 공감을 통제함으로써 '동일한 자아'나 '주체성'을 확립해 왔다. 그러나 그것은 뒤집어보면 '외적 자연'의 지배와 함께, 인간의 '내적 자연'에 대한 지배·억압이 진행되어 온 것을 의미한다.

이성은 이렇게 해서 자연 지배를 위한 '도구적 이성'이 되어 생산력을 높이지만, 그와 동시에 내적 자연에서 분리된 자아는 무엇을 위해 살아야 하는지 알 수 없게 되며, 다만 '자기 보존을 위한 자기 보존'만을 목적으로 삼게 된다.

하버마스

그리고 퇴화하고 억압받는 내적 자연에서는 극히 못난 망나니 짓거리(나치즘)도 생겨나게 된다.

아도르노와 호르크하이머가 이렇게 말할 때, 거기에는 18세기 이래의 독일 낭만주의에서 물려받은 '인간과 자연의 근원적인 화해'에 대한 그리움이 담겨 있다. 그리고 진보, 이성, '동일성'에 대한 그들의 철저한 의심에는 프랑스의 포스트 구조주의 사상가들과 통하는 점이 있다.

대화적 이성의 필요

아도르노 등은 근대에 대한 비관론적인 자세를 버리지 않았다. 그러나 그들의 제자인 위르겐 하버마스(1929~)는 이성을, 자연을 효율적으로 지배하는 '도구적 이성'으로서만 파악한데 그들의 비관주의의 근원이 있다고 생각한다.

이성에는 확실히 기술적인 앎으로써 자연을 통제하고 지배하려는 측면이 있다. 그러나 이성의 작용은 그것만이 아니다. 정확한 논거를 제시함으로써 상대와 공통 이해를 이루려고 노력하는 '대화적 이성'이 있다. 아도르노 등이 바랬던 자연과의 화해는 불가능하여 현대의 생산력 수준을 낮출 수는 없지만, 인간들의 대화적 이성의 작용을 더욱 풍부하게 할 수는 있다.

이렇게 생각한 하버마스는 '논거에 기초한 자유로운 합의'를 목표로 한 근대 초기의 이념을 다시 긍정하게 되었다. 그 입장에서 그는 데리다와 푸코 같은 포스트 구조주의의 사고 방식에 대해서도 날카롭게 비판한다.

현대의 상대주의와 회의주의의 분위기 속에서 하버마스가 대화적 이성의 필요를 강조한 것에는 대단히 커다란 의미가 있다. 그러나 어떻게 해서 그 작용을 풍부하게 할 수 있을 것인가에 대해서는 철저하지 못한 점이 있다고 나는 생각한다.

그는 평등한 발언의 기회와 자유의 실질적인 보증이라는 '이성적인 발화 상황'에서는, 사람은 '더 나은 논거'에 의해서만 동기를 부여받으며 이성적인 합의를 향해 나아갈 것이라고 말한다. 그러나 인간은 자기 중심적인 존재이기도 하며, 언제나 합의를 이루려고 하지는 않는다. 또한 합의를 바란다고 해도 양쪽의 신념이 크게 대립하게 되면 합의는 역시 이루어지지 않는다.

합의를 이루려고 하는 동기는 도대체 어디에서 생겨나는 것일까? 또한 여러 신념의 대립을 어떻게 해서 넘어설 수 있을 것인가? (훗설의 현상학에는 신념들의 성립을 반성함으로써 공통 이해의 가능성을 만들려고 하는 관점이 있다.) 이런 문제들을 철저하게 생각함으로써 대화적 이성의 가능성을 확대하는 것, 이것은 현대 철학의 아주 중요한 주제 중의 하나이다.

4. 미국의 정치 철학

롤즈, 노직, 매킨타이어

이어서 현대 미국의 정치 철학에 관해 살펴보자. 1971년에 미국의 존 롤즈(1921~)가 『정의론』을 썼다. 이것은 맑스주의와는 다른 방식으로 '사회의 마땅한 모습'을 구상하려고 하는 것으로, 미국에서는 지금도 여전히 큰 영향력을 가지고 있는 책이다. 또한 노직과 매킨타이어 등의 비판자들도 나타나서 미국의 정치 철학은 활황을 맛보고 있다. 이제까지 일본에서는 영미의 철학은 특별한 관심을 끌지 못했지만, 냉전이 종식된 현재는 맑스주의를 대신할 새로운 사회 구상에 대한 관심도 있어서, 롤즈 이래의 미국 정치 철학은 일본에서도 상당히 잘 알려지고 있다.

정의는 '연역'될 수 있다 : 롤즈

롤즈가 말하는 '정의'란 사회의 법이나 제도의 근본에 있는 '원리'를 의미한다. 그러한 기본 원리를 명확하게 보여줄 수 있다면, 현재의 사회가 추구해야 할 목표를 찾을 수 있지만, 만일 보여줄 수 없다면 사회의 상태는 단지 방치되고 말 뿐이라고 그는 생각했다. 그런데 정의의 원리를 어떻게 해서 보여줄 수 있을까? 그러기 위해 롤즈가 취한 수단은 근대의 사회 계약설을 현대적으로 재구성하는 것이었다.

그는 우선 '원초 상태'(사회 계약설이 말하는 자연 상태)를 상정하는 것으로 시작한다 — 사회의 기본 원리를 결정하려고 사람들이 의논하게 된다. 그 한 사람 한 사람은 '자기 자신의 이익의 증진'에만 관심을 가지고 있다(이타적이지 않다). 그리고 이렇게 해서 만들어진 사회 속에서 자신이 어떤 지위를 차지하게 될지는 전혀 알 수 없다. 그때 사람들은 어떤 원리에 합의하게 될까? 롤즈는 다음 두 가지를 든다.

롤즈

[제1원리] : 각자의 자유는 타인의 자유와 양립하는 한 최대한 인정되어야 한다.

[제2원리] : 사회적 · 경제적 불평등은 그 지위가 '공정한 기회 균등'에 의해 획득된 것이며, 또한 그것이 '격차의 시정'과 연관되는 한 정당하다.

즉 롤즈는 자유주의의 전통을 따르면서, 동시에 사회적 · 경제적 불평등의 시정을 요청하는 제2원리를 도입한 것이다. 사회에서의 지위가 미리 이해되지 않는다면, 누구나 격차의 시정을 요구할 것이라는 논리이다. 이런 사고 방식은 사회주의에 기대를 걸면서 현실 사회주의의 비인간성을 알아차리고 환멸을 느끼게 된 젊은이들에게 커다란 용기를 주었다. 그리고 실제로 민주당의 자유주의 복지 정책을 지탱하는 버팀목이 되었다. 사회 정의를 원리로 삼으려고 한 그의 시도는 큰 의미를 지니는 것이었다.

그러나 그의 논리에는 난점도 있다. 그의 정의는 원초 상태에서 연역한 것이며 결코 현실의 합의는 아니다. 즉 사회에서 지금 유리한 처지에 있는 사람이 제2원리를 승인한다고는 할 수 없다. 그러므로 그것이 사회 속에서 실현될 수 있는가도 의심하지 않을 수 없게 된다.

원래 롤즈가 모델로 삼았던 것은 칸트이다. 칸트는『인륜의 형이상학 · 법론』에서 '자유로운 이성적 존재자의 공동체'를 상정하여 거기에서 권리나 법을 끌어냈지만, 헤겔은 그 방법을 비판하고 권리나 법의 근거를 구체적인 사회 생활에서 '자유의 상호 승인'에서 찾았다(제7장 헤겔 절 참조). 롤즈에 대해서도 같은 비판을 할 수 있을 것이다.

국가는 최소 상태여야 한다

로버트 노직(1938~)은 롤즈의 동료로서 서로 토론을 되풀이한 결과,『아나키 · 국가 · 유토피아』(1974)를 써서 롤즈의 최대의 비판자가 되었다.

롤즈는 복지 정책에 적극적인 자유주의파의 입장을 취하지만, 노직은 복지 정책과 같은 소득의 재분배에 강하게 반대한다. 개인의 자유로운 권리를 최대한 옹호해야 한다고 주장하는 그는 소득 재분배는 개인의 소유권을 침해하는 것이며, 국가는 개인의 자유를 보호하기 위한 '최소 국가'여야 한다고 생각하는 것이다.

노직의 입장은 자유주의(liberal)와 구별해서 자유 지상주의자(libertarian)로 불린다. 자유 지상주의자로 불리는 사람 중에는, "빈곤한 자는 게으르기 때문에 그렇게 된 것이다"고 생각하는 사람과, 시장의 조절 능력을 신뢰하고 국가의 개입을 될 수 있는 한 물리쳐야만 한다고 보는 '자유 방임의 경제 사상'(밀튼 프리드만 등)도 있다. 그러나 노직의 사고 방식은 거기에서 나온 것이 아니라, 어디까지나 "거대해지고 있는 국가의 힘에서 어떻게 해야 개인의 자유를 지킬 것인가"라는 점을 강조하고 있다. 따라서 동성애자의 결혼권 등도 인정하고 있듯이, 개인의 자유로운 권리를 철저하게 추구하려고 하는 급진적인 측면도 있다.

노직은 로크를 모델로 삼고 있지만, 그 사고 방식의 결점은 로크와 마찬가지로 자유의 권리를 절대 침해할 수 없는 것으로 본다는 점이다. 로크에 대해 루소가 <자연권(사전에 신에게서 부여받은 권리) 따위는 없으며, 모든 권리나 법은 사람들의 동의에 따라 만들어진다>고 비판했던 것이 여기에도 들어맞는다. 예컨대 너무나 좋지 않은 환경에서 살면서 교육조차 받지 못하는 사람이 있을 때, 그러한 불평등한 생활 조건을 어느 정도 바로잡는 것은 사회 전체의 과제이다. 그러기 위해 세금을 쓰는 것이 왜 '허락할 수 없는' 것일까? 많은 사람이 그것에 '합의'하게 되면, 복지 정책이 사람들의 권리를 해친다고 할 수는 없는 것이다.

자아는 공동체에 의해 뒷받침된다

롤즈와 노직은 입장부터 크게 다르지만, '근대적인 자유롭고 자립한 개인'이라는 인간관은 공통적이다. 그러나 이 '근대적 개인'의 인간관 그 자체를 의심하는 논의가 그들을 상대로 제기되었다. 그 입장은 '공동체론자'(communitarian)라고 불리는데, 구체적인 정치의 장에서 힘을 가지고 있는 것이 아니라, 학술적인 논의에서의 반대라고 할 수 있다. 그 대표자 중의 한 사람이 A. 매킨타이어(1929~)이다. <인간은 특정한 공동체(가족 · 지역 공동체 · 직업 단체 등)에 속하며, 거기에서 정체성을 찾는다. 공동체와의 관계를 뺀 '유령 같은 자기'는 구체적으로 선을 추구하거나 덕을 찾는

것일 수 없다>고 한다.

매킨타이어는 아리스토텔레스의 '공동체에서 선한 삶'을 모델로 삼아 선이나 덕을 생각하고, 근대의 자유로운 개인을 허망하다고 물리친다. 확실히 개인은 어떤 공동체와 관계맺지 않고는 살아갈 수 없다. 그러나 그의 견해에서 빠져 있는 것은 근대의 사람들이 공동체의 권위나 압력의 지배에서 해방되고자 하고, 그리고 스스로 선택한 집단이나 공동체와 관계 맺으려고 한다는 점이다.

근대는 단순한 허망이 아니며, 롤즈와 노직이 사회의 원리를 '근대적 개인'으로부터 시작하려고 한 데에는 충분한 이유가 있다고 생각하지 않을 수 없다. 그러나 매킨타이어의 견해는 개체로서 존재하는 우리 한 사람 한 사람이 스스로 타자나 공동체와의 관계를 선택해 갈 필요가 있다는 것을 우리에게 가르쳐준다고 할 수 있다.

*

현대 미국의 정치 철학을 살펴보았는데, 거기에서는 근대의 시민주의적 사회 사상을 넘어서는 것은 볼 수 없었다. 우리는 오히려 일단 근대 사상으로 되돌아갈 필요가 있는 것일까? 로크에 대한 루소의 비판, 또한 칸트에 대한 헤겔의 비판을 통해 형성된 근대의 '시민 사회 원리'를 다시 한번 살펴보자. 그리고 현대 사회 속에서 그 가능성, 또 그것을 살리기 위한 '조건'에 관해서도 생각해봐야 할 것이다.

맺음말

철학을 살려내기 위하여

철학의 역사를 대략적으로 살펴보고 끝내려는 지금, 여러분은 어떤 감상을 가지고 계신지? 이렇게 생각할 수도 있구나 하며 놀라거나, 어쩐지 예전부터 생각하고 있던 것이 그대로 표현되어서 좋다고 생각하거나, 혹은 반대하고 싶은 생각이 들었는지도 모르겠다.

그러나 "과연 이건 이렇게 생각할 수밖에 없어"라는 강력한 생각이 확실히 있다는 것, 그런 의미에서 근본적이고 원리적인 생각이 있을 수 있다는 것에, 이 책을 열심히 읽은 독자들이 찬성해주기를 바란다.

서론에서도 말했듯이, 철학이란 여러 가지 물음에 대해 '보편적인 원리'—누구나 그렇게 생각하지 않을 수 없는 근본적이고 강인한 생각—를 굳건히 세워서 답하려는 시도이다.

철학의 역사를 살펴보면, 그러한 원리적인 사고 방식을 만들어 내려고 노력해 온 사람들이 있다는 것, 그리고 그들의 사고 방식 속에는 현대를 살아가는 우리가 활용할 수 있는 '지혜의 결정체'와 같은 것이 있다는 것, 이런 것들을 분명히 확인할 수 있다. 이런 느낌은 나만이 아니라 이 책의 집필자들이 모두 공유하고 있다고 생각한다.

그러나 오늘날, 철학이란 '보편적인 원리'를 찾는 것이라는 우리의 느낌은 잘 이해되지 않고 있다. 그렇기는커녕 반발을 사는 경우도 상당히 많다. 왜 그럴까?

원리를 찾는 것은 '반동적'인가?

그것은 대부분의 현대 철학이나 현대 사상이 "유일하고 절대적인 진리나 정의가 미리 존재하며, 거기에 사람들은 이성을 이용하여 가까이 다가갈 수 있다"는 근대적인 진리주의・이성주의에 대한 비판을 커다란 모티프로 삼아 왔기 때문이다. 그리고 유일한 진리에 대한 부정은, 누구나 받아들일 수 있는 보편적인 원리는 있을 수 없다는 느낌을 불러 일으켰다. 오늘날에는 보편적인 원리를 추구한다는 말을 하면, 그저 "반동적이다"고 쉽게 말할 수 있는 분위기마저 있다.

비트겐슈타인, 구조주의, 포스트 구조주의 등에서는 그러한 진리주의 비판이 강하게 드러나는데, 특히 포스트 구조주의는 근대적인 인간관이나 인식관에 대한 부정을 강하게 밀고 나가기 때문에 그 주장은 포스트 모던(post-modern, 근대를 넘어선다)의 사상이라고 불리는 경우가 많다.

이러한 포스트 모던의 사상가 중의 한 사람인 프랑스의 철학자 료타르는 『포스트 모던의 조건』이라는 책에서 다음과 같이 쓰고 있다. <근대에는 학문이 '진리'에 다가가는 것이며, 신화를 이야기하는 것과는 다르다는 믿음이 있었다. 그러나 오늘날에는 복수의 이질적인 지식이 있기 때문에 학문이 특권적 지위를 가지지 않는다고 누구나 느낀다. 서양의 근대는 학문이 발전하고 진리에 다가감으로써 인간성과 사회의 상태도 점차 진보해 간다는 '커다란 역사 이야기'를 내걸었지만, 그러한 진리와 진보 이야기를 믿었던

근대는 이미 끝나 버렸다.>

이러한 생각이 지배적이게 된 이유로는 다음과 같은 것들을 들 수 있다.

첫째, 두 차례의 세계대전의 충격이다. 민주적이어야 할 국민국가가 발달한 과학 기술을 이용하여 저지른 대량 살륙은 인류가 훌륭한 미래를 향해 진보한다는 근대의 확신을 크게 뒤흔들었다.

둘째, 맑스주의의 실패가 있다. 이성의 작용으로 인간성과 사회를 이상적인 것으로 개조하려고 한 대담한 시도이자 많은 사람에게 희망의 별이었던 맑스주의는, 스탈린주의에서 볼 수 있듯이 진리와 정의의 이름 아래 대량 학살을 저질렀다.

셋째, 서양 중심주의에 대한 비판이 있다. 레비-스트로스는 "서양이 가장 진보했다"고 하는 서양 중심주의의 자만을 비판하면서 "어떤 민족의 문화도 저마다 동등한 가치를 가지는 것으로 보아야만 한다"는 문화적 상대주의를 제창하였으며, 이러한 생각은 전 세계로 널리 퍼져 나갔다. 그리고 서양의 근대가 추구했던 유일한 진리나 정의라는 관념의 독선성·억압성을 비판하고, 이질적이고 다양한 지식과 삶의 방식을 인정해야 한다는 주장은 이제 거의 상식이 되었다.

이렇게 해서 오늘날에는 차이나 다양성은 '좋은' 말로 여겨지는 반면에, 보편성이나 원리라는 말은 차이나 다양성을 인정하지 않고 그것들 위에 군림하고 억압하려는 것으로 느껴지고 있다.

강인한 원리를 만들려는 '게임'

그러나 잠깐 멈춰서 생각해보자. "여러 가지 다른 문화와 사람들마다의 가치관이나 삶의 방식은 가능한 한 존중되어야만 한다.

이런 점에서 사회는 다양한 가치관이나 문화가 공존할 수 있는 것이어야만 한다." 이러한 의견에는 나도 물론 찬성한다. 그러나 다른 문화들의 공존이라는 것은 상당한 마찰을 불러 일으키지 않을 수 없다. 이 어려운 과제를 해결하기 위해 어디에서부터 어떻게 생각하면 좋을까? 어떻게 생각하는 것이 가장 근본적이고 원리적인 것일까?

다양한 것이 다양한 채로 아름답게 공존한다는 이미지는 금방이라도 떠올릴 수 있다. 그러나 그것을 진심으로 추구할 때, 우리는 원리적인 사고 방식을 필요로 하게 된다.

원리란 "어딘가에 미리부터 존재하는 것으로 추정되는 진리"가 아니다. 모든 물음에 답할 수 있는 만능의 열쇠도 아니다. 우리가 안고 있는 여러 가지 과제나 의문들에 대해 어디에서부터 · 어떻게 생각하면 가장 근본적인 답을 얻을 수 있을까를 함께 생각하는 데에서 다듬어지고 만들어지는 것이다. 그리고 그런 노력 속에서 생겨난 결정체와 같은 것에 대해서 "이것은 확실히 원리적인 사고 방식이다, 이것은 진짜다"라고 우리는 말하게 된다.

헤겔은 『정신 현상학』에서 다음과 같이 말한다. 인간은 문학이나 철학이나 음악 등의 여러 가지 '작품'을 만든다. 처음에는 작품을 만드는 것만으로도 즐거워하지만, 점차 그것만으로는 만족할 수 없게 된다. 다른 사람의 작품을 보고 "내 건 아직 멀었잖아"라고 생각하기 때문이다. 거기에서 사람들은 다른 사람들을 설득할 수 있는 보편성이 있는 작품을 만들려고 하기 시작한다. 이렇게 해서 진짜('내용 그 자체'라고 헤겔은 말한다)를 목표로 하는 게임이 시작된다는 것이다.

헤겔의 말처럼 철학도, 음악도, 만담도 서로 진짜를 목표로 경쟁하는 게임이라는 점은 변하지 않는다. 그리고 음악이나 만담을 계속 듣다보면 진짜와 그렇지 않은 것을 분명하게 구별할 수 있는 것처럼, 철학에서도 '원리적이고 철저한 사고 방식'과 그렇지 않은 것을 확연하게 구별할 수 있게 된다. 철학은 원리를 추구하며, 그것이 철저한 사고 방식을 만들어냄으로써, 우리가 안고 있는 삶의 과제에 대해서도 깊은 곳에서부터 지침을 제공하고, 희망을 주게 되는 것이다. 만일 "보편적인 원리를 추구한다"는 것이 없다면, 철학 게임 그 자체가 의미를 가지지 못하고 말 것이다.

그러나 오늘날 철학하는 사람들 중에는 진리 따위는 있을 수 없다고 말하며, 적극적으로 원리를 세우려는 시도를 계속 비판하는 것에 의미가 있다고 생각하는 사람들이 더욱 많다. 그리고 일단 그런 태도를 가지면 칸트, 헤겔, 니체, 훗설과 같이 저마다의 방식으로 철저한 사고 방식을 만들어내고자 했던 사람들 모두가 '진리주의자'로 보이게 된다. 그래서 철학의 역사에서는 아무 것도 배울 것이 없게 된다.

어디에서부터 어떻게 생각하면 좋을까?

그러나 여러분은 아직 궁금해 할 것이다. "어떤 물음에 대해 될 수 있는 한 근본적인 생각으로 답하려고 하는 것이 철학의 역사였다. 정말 그런지도 모르겠다. 그렇지만 누구나 받아들일 수 있는 보편적인 사고 방식이라는 것은 노력할만한 목표로서는 수긍할 수 있지만 정말 가능한 것일까? 설령 그런 것이 가능하다고 해도 도대체 어떻게 해야 그런 사고 방식을 만들어낼 수 있을까? 그것은 결국 헤겔과 니체 같은 천재들만이 할 수 있는 일이 아닐까?"

보편적인 사고 방식은 가능할까? 만약 가능하다면 어떻게 가능할까? 한 마디로 말하자면, 어디에서부터 · 어떻게 생각해야 좋을까? 이것은 철학의 역사에서도 언제나 아주 중요한 문제였다. 만약 이 물음에 답할 수 없다면, 철학이라고 해도, 요컨대 여러 신념들이 바뀌어 가는 것일 뿐이기 때문이다.

다시 철학의 역사를 되돌아보자. 그리스 철학은 자연 철학(자연은 무엇으로 만들어졌는가 · 자연을 움직이는 동인은 무엇인가)으로 시작하였다. 그리고 탈레스를, 제자인 아낙시만드로스가 비판함으로써 차차 새로운 철학자들이 나타나게 되었지만, 당시는 보편적인 사고 방식(공통의 이해)을 이룰 수 있다는 것에 관해서는 의심하지 않았을 것이다. 아마도 틀림없이 "자연은 하나 = 진리는 하나이므로, 그것을 말로 잘 표현하면 누구나 받아들일 것이다"라고 생각했을 것이다.

그렇지만 점차 "어디에도 진리 같은 것은 없는 것이 아닐까, 있다고 해도 다가갈 수 없는 것이 아닐까"라고 느끼는 사람들이 나타나게 되었다. 회의주의 · 상대주의의 사고 방식이다.

이것은 소피스트라고 불리는 사람들에게서 전형적으로 볼 수 있다. 그들은 "말이라는 것은 어떤 식으로도 사용할 수 있다"는 것을 알아냈다. 즉 어떤 것을 정당하다고 주장하려고 하면, 어떤 것이라고 해도 나름대로 이치를 댈 수 있다(꾼 돈을 떼어먹을 이치도 만들 수 있다). 또한 그들이 지적한 것은 가치의 상대성이다. 자연에 관한 것이라면 의견이 일치할지도 모르지만, 무엇을 근거로 가치 있는 것(선악)이라고 볼 것인가라는 점에 관해서는 사람에 따라, 또 민족에 따라 의견이 크게 다르기 때문이다. 즉 이치라는 것은 대단히 자의적으로 만들어지는 것이므로, 누구나 찬성할 이치(원리)라는 것은 생각하기 어렵다. 사람과 민족은 저마다 자기의 세계관과 가치관을 가지고 있다. 그들이 지적한 두 가지 점은 현대인들이 가진 회의적 · 상대적 감각과 조금도 다르지 않다.

데카르트의 회의와 '나는 존재한다'

그런데 근대에는 어떠했는가? 출발은 그리스와 아주 비슷하다. 근대 초에 자연 과학자들은 "유일한 자연 · 객관적 세계가 있으며, 거기에는 수학적 법칙이 감추어져 있다. 따라서 그것을 단지 찾아내기만 하면, 누구라도 그것에 찬성하지 않을 수 없다"고 생각했다. 즉 그들은 보편적인 사고 방식을 이룰 수 있는 근거를, '유일한 객관적 세계의 존재'에서 찾았다.

거기에서 데카르트가 등장한다. 그야말로 "어디에서부터 · 어떻게 생각하면 보편적인 사고 방식을 이룰 수 있는가"라는 과제를 아주 예리하게 의식하고, 누구보다 앞서서 해결하려고 했던 사람이다.

데카르트는 극단적인 회의의 입장을 취해보았다. <의심할 수 있는 모든 것을 의심해보자. 그러면 객관적 세계가 존재한다는, 누구나 믿고 있는 것마저 의심의 대상이 된다. 그러나 모든 것을 의심해봐도, 이렇게 의심하고 있는 내가 있다는 사실, 그것만은 의심할 수 없다. '나는 생각한다, 고로 나는 존재한다.'>

잘 알려진 사고 방식이기는 하지만, 이것을 그저 재치 있는 이야기라는 식으로 받아들여 버리면 보람이 없다. 이 사고 방식이 "어떤 회의에도 대항해서 누구나 인정하지 않을 수 없다"는 것을 주장하기 위해 고안된 것이라는 사실에 다시금 주의하기 바란다.

데카르트의 글을 읽는 사람은 누구나 그가 펼치는 논리의 길을 자기 나름대로 다시 찾아보게 된다. "세계가 있는지를 의심한다고? <모든 것이 꿈인지도 모른다>는 것은 극단적인 가정이지만, 분명히 생각할 수 없는 것은 아니야. 일단 그걸 받아들여보자. 그렇다고 해도 이렇게 의심하는 것, 즉 자기의 의식 작용 그 자체는 확실히 있다. 그런 만큼 확실히 이건 그렇다고 생각하지 않을 수 없어."

데카르트의 글은 분명히 유아론(唯我論, 느끼거나 생각하는 나의 존재만은 확실하다)이지만, 그러나 그가 세계나 타자의 존재를 부정하고 싶어서 이런 말을 한 것은 아니다. 처음부터 그는 이 글을 다른 사람들에게 읽히려고 썼다. 데카르트는 이것을 "어떤 사람이라도 이 길을 찾아보면 이 주장을 인정하지 않을 수 없는 논리"로서 제출했던 것이다.

쉽게 말해서 데카르트가 주장한 것은 이런 것이다. <어떤 인간이나 의식 작용 속에서 살고 있다. 누구라도 자기 자신을 돌이켜보면 그것을 의심할 수 없다. 그리고 의식의 작용이 객관적 세계의 존재에 '앞서서' 있다는 것도 인정하지 않을 수 없을 것이다.>

현상학 : 모든 대상은 의식 속에서 등장하고 체험된다

이러한 데카르트의 발상을 물려받아 확장함으로써 "어디에서부터 · 어떻게 생각하면 좋은가"를, 즉 철학하기 위한 기반과 방법을 철저하게 생각한 것이 훗설의 현상학이었다.

데카르트는 "이제 확실한 것은 의식의 작용뿐이다"고 했을지언정, 의식 작용 '밖'에 객관적인 세계라는 '현실'이 널려 있는 것을 의심하지는 않았다(그러므로 그는 의식 작용의 확실성을 인정한 뒤에 외적 사물의 존재를 '추론'해 가게 된다). 결국 데카르트는 객관적 세계가 우선 미리 존재하고 있으며 그것에 주관적인 의식이 일치하는 것이 '참'이라는 발상에서 자유롭지 못했던 것이다. 그러나 훗설은 이것을 의심한다. "참이란 의식 밖의 객관적 현실과의 일치일까? 사람은 어디까지나 의식 작용의 내부에서 참과 거짓을 구별하는 것은 아닌가?"

이것을 '현실과 꿈'이라는 예로 생각해보자. 우리는 보통 "현실은 실제로 객관적으로 존재하는 것이지만, 꿈은 우리가 잠자고 있는 사이에 뇌 속에서 떠오르는 단순한 이미지일 뿐이다"라고 생각한다. 그런데 현실도, 꿈도 체험되고 의식된 것이라는 점에서는 전혀 다르지 않다. 그렇다면 우리는 어떤 기준을 이용하여 의식된 것을 꿈과 현실로 나누는 것이 된다. 그런데 그 기준은 어디에 있는 것일까? 그것을 우리가 확실히 자각하고 있는 것은 아니지만, 꿈이라고 부르는 것과 현실이라고 부르는 것을 조심스럽게 비교해보면 어느 정도까지는 말할 수 있다. 이에 대해 내 나름대로 생각해본 답은 다음과 같다(여러분도 생각해보기 바란다. 나보다 더 낫게 표현할 수 있을지도 모르겠다).

> 현실 : 우리는 평소에 시간적·공간적으로 수미 일관한 질서 속에서 살고 있다고 믿는다. 그것을 우리는 현실이라고 부른다. 우리가 체험하는 것이며, 그때까지의 이 질서에 무리 없이 조화롭게 짜여 들어가는 것이 현실의 체험으로 여겨진다.
>
> 꿈 : 시간적·공간적으로 수미 일관한 질서를 구성하지 않는 체험. 그 나름대로 결말이 있다고 해도 단편적인 것에 그치며 앞에서 말한 현실의 질서와는 조화되지 않는다.

참과 거짓의 구분도 꿈과 현실의 구분과 마찬가지로 역시 의식 자체가 만든 것이며, '의식 밖에 있는 객관과의 일치'로 생각할 필요는 없다. 의식은 어떤 조건이 갖추어지면 참(현실)이라고 생각하지 않을 수 없고, 그 조건을 만족시키지 못하면 거짓(환각이나 꿈)이라고 생각하지 않을 수 없는 것이다. 참과 거짓은 아름다운

것과 추한 것, 좋은 것과 나쁜 것, 착한 것과 못된 것처럼 의식의 작용이 만들어내는 것이다.[4)]

이렇게 현상학은 모든 대상이 의식의 작용을 통해 성립한다고 생각하게 된다. 그 요점을 다음과 같이 정리할 수 있을 것이다.

① 모든 '확신'은 의식의 작용에 의해 성립한다

모든 대상(사물, 수, 타자, 자기 모습, 어떤 이론, 신, 세계 등)은 모두 의식의 작용을 통해 나누어지며, 좋은 것과 나쁜 것, 참과 거짓, 아름다움과 추함, 착함과 악함 등의 규정을 받아들인다. 의식은 또한 여러 가지 감정을 만든다.

② 체험을 되돌아봄으로써 의식의 작용을 끌어낼 수 있다

앞의 의식의 작용(대상의 구분 방식, 참과 거짓, 아름다움과 추

4) '그렇지만'이라고 말하고 싶은 사람이 있을지도 모르겠다. "확실히 의식의 작용이 있고, 거기서 한 사람 한 사람이 사물이나 타자나 세계 등에 관해 다양한 진위의 판단을 한다고 말할 수 있을 것이다. 그러나 이 의식의 작용은 신체 속에서 행해지고, 그리고 신체는 객관적인 세계에 속하는 것이 아닌가? 그리고 이 객관적 세계는 우리가 태어나기 이전부터 계속되어 왔던 것이 아닌가?"
나 자신도, 내가 태어나기 전에도 세계는 있었으며, 내가 죽은 뒤에도 세계는 있을 것이라고 생각한다. 그것은 특수한 회의적 태도를 취하지 않는 한 누구도 의심할 수 없는 사실이다. 그러나 이 "객관적 세계가 존재한다"는 것 자체도 잘 생각해보면 내 의식 속에서 성립하고 있는 신념이다. 그러므로 "객관적 세계의 존재라는 신념은 의식 속에서 어떻게 의심할 수 없는 것이 되는가"라고 물을 수 있다.
간단히 이 물음에 답해보자. ① 자신의 체험이 시공간적으로 수미 일관한 질서를 구성할 것, ② 나아가 이 세계에 관해 타자가 말하는 것이 내 세계 체험과 조화를 이룰 것 : 이 두 가지를 만족시킬 수 없게 되면, 견고한 객관적 세계가 있다는 신념은 무너져 버리고 말 것이다 — 현상학적 태도는 객관적 세계나 타자의 존재, 또한 과학의 성과를 부정하고 무시하려는 것이 아니다. 그런 것이 아니라 그것들이 어떻게 의식 속에서 확실하고 참된 것으로 생각되지 않을 수 없게 되는가, 그 이유를 밝히려는 것이다. 그러기 위해서는 우선 의식의 작용이 선행하고, 그 속에서 모든 대상이 의식에서의 '확신'으로 성립한다는 순서로 생각할 필요가 있다.

함 등의 확신이 성립하기 위한 조건, 감정의 존재 방식 등)은 그것을 완전히 알 수는 없다고 해도, 자기 자신의 체험을 주의 깊게 되돌아보고 관찰함으로써 어느 정도 끌어내서 말로 표현할 수 있다.

③ 앞에 쓴 내용은 누구나 자기 나름대로 확인할 수 있다

그렇게 말로 표현해보면, 의식의 작용 속에는 누구에게나 공통적인 것(예컨대 훗설은 '지각의 구조'를 상세히 썼다. 제9장 훗설의 절 참조)이 있다는 것을 알 수 있다. 그렇게 쓴 것이 올바른가는 누구나 자신의 체험을 되돌아봄으로써 확인할 수 있다.

공통 본질 끌어내기 : '본질 직관' 게임

자신의 체험을 되돌아봄으로써, 예컨대 지각의 구조와 같은 어떤 인간의 체험에도 공통적인 것(공통 본질)을 끌어내서 말로 표현하는 것을 훗설은 <본질 직관>이라고 불렀다.

그 자신은 오로지 인식과 진리의 문제를 주제로 삼았지만, 이 방법이 포괄하는 범위는 놀라울 정도로 넓다. 뛰어난 철학자가 쓴 어려운 책을 읽게 되면 철학을 할 수 없다고 생각하는 사람이 있지만, 이 본질 직관은 "누구나 철학을 할 수 있는" 방법이다.

예를 들어 다음과 같은 물음은 누구라도 생각해볼 수 있는 것들이다. 사물 체험과 타자 체험은 어디가 다른가? 불안이란 어떤 감정인가? 정의라고 말할 때 사람은 어떤 것을 떠올리는가? 즐거움에는 어떤 종류가 있는가?

이런 물음들에 대해 누구나 자신의 체험을 되돌아보면 조금씩은 말할 수 있다. 나아가 그것을 서로 맞춰보게 되면 불안이나 정

의의 공통 본질을 더욱 적절한 언어로 표현할 수 있게 될 것이다.

조금 앞에서 살펴본 '꿈과 현실의 차이'도 하나의 본질 직관이지만, 그밖에도 여러 가지 주제를 생각할 수 있다. 몇 가지 예를 들어보겠다.

- 마음의 현상의 구분 : '꿈'과 '현실'의 차이, '사물'과 '타자'의 차이, 상상과 현실 지각의 차이
- 감정의 본질 : '두려움', '불안', '그리움', '에로티시즘'
- 경험의 의미 : '선악', '미추'
- 관념의 본질 : '죽음', '행복', '진리', '객관성'

실제로 몇 사람이 함께 '본질 직관 게임'을 해보기 바란다. 앞의 예 중에서 주제를 택해서 그 본질이라고 생각하는 것을 서로 이야기해본다. 서로 이야기하면서 더 깊은 곳에 다가가는가, 그리고 적절한 언어가 되는가 등을 추구하는 것이다.

내가 가장 먼저 추천하고 싶은 주제는 감정의 본질 직관이다. 불안의 본질이란 무엇인가, 그리움의 본질은 무엇인가를 생각해가면, 우리 자신이 평소에 살고 있는 삶의 감각이라는 것을 다시 돌아보게 된다. 이것이 아주 재미있는 점이다. 실제로 해보면 서로의 감각이 상상 이상으로 일치한다는 것을 알 수 있다. 동시에 어떤 부분을 강조하는가에 따라 각자의 차이(세계를 마주 대하는 방법의 차이)도 느낄 수 있다. 이 게임을 해보면 각자의 차이와 함께, 어떤 사람에게도 공통적인 '마음의 세계의 기본 구조'가 있다는 것을 손에 잡은 듯이 이해하게 될 것이다.

물론 여기에서 든 주제만이 전부는 아니며, 더 나아가 해보고 싶은 주제를 자유롭게 택해서 해보고 싶다(본질 직관에 적합하지

않은 주제도 있지만, 그것도 그 위에서 이해할 수 있는 것이다).

이 본질 직관 게임은 플라톤이 묘사한 소크라테스의 대화를 떠올리게 한다. 거기에서는 정의나 연애의 본질이 무엇인가를 둘러싸고, 몇 사람인가가 논쟁을 벌였다. 이치로는 뭐든지 말할 수 있으므로, "정의란 요컨대 권력자의 이익이 되는 것이다"는 식의 언뜻 보기에 재치 있는 설을 주창한 소피스트도 등장한다.

그러나 우리가 자기 자신의 체험을 조심스럽게 되돌아보는 한, 그것은 역시 정의라고 할 때 우리가 느끼는 것과는 다르다. 또한 소크라테스의 대화도 정의에 관한 여러 가지 해석이나 이치를 걷어치우고 "누구나 공통적으로 느끼고 있는 것"을 향하려고 했다.

사실 우리는 연애나 정의, 또 인간의 심리에 관한 여러 가지 설을 접할 때, 무의식적으로 자신의 삶의 감각을 생각해내며, 거기에서 그 설에 대해 동의하거나 그렇지 않게 된다. 본질 직관은 이 무의식의 과정을 자각적으로 하려고 하는 것이라고도 할 수 있다.

그런데 현상학은 완전히 자의적인 이치만이 있는 것이 아니라, 우리의 삶 그 자체 위에 생각하고 이야기하는 '근거'가 있다는 것을 확실히 보여주었다. 그래서 본질 직관에 의해 쓰여진 것은 누구나 자기 나름대로 확인하고 동의하거나 덧붙일 수 있는 것이다. 데카르트가 추구했던 "누구나 스스로 확인함으로써 받아들이지 않을 수 없는 것"에 이르기 위한 방법, 즉 철학의 방법을, 현상학은 자각적으로 끌어내어서 정비했다고 할 수 있다.

인간과 사회의 새로운 '원리론'을 향해서

더욱 중요한 것은 이 본질 직관의 방법이 인간의 '삶'을 원리적으로 해명할 가능성을 우리에게 보여준다는 점이다.

철학은 세계상의 다양성을 뛰어 넘어서 공통 이해를 이루려는 것이었다. 그것은 자연 세계의 원리적인 해명, 즉 "세계란 무엇인가"라는 물음에서 시작되었지만, 점차 "인간이란 무엇인가", 즉 세계의 수수께끼를 묻거나 삶의 의미를 찾는 인간 존재 그 자체의 해명으로 초점을 옮겨갔다. 이 과정은 그리스에서도, 근대에서도 똑같이 나타난다.

그 전환의 요체는 세계상이 다양하다고 해도 그것을 만들어낸 인간성의 심층에는 공통적인 것이 있다는 통찰이다. 그러한 인간 존재의 본질에 관해서 그리스 철학에서는 플라톤, 근대 철학에서는 헤겔과 니체, 현대 철학에서는 하이데거가 깊은 통찰을 보였다.

본질 직관의 작업을 실마리로 하게 되면, 이 사람들의 성과를 받아들이면서 인간의 '마음의 세계의 기본 구조'를 더욱 밀고 나아가 해명할 수 있을 것이다. 나 자신은 그것을 위한 소주제로 자아, 시간, 죽음, 타자, 언어, 선·악·미·추, 에로티시즘, 욕망의 '초월성'과 같은 것들을 생각하고 있다.5)

---

5) 인간 존재의 특질에 관해 내가 마음속으로 생각하고 있는 것을 다만 제목만이라도 몇 가지 적어두고 싶다.

- '이야기'의 존재 : "나는 무엇이며 세계와 어떻게 관계를 맺어야 할까?" 사람은 자신과 세계의 관계에 관한 '이야기', 즉 세계상을 언제나 확인하고 고치며 살아간다. 세계상이 분명하지 않게 되면 살아 있다는 느낌도 분명하지 않게 된다. 세계상은 사람의 욕망의 통로이기 때문이다.
- '자아'에 대한 욕망 : 가치 있는 나이고 싶다, 타자에게서 평가받고 싶다고 누구나 생각한다. 사람은 타자에게 얕잡아 보이지 않으려고 자아를 강하게 만들고 싶어하지만(능력 있는 훌륭한 사람이 되고 싶어하지만), 다른 한편에서 자아를 향한 이 염려에서 해방되고 싶어하기도 한다(온천에서 한가롭게 쉬고 싶다. 누군가에게 응석부리고 싶다).
- '게임'의 욕망 : 사람은 바둑이나 스포츠나 학문 같은 게임을 한다. 거기에서 사람은 경쟁하면서 끊임없이 새로운 가능성의 지평을 찾으려고 한다. 거기에서 현실 세계와는 다른 독자적인 '세계'를 만들어간다.
- '초월'의 세계 : 인간의 내면에는 '이 위에 없는 것', 즉 성스러운 것이나 진실한 것에

여기에서 만들고자 하는 인간 존재의 원리론의 첫번째 목표는 <인간의 욕망은 어떤 본성을 가지는가>에 대한 해명이다. 이것은 니체가 과제로 삼았던 "인간적 욕망이 생생하게 드러나기 위한 조건은 무엇인가"라는 물음을 이어받은 것이기도 하다. 그리고 각자가 자신의 세계상을 다시 파악하고 만들어 가는 작업에 도움이 될 수도 있을 것이다.

더욱이 이 원리론은 '타자'론을 포함함으로써 인간 관계의 원리론과도 연결된다. 이것은 바람직한 사회 질서의 존재 방식을 구상하려고 한 헤겔이나 맑스의 과제를 새로운 방식으로 이어받을 수 있도록 해줄 것이다.

철학은 과연 인간과 사회의 새로운 원리론으로 나아갈 힘을 가지고 있을까? 나는 이것에는 전망이 있다고 생각한다. 오늘날 우리는 뿌리깊은 허무주의 속에 있지만, 근본부터 서로 생각하여 새로운 희망을 만들어낼 수 있다는 것, 이것을 실감할 때 우리 내부의 허무주의도 사라질 것이다.

인간과 사회의 새로운 원리론을 시도하려는 젊은이들이 점차 나타나며, 우리와 함께, 또한 각자가 자신의 힘으로 철학하게 되기를 나는 진심으로 바란다.

철학 책과 사귄다

그런데 본질 직관은 철학 책 없이 스스로 철학하는 방법이었다. 그렇지만 철학 책과와 사귀는 것도 중요한 의미가 있다. 그 '효용'에 관해서도 살펴보고 싶다.

대한 그리움이 있다. 이 초월적인 욕망의 수로가 사라진 데에서 현대인들은 허무주의를 느끼게 되는 것이다.

첫째, 나 자신의 경험이지만 철학자들의 학설을 접함으로써 여러 가지 사고 방식의 '유형'을 이해해 간다는 점이 있다.

신문이나 잡지에 여러 가지 의견이 실리지만, 특히 "아, 이 사고 방식은 칸트 식이군"이라고 생각할 때가 있다. 철학의 학설들은 세상의 다양한 사고 방식들의 요체(우려낸 것)라고 말할 수 있는 측면을 가지고 있다.

인간의 사고 방식은 그렇게 다양하지 않다고 나는 생각할 때가 있다. 신문만이 아니라 여러 가지 사회 과학이나 자연 과학의 학설을 볼 때에도 그 사고 방식의 '골격'을 끌어내 보면, 그 원형은 그리스나 근대의 철학자들에게서 찾아볼 수 있는 것들인 경우가 많다. 그러므로 철학의 역사를 살펴보는 것은 인간의 사고가 끝까지 파고드는 방식을 살펴보는 것이라고 할 수 있을 것이다. 그것은 여러 가지 의견의 골격을 정확하게 파악하고, 그것에 따르는 문제점을 생각하는 데에서 중요한 구실을 한다.

둘째, 자신의 세계상을 다시 검토할 기회가 된다는 점.

철학 책을 읽으면서 자신에게 다가오는 말을 보게 되면 아주 기쁘다. 시대는 달라도 사람이 과제로 삼는 것에는 공통적인 것이 있으므로, 고대인이 한 말에도 분명히 자신의 것으로 다가오는 것이 있을 것이다. 그리고 그때 자신이 찾고 있던 것·생각하려고 했던 것은 무엇이었는가를 깨닫게 된다.

또한 거꾸로 어떤 종류의 사고 방식에 대해서는 반발을 하는 경우도 있다. 그 경우에도 또한 자신의 세계상이 '표현'되는 것이다.

이것이 아주 중요한 점인데, "왜 자신은 반발하거나 수긍하는 것일까"라는 물음을 던져보고 싶다. 그때 비로소 마음속에 가지고 있는 세계상(가치관)을 자각할 수 있기 때문이다. 그 자세가 없다면 자신의 세계상을 보강할 것 같은 설을 그냥 '좋다'고 받아들여

버리고 만다. 서론에서 말했던 '직관 보강형' 사고가 되어 버리는 것이다. 이 부분은 중요한 갈림길이다.

셋째, 강한 원리적 사고를 찾아내면 현대를 살아가는 우리의 삶에 이바지할 수 있다는 것.

내가 철학 책을 처음으로 읽기 시작했을 때에는 솔직히 말해서 데카르트, 로크, 칸트 등의 '인식론' 같은 것에는 도무지 흥미가 없었다. 내 삶에 더욱 직접적으로 생생하게 다가오는 말을 찾고 있었기 때문이다.

그러나 점점 철학의 세계에 친숙해지자 "그들이 왜 이런 걸 물어야 했을까"를 조금씩 알게 되었다. 언뜻 보기에 추상적으로 보이는 논의도 반드시 그런 것을 물어야만 했던 그 사람의 '삶'의 상황이 있다. 예컨대 데카르트가 문제로 삼았던 것은 <사람은 저마다, 자연 과학자도 기독교 신자도, 자신만은 세계를 올바로 보고 있다고 생각한다. 그리고 진리와 진리가 서로 대립한다. 그렇다면 도대체 누구나 받아들일 수 있는 사고 방식은 어떤 것일까>라는 것이었다. 그것을 알았을 때, 나는 데카르트가 했던 일의 의미를 알게 되었다고 생각했다.

중요한 것은 삶의 상황이 있고, 거기에서 물음이 생겨나고, 그것에 대해 철학자들은 답을 내놓으려고 한다는 것이다. 우리는 철학 책을 읽을 때, "이 사람은 왜 이런 것을 문제로 삼는가"에 예민할 필요가 있다. 그리고 그들의 삶의 상황에서 잉태된 물음에서 자신의 삶이 안고 있는 물음과 통하는 것을 찾아낼 때, 그들의 생각을 우리는 스스로 다시 살펴볼 수 있게 된다. 그리고 거기서 강고한 원리를 찾아낼 때, 우리는 그것을 '재생'하여 현대를 살아가는 우리의 삶에 이바지하도록 할 수 있을 것이다.

이 책을 쓸 때, 집필자들이 한 가지에 서로 합의하였다. "각각의 철학자들은 어떤 삶의 상황에서 · 어떤 물음을 던지며 · 어떤 사고 방식으로 답하려고 했는가, 쓰는 방식은 자유롭게 하되 이 점은 의식하면서 쓰도록 하자"는 것이었다.

철학의 역사에는 재생할 수 있는 원리적 사고가 보물처럼 묻혀 있다. 그것을 살리는 것은 독자들의 몫이다. 이 책에서 만족한 부분이나 반발하고 싶었던 생각에 관해, 몇 차례라도 다시 읽으며 자신이 왜 만족했는가 · 반발했는가에 대해 스스로 잘 찾아보기 바란다. 더 나아가 이 책에서 다룬 철학자들의 저작도 읽어보기 바란다.

그리고 철학을 각자가 살아가는 삶의 지혜로서, 나아가 인간과 사회의 새로운 원리론으로 살려내고 싶다.

니시 겐(西研)

역자 후기

지식의 대양으로 나아가기 위한 준비 운동

철학에 대한 사람들의 태도는 이율 배반적인 것 같다. 철학적이라는 말에는 사려 깊다는 뜻이 함축되어 있기도 하지만, 실천적이지 않다는 비아냥거림도 함축되어 있다. 그러므로 누가 여러분을 보고 철학적이라고 말한다면, 그 사람이 칭찬하는 건지 욕하는 건지 조심스럽게 생각해볼 필요가 있다. 심지어 대학에서 철학을 전공하는 것은 굶어 죽을 길을 택하는 것과 같은 것으로 여겨지기도 한다. 영화나 소설에서 똑똑한 것 같지만 실속은 없고, 인간적이지만 답답한 사람의 구실은 언제나 철학도의 차지이다. 이 시대에 철학과 철학자의 이미지란 이런 것이다. 가련한 학문이요, 가련한 학자들이 아닐 수 없다.

그러나 사람들은 끝내는 철학을 찾고 철학자들에게 기댄다. 왜 그럴까? 사람은 의미를 찾는 동물이기 때문이다. 의미를 잃은 인생은 그저 고통스런 시간의 연속일 뿐이다. 순간이 영원보다 더 값질 수도 있는 것은 바로 이 의미 때문이다.

종교는 초월적 존재를 통해 이 의미를 인간에게 외적으로 강제하려고 하지만, 철학은 우리 자신의 내면에 대한 성찰을 통해 스스로 의미를 찾아내고 만들 수 있도록 해준다. 철학이 종교의 흉내를 낼 때 사람들은 비아냥거리지만, 그것이 명석한 사고 속에서 의미를 찾아내려고 진지하게 노력할 때 사람들은 철학을 존중한다. 그러므로 아무리 과학의 시대라고 해도 철학의 가치와 구실은 사라지지 않는다.

잠시 한국인의 철학관에 대해 생각해보자. 철학이라는 말을 들었을 때, 한국인은 가장 먼저 무엇을 떠올릴까? 나는 단연 '운명 철학'이라고 생각한다. 운명 철학이란 바로 전통에 빛나는 '점'을 뜻한다. 미신이라고들 하지만, 점은 이 시끄럽고 복잡한 세상을 살아가기 위한 지침을 제공해주는 사회적 구실을 한다. 그러니 '운명 철학'이라고 우습게 여기지 말라. 다음에 한국인은 으레 '개똥 철학'을 떠올릴 것이다.

말이 너무 험해서 그렇지, 이 말은 사실 생활철학의 관점에서 존중할 필요가 있다. 개똥도 약이 될 수 있거니와, 개똥 철학도 훌륭한 철학이 될 수 있다. 그러니 개똥 철학이라고 정말 개똥 대하듯이 함부로 대해서는 안될 것이다.

운명 철학도 개똥 철학도 분명히 훌륭한 철학이다. 그러나 철학은 훨씬 더 넓고 치밀한 것이다. 그것은 우리가 알고 있고 생각할 수 있는 모든 것을 품에 안고 있다. 철학은 그 자체가 지식의 대양(大洋)이다. 그러므로 철학을 공부하는 것은 지식의 대양에 뛰어드는 것과 같다.

이 대양에 함부로 뛰어들어 익사하지 않으려면, 반드시 뛰어들기 전에 적절한 준비 운동을 해야만 한다. 준비 운동 자체를 즐길 수 있으면 더욱 좋을 것이다. 준비 운동 자체가 재미있다면, 대양으로 뛰어들 준비를 더욱 즐겁게 할 수 있을 것이다. 철학사 입문서는 이런 구실을 하는 책이어야 한다.

지식의 대양으로 뛰어들고자 하는 독자 여러분을 위해 이 책은 3,000년에 걸쳐 전개된 서양 철학사를 짧게 요약해서 정리하고 있다. 사실 이 정도 분량의 책으로 정리하기엔 너무나 길고 복잡한 역사이다. 그러나 이 책은 두 가지 점에서 나름대로 믿음을 준다.

첫째, 이 책은 철학을 어렵고 복잡한 말놀음이 아니라 삶에서 늘 부딪히게 되는 문제들에 대한 답변을 찾는 것이라고 본다.

둘째, 이 책의 필자들은 이른바 중립적이고 객관적인 서술이 아니라 엄밀한 학으로서 철학이라는 관점에 기초를 두고 논리를 전개하고 있다. 이런 점들이 이 책을 서양 철학사의 쉽고도 알찬 정리로 만들어준다.

이 책은 고등학생이나 대학 초년생에게 가장 적합할 것으로 보인다. 그러나 물론 철학에 관심이 있는 일반인에게도 좋은 입문서 구실을 할 것이다. 복잡하게 얽히고 설킨 서양 철학사 3,000년의 큰 줄기를 꿰뚫고 싶은 사람이라면 누구나 한번 읽어보길 권한다.

인명 색인

용어 색인

㉧

중원문화 아카데미 新書

1 **한국근대 사회와 사상**
• 일본 교토대학교 연구소 엮음

2 **걸어다니는 철학**
• 황세연 저

3 **반듀링론**
• F.엥겔스/김민석 역

4 **헤겔 법철학 입문**
• 꼬우즈미 따다시 지음

5 **이성과 혁명**
• H.마르쿠제/김현일 외 역

6 **정치경제학 교과서 I-1**
• 짜골로프 외/윤소영 엮음

7 **정치경제학 교과서 I-2**
• 짜골로프 외/윤소영 엮음

8 **정치경제학 교과서 I-3**
• 짜골로프 외/윤소영 엮음

9 **이탈리아 맑스주의**
• K.프리스터/윤수종 옮김

10 **걸어다니는 경제사**
• 황세연 편저

11 **자본론에 관한 서한집**
• K.마르크스와 F.엥겔스 저

12 **지배와 사보타지**
• 안토니오 네그리/윤수종 옮김

13 **과학기술사**
• 석동호 편저

14 **저개발과 의약품**
• M. 뮐러/우연재 옮김

15 **맑스주의의 세 갈래길**
• W. 레온하르트/하기락 옮김

16 **역사적 맑스주의**
• R.알뛰세르/서관모 옮김

17 **경제학의 선구자들**
• 일본경제신문사/김종호 옮김

18 **근현대 사회사상가 101**
• 이마무라 히도시/안효상 옮김

19 **맑스를 넘어선 맑스**
• 안토니오 네그리/윤수종 옮김

20 **교육과 의식화**
• P.프레이리/채광석 역

21 **정치경제학 교과서 II-1**
• 짜골로프 외/윤소영 엮음

22 **정치경제학 교과서 II-2**
• 짜골로프 외/윤소영 엮음

23 **청년 마르크스의 휴머니즘**
• H.포피츠/황태연 역

24 **사회를 어떻게 볼 것인가?**
• 황세연 편저

25 **헤겔연구②**
• 임석진 외저 (절판)

26 **칸트 철학입문**
• W.O.되에링/김용정 역

27 **노동조합 입문**
• 양원직 편저

28 **마르크스에서 쏘비에트 이데올로기로**
• I.페처/황태연 역

29 **소유의 위기**
• E.K.헌트/최완규 역

30 **변증법의 현대적 전개①**
• W.뢰트/임재진 역

31 **변증법의 현대적 전개②**
• W.뢰르/임재진 역

32 **모순의 변증법**
• G.슈틸러/김재용 역

33 **헤겔연구③**
• 임석진 외저 (절판)

34 **국제무역론**
• 久保新一/김선기 역

35 **칸 트**
• 코플스톤/임재진 역

36 **자연과학과 철학**
• H.라이헨바하/김회빈 옮김

37 **철학 입문**
• 황세연 편역

38 **맑스주의의 역사 ①**
• P. 브르니츠키/이성백 옮김

39 **맑스주의의 역사 ②**
• P. 브르니츠키/이성백 옮김

40 **한국사회와 자본론**
• 황태연 저

41 **정치경제학 비판을 위하여**
• K.마르크스/김호균 역

42 **과학기술 혁명시대의 자본주의와 사회주의**
• 황태연 저/허상수 엮음

43 **혁명운동의 문제들**
• S. P.노보셀로프/이창휘 옮김

44 **마키아벨리의 고독**
• 루이 알뛰세르/김민석 역

45 **들뢰즈와 가타리**
• 로널드 보그/이정우 옮김

46 **과학적 사회주의**
• G.그로서/송주명 옮김

47 **맑스-레닌주의 철학의 본질**
• F. V. 콘스탄티노프/김창선 역

48 **철학의 기초(1)**
• A. 라키토프/김신현 옮김

중원문화 아카데미 新書

49 철학의 기초(2)
• A. 라키토프/김신현 옮김

50 소수자 운동의 새로운 전개
• 윤수종 외 지음

51 한눈에 들어오는 서양철학사
• 타케다 세이지/홍성태 옮김

52 마르크스즘과 유로코뮤니즘
• 산티아고 까리요/김유향 옮김

53 맑스주의와 프랑스인식론
• P. 토미니크 르쿠르/박기순 옮김

54 논리의 오류
• 에드워드 데이머/김회빈 역

55 프랑스 문화와 예술
• 마르크 블랑팽 · 장 폴 쿠슈/송재영 옮김

56 개발과 파괴의 사회학
• 홍성태 지음

57 인민의 벗이란 무엇인가
• V. 레닌/김우현 역

58 예술 · 정보 · 기호
• 가와노 히로시/진중권 역

59 담론의 질서
• 미셸 푸코 지음/이정우 해설

60 사회학의 명저 20
• 김진균 외 지음

61 철학사(1)
• Akademiya Nauk SSSR 편

62 철학사(2)
• Akademiya Nauk SSSR 편

63 철학사(3)
• Akademiya Nauk SSSR 편

64 철학사(4)
• Akademiya Nauk SSSR 편

65 철학사(5)
• Akademiya Nauk SSSR 편

66 인격의 철학, 철학의 인격
• 김종엽 저

67 담론의 질서
• 푸코 지음/이정우 옮김

68 교육자의 길
• 이오덕 외 저

69 정치경제학
• 짜골로프 저

70 박정희 시대-5.16은 쿠데타다
• 이상우 저

71 박정희 시대-민주화운동과 정치주역들
• 이상우 저

72 박정희 시대-5.16과 한미관계
• 이상우 저

73 박정희와 유신체제 반대운동
• 이상우 저

74 세계사 (제국주의 시대)
• 김택현 편

75 세계사 (제1차세계대전)
• 김택현 편

76 세계사 (제2차세계대전과 파시즘)
• 김강민 역

77 세계사 (현대)
• 조진원 편/이춘란 감수

78 근현대 형성과정의 재인식①
• 안종철 외 저

79 근현대 형성과정의 재인식②
• 정근식 외 저

80 시몬느 베이유 철학교실
• 앙느레느/황세연 역

81 소크라테스에서 미셸 푸코까지
• 기다 갠/김석민 역

82 상식 밖의 세계사
• 가바야마 고아치/박윤명 역

83 들뢰즈와 카타리
• 로널드 보그 저/이정우 옮김

84 새로운 예술을 찾아서
• 브레이트 저/김창주 역

85 역사 유물론의 궤적
• 페리 앤더슨/김필호 외 옮김

86 철학적 맑스주의
• 루이 알뛰세르/서관모 역

87 생산의 발전과 노동의 변화
• 마이클 피오르 외/강석재 외 역

88 항일과 혁명의 한길에서
• 김운선 지음

89 지배와 사보타지
• 안토니오 네그리/윤수종 역

90 헤겔철학 서설
• 오토 푀겔러/황태연 역

91 과학적 공산주의란 무엇인가
• 빅토르 아파나시예프/최경환 역

92 페레스트로이카 논쟁(서독)
• 에케르트 외/송주명 역

93 페레스트로이카 논쟁(동독)
• 모르겐슈테른 외/신현준 역

94 페레스트로이카 논쟁(프랑스)
• 프랑시스 코엥/신현준 역

95 페레스트로이카 논쟁(소련)
• 야코블레프 외/신현준 역

96 마르크스주의와 개인
• 아담 사프/김영숙 역

중원문화 아카데미 新書

97 변증법이란 무엇인가 • 황세연 지음

98 지역 민주주의와 축제의 관계 • 정근식 외 저

99 왜 인간인가? • 강대석 지음

100 왜 철학인가? • 강대석 지음

101 왜 유물론인가? • 강대석 저

102 경제학의 선구자들 20 • 일본경제신문사 엮음/김종호 역

103 남 영 동 • 김근태 저

104 다시하는 강의 • 이영희, 한완상 외 저

105 철학의 명저 20 • 한국철학사상연구회 엮음

106 민족문학의 길 • 구중서 저

107 맑스, 프로이트, 니체를 넘어서 • 서울사회과학연구소 저

108 일본적 생산방식과 작업장체제 • 서울노동정책연구소 저

109 근대성의 경계를 찾아서 • 서울사회과학연구소 지음

110 헤겔과 마르크스 • K. 베커/황태연 역

111 헤 겔 • 나까야 쪼우/황세연 역

112 탈현대 사회사상의 궤적 • 비판사회학회 지음

113 역사가 말 못하는 것 • 민상기 지음

114 동성애 욕망 • 기 오껭겜 지음/윤수종 옮김

115 성(性) 혁명 • 빌헬름 라이히 지음/윤수종 옮김

116 성(性) 정치 • 빌헬름 라이히 지음/윤수종 옮김

117 성(性) 자유 • 다니엘 게링 지음/윤수종 옮김

118 분열과 혁명의 영토 • 신승철 지음

119 사랑과 욕망의 영토 • 신승철 지음

120 인동의 세월:1980~1985 • F. 가타리 지음/윤수종 옮김

김종엽 저/420쪽/고급양장 신국판/
정가 28,000원

인격의 철학, 철학의 인격

한 철학자의 눈에 비친 인격에 대한 고찰!

저자는 여러 철학자들의 사유에 내재된 진정한 개성과 삶의 관점을 드러내 인격적 정체성이 무엇인지를 밝히고자 했다.

이 저서는 인격적 정체성을 사물과 구별되는 존재의 세계에서 설명하려는 실천적 과제를 안고 있습니다. 더불어 그것을 비판하는 논점과도 논쟁할 것입니다. 인격적 정체성을 정당화하려는 철학적 노력은 단순히 물리적 세계에 역행하는 무모한 시도가 아닙니다. 인격적 정체성에 대한 질문은 개별적 실존이 어떻게 변화무쌍한 삶의 실현과정에서 자기 자신과 동일함을 유지하며, 또한 동일함에 이를 수 있는지를 묻습니다.